Malte Pieper

WENN DER KEKS REDET, HABEN DIE KRÜMEL PAUSE!

Höhepunkte eines Schülerlebens

Rowohlt Taschenbuch Verlag

W0190952

Originalausgabe
Veröffentlicht im Rowohlt Taschenbuch Verlag,
Reinbek bei Hamburg, Juni 2012
Copyright © 2012 by Rowohlt Verlag GmbH,
Reinbek bei Hamburg
Umschlagentwurf und Illustrationen im Innenteil:
Sven Knoch, Berlin
(Foto des Autors: Peter Schaffrath)
Satz Minion Pro, PostScript, InDesign, bei
KCS GmbH, Buchholz bei Hamburg
Druck und Bindung CPI – Clausen & Bosse, Leck
Printed in Germany
ISBN 978 3 499 62961 7

INHALT

VORWORT
– WIR KÖNNEN MEHR ALS NUR FACEBOOK!

Ich bin zwanzig Jahre alt, komme aus Aachen und habe gerade mein Abitur bestanden. Ja, es gibt uns noch. Uns junge Menschen mit einem Schulabschluss in der Tasche, großen Erwartungen an die Zukunft und Zuversicht in Hinblick auf eine bessere Welt.

Und doch hat unsere Generation ein schlechtes Image. Angeblich sind wir eine Generation, die nur vor Fernseher und Internet hängt, nichts auf die Reihe bekommt, Benehmen für das Gegenteil von Abnehmen hält und allenfalls durch Gewalttaten in den Medien auf sich aufmerksam macht.

Alle reden über desorientierte Jugendliche, deren Intelligenzquotient der Anzahl der Buchstaben ihrer Vornamen entspricht – da kann jetzt jeder mal zählen – und die mit der Schule schon abgeschlossen haben, als sie in der Grundschule das «A» lernen sollten. Und vielleicht stimmt das ja auch: Während anderswo in der Welt junge Leute ihre sozialen Netzwerke nutzen, um brutale, autoritäre Diktatoren abzuschütteln, teilen meine Facebook-Freunde mir mit, dass sie sich gerade einen Teller Nudeln gemacht haben. Respekt! Und achtundzwanzig Leuten gefällt das!

Aber können wir wirklich nicht mehr? Und wenn ja, woran liegt das? Sind wir vielleicht gar nicht allein an der ganzen Misere schuld? Und wer beurteilt das eigentlich? Warum sind es immer Erwachsene – Lehrer, Professoren und Bildungsforscher –, die wissen, wie die Jugend in der Schule so tickt? Warum fragt man nicht mal die Schüler? Um die geht es doch. Stattdessen wird immer nur auf die Ergebnisse, auf bloße Zahlen, geschaut. Wenn ich etwas über das Sozialverhalten von Schweinen wissen will, dann geh ich doch auch nicht in die Metzgerei, sondern auf den Bauernhof. Also: Wer wissen will, wie Bildung heute wirklich ist, gehe in die Schule und frage die Schüler. Der gehe zu dem Ort, an dem wir Schüler jahrelang für unseren Abschluss schuften und vor allem lernen, uns gegen alle möglichen Widrigkeiten durchzusetzen. Dazu zählen Lehrer und Schulreformen genauso wie schlechtes Mensaessen und Schulbücher, in denen die Berliner Mauer noch steht.

Jetzt, wo ich mein Abi in der Tasche habe und endlich frei reden kann, ohne mich am nächsten Tag beim Schuldirektor rechtfertigen oder eine schlechtere Notengebung befürchten zu müssen, kann ich's ja sagen. Wie erleben wir Schüler den Unterricht? Wie geht es in den Klassenzimmern deutscher Schulen wirklich zu? Und wieso bekommen wir immer Ärger, wenn wir unsere Hausaufgaben nicht haben, und der Lehrer kann, wenn er sich nicht vorbereitet hat, sagen, er wolle heute «die Stunde etwas offener gestalten»?

Verhielten wir Schüler uns so, würden, würde man uns sofort dumm, faul und desinteressiert nennen. Von gesellschaftsmüde und politikverdrossen mal ganz abgesehen. Aber das stimmt nicht. Meine Freunde und ich, wir haben sogar mal versucht, einen Kreisverkehr in der Innenstadt zu besetzen, um uns solidarisch mit den arabischen Revolutionen zu zeigen. Mehr politisches Engagement geht doch fast nicht. Mit unserer Aktion zwangen wir allerdings keinen Autokraten zum Rücktritt, sondern einen betrunkenen Fernfahrer zu einer Vollbremsung. Immerhin haben wir so vielleicht verhindert, dass er aufgrund seines zu hohen Alkoholpegels einen Unfall verursacht und das deutsche Gesundheitssystem belastet hätte. Das muss man erst mal schaffen!

Wer wir sind? Wir, das ist eine Gruppe von vier Jungen, die alle gerade die Schule und ihre Widrigkeiten überstanden haben und – jeder auf seine Weise – vor wichtigen Schritten in ihrem Leben stehen. Wir kennen uns, seit wir kleine Kinder waren, aus der Nachbarschaft und leben in Welten, die laut einem Herrn Sarrazin unvereinbar sind: Da wäre zum einen Orhan, dessen Eltern bereits vor seiner Geburt aus der Türkei nach Deutschland kamen, der kaum ein Wort Türkisch beherrscht und trotzdem darauf besteht, ein Türke zu sein. Orhan ist eigentlich ein schlauer Typ, verbirgt dies aber zuweilen, um sein Image als cooler Checker nicht zu gefährden. Er meint, das käme bei den Mädchen besser an, und seine zahlreichen, wenn auch recht kurzen Affären scheinen ihm recht zu geben. Er kommentiert das schnelle Ende seiner Beziehungen auf philosophische Art mit: «Irgendwann finde ich die eine, die ich für immer liebe.» Und weil ihm dann auffällt, dass das nicht cool genug klingt, fügt er schnell ein «Klar, Mann, Alter» hinzu. Deswegen mag ich ihn. Er ist die Lockerheit in Person. Langeweile mit Orhan? Niemals.

Orhan hat wie ich gerade sein Abitur gemacht. Dabei sah es lange nicht danach aus, war für ihn das Abi doch immer Sinnbild für alles Uncoole.

«Meine Eltern dachten voll, Abitur wär so krass nur für deutsche Oberstreber, Alter.»

«Orhan, du hast 'nen deutschen Pass, du bist Deutscher!?»

«Bin ich Türke, du Opfer!»

Da sollte man lieber nicht widersprechen, auch wenn Orhan früher glaubte, Istanbul sei die Hauptstadt seines Heimatlandes («Ey, gibt es fünf Fußballvereine aus Istanbul in erste Liga, muss Hauptstadt sein, Alter»). Mittlerweile lacht er über seine Argumentation von damals.

Der Zweite im Bunde ist Fabrizio, von allen nur Fabio genannt. Fabio hat italienische Eltern, war ebenfalls bei uns auf der Schule, ist aber nach der zehnten Klasse abgegangen, um eine Schreinerlehre zu beginnen, die er nach drei Monaten in den Sand gesetzt hat. Seitdem hängt er bei seinen Eltern ab. Seine Mutter fördert das sehr, ist sie doch eine typische italienische «Mamma», die ihr kleines Muttersöhnchen am liebsten niemals ausziehen lassen würde. Bei Fabios, sagen wir mal, Gemütlichkeit braucht sie sich da allerdings keine übermäßigen Sorgen zu machen.

Nummer drei der Clique ist Thomas. Für Thomas war es am Ende nochmal richtig knapp mit dem Abi. Jetzt will er eine Ausbildung bei einer Bank anfangen, aber nur, damit er danach genug Wartesemester hat, um Medizin studieren zu können. Die braucht er nämlich dringend mit einem Abischnitt von 3,6. Bei dem aktuellen Ärztemangel nehmen sie ihn wahrscheinlich trotzdem mit Kusshand. Sowieso sind wir uns alle einig: Ein Abischnitt sagt nichts über die Qualifikation eines Menschen beispielsweise als Mediziner aus. Wenn man weiß, wie Abiturnoten entstehen – oft entscheidet Sympathie oder zuweilen auch die Ausschnitttiefe der Schülerinnen –, dann weiß man, dass sie als Maßstab für ärztliches Können ungeeignet sind. Warum soll nicht jemand, der in Geographie und Geschichte eine Niete war, als Arzt eine Koryphäe seines Fachs werden? Sowohl Thomas als auch Orhan würde ich diesen Beruf durchaus zutrauen.

Der Letzte im Bunde bin ich. Derjenige, dem alle eine tolle Laufbahn voraussagen. Der sich die Karriere doch nur noch auszusuchen braucht («… bei den Noten!»). Das Problem ist nur, dass ich trotz Einser-Abi zum Beispiel als Arzt völlig ungeeignet wäre, weil ich kein Blut sehen kann.

Aber die Gesellschaft hat eben gewisse Erwartungen: Den Glückwünschen zum bestandenen Abitur folgen meist gutgemeinte Ratschläge, wie «Du wärst bestimmt ein guter Anwalt» oder: «Geh in die Wirtschaft. Da liegt das richtige Geld.» Meine Oma meinte sogar, ich solle Politiker werden.

Auf der einen Seite prognostiziert man mir den beruflichen Himmel auf Erden, auf der anderen Seite werde ich, egal, wo ich hinkomme, immer noch als Kind wahrgenommen und geduzt. Genauso läuft es, wenn ich Bahn fahre. Da geht der Mann mit den Getränken und Snacks immer schnurstracks an mir vorbei, weil er mich gar nicht erst als Kunden wahrnimmt. Frei nach dem Motto: «Der ist jung. Der hat kein Geld.» – Stimmt ja auch, aber ich habe Durst …

«JETZT FÄNGT DER ERNST DES LEBENS AN!» – DER ERSTKONTAKT

TREFFPUNKT BOLZPLATZ

Heute ist Montag. Mein erster Montag ohne Schule – und das für immer. Denn letzten Freitag war Schulabschluss. Das Abitur ist bestanden und das Zeugnis sicher verpackt in einer Klarsichthülle zu Hause in einem Ordner verstaut. Seit letzter Woche sind wir keine Schüler mehr. Das muss man sich auf der Zunge zergehen lassen. Dreizehn Jahre Schinderei sind vorbei, und Sprüche wie «Nicht für die Schule, für das Leben lernt ihr!» müssen wir uns hoffentlich nie wieder anhören. Endlose Unterrichtsstunden, in deren Angesicht der Teufel höchstpersönlich sein Fegefeuer wegen zu hohem Luxusfaktor mit sofortiger Wirkung abgeschafft hätte, sollten uns nun nie wieder quälen. Nun kam das Leben. Die Freiheit! Nie wieder Schulbücher, nie wieder Klassenarbeiten und nie wieder bei Wikipedia gucken, ob man die Hausaufgaben nicht dort schon fertig finden kann. Endlich darf man selbst bestimmen, wo es langgehen soll: hinaus in die Welt! Selbst wenn die für mich erst mal nur aus unserem Bolzplatz besteht. Denn da haben die Jungs und ich uns verabredet.

Nachdenklich gehe ich die Straße zum Sportgelände hinauf und frage mich, was jetzt wohl auf mich zukommen wird. Just in diesem Moment wird mir diese Frage schon beantwortet: Es ist ein Ball. Und er trifft mich mitten ins Gesicht.

Orhan, anscheinend der Schütze dieser präzisen Gesichtsflanke, kommt auf mich zugerannt und ruft: «Ey, Bruder! Musst du hingucken, escht! Is Fußball hier!»

Ich bedanke mich bei Orhan für diese äußerst schlüssige Belehrung und beschließe zum gefühlt 7873. Mal, bei nächster Gelegenheit besser aufzupassen, weil ich doch weiß, dass Orhans zweiter Name «Chancentod» lautet. Er haut den Ball immer am Ziel vorbei, nur, um dann meistens mich irgendwo schmerzhaft zu treffen. Als Orhan mich jetzt komisch anschaut, merke ich, dass ich Letzeres gerade laut gesagt habe, und versuche mich rauszureden, dass Chancentod im Deutschen ein anderes Wort für Super-duper-klasse-Fußballer ist. Orhan geht nicht weiter darauf ein, weil er zum einen natürlich weiß, was Chancentod bedeutet, und ich ihm zum anderen leidtue, da er in diesem Moment entdeckt, dass ich mich mitten in ein Kaugummi gesetzt habe.

Thomas, der dazugekommen ist, entschuldigt sich. Es ist sein Kaugummi.

Ich beschließe, mich auch darüber nicht weiter aufzuregen, und schaue mich nach Fabio um. Wahrscheinlich hat er wieder verpennt, oder seine Mutter ist gerade in diesem Moment dabei, ihm Hunderte italienischer Spezialitäten in eine große Tüte zu packen, die er uns gleich mit müder Geste präsentieren wird. Er findet es peinlich, dass seine Mutter ihm immer Sachen mitgeben will, wir finden es super. Denn Fabios Mutter macht mit Abstand die besten italienischen Snacks, die man sich vorstellen kann, auch wenn Orhan nicht müde wird zu betonen: «Na ja, is halt Italien-Zeug. Türkisch is besser, ich schwör.»

TIERE MALEN

Als hätte ich nicht gerade das Abitur, sondern ein Wahrsagerdiplom bestanden, kommt Fabio wenig später mit einer Tüte in der Hand um die Ecke. Er zieht eine Schachtel daraus hervor, die Thomas ihm gleich aus der Hand reißt und öffnet. Heute hat Fabios Mama Kekse in Tierform gebacken. Mit rosa Zuckerguss, bunten Streuseln und gelben Perlen. Wie schön. Da fühlt man sich gleich zurückversetzt in längst vergangene Zeiten. Zeiten, in denen solche Kekse noch altersgemäß, wir im Kindergarten und Atomkraftwerke sicher waren. Und als

Orhan dann noch versucht, mir einzureden, dass es wichtig ist, welchen Tierkeks man nimmt, weil das etwas über die Persönlichkeit aussage, bin ich gedanklich wieder an einem Zeitpunkt angekommen, den ich lieber vergessen hätte: die Schuleignungsprüfung.

Bevor in Deutschland eine Grundschule besucht werden darf, muss erst die Reife und Eignung des Kindes festgestellt werden. Es reicht nicht, wenn der Sprössling jeden Tag die Hausaufgaben der großen Schwester aus der dritten Klasse löst und von nichts anderem mehr redet, als in die Schule gehen zu wollen. Nein, die Eignung muss ein Arzt erst noch höchstwissenschaftlich bestätigen. Jemand, der Ahnung hat, Kinder einschätzen kann und der ein vom Bildungsministerium persönlich entwickeltes Testverfahren selbst im Schlaf durchführen könnte. Und dieses Testverfahren beginnt mit der gemeinsten und hinterhältigsten aller Fragen, die gerade noch so nicht zu den Verbrechen gegen die Menschlichkeit gezählt werden kann. Es ist die Frage: «Wie heißt du denn?»

Da stand ich nun als sechsjähriges Kind mit übergroßer Brille, fusseligem Raufaserpullover und einer undefinierbaren, damals angeblich hochmodernen Pilzkopffrisur und musste antworten. Nicht mehr die Mama sagte: «Das ist unser kleiner Malte.» Nein, das musste man jetzt selbst können, denn man war ja schon groß. Aber den eigenen Namen einem so großen fremden Herrn Doktor verraten? Vor allem, wenn einen alle angucken und warten? Der Arzt guckte und wartete, die Arzthelferin guckte und wartete, meine Mutter guckte und wartete, und selbst der kleine Stoffpinguin auf der Behandlungscouch schaute mich an, als wollte er mir sagen: «Los, Kleiner! Jetzt versau es nicht!»

Ich konzentrierte mich, nahm all meinen Mut zusammen und flüsterte: «Pinguin.»

Scheiße. Ich hatte mich ablenken lassen. Der Pinguin auf

der Couch schlug die Flügel vors Gesicht und murmelte (nur für mich hörbar): «Das mit der Schule kannste vergessen.» Meiner Mutter war das Ganze sichtlich unangenehm, denn sie wurde rot und rutschte nervös auf ihrem Stuhl hin und her. Die Arzthelferin fand es lustig, und der Doktor, so erzählte es mir später meine Mutter, wertete meine Antwort mit Blick auf den Stoffpinguin, den ich die ganze Zeit fixiert hatte, als Zeichen meiner emotionalen Reife, mich in andere Personen – und seien es Pinguine – hineinversetzen zu können. Als er dies zu meiner Mutter sagte, war sie erleichtert und lächelte mich an. Mama war glücklich, das musste etwas Gutes heißen. Gerade nochmal Glück gehabt.

Nachdem ich dann doch noch meinen Namen korrekt angegeben hatte, ging es los. Ich wurde vermessen, gewogen und begutachtet, als ginge es darum zu ermitteln, wie viel man für mich bei einem südäthiopischen Menschenhändler herausschlagen könnte. Als wenn es irgendeine Rolle spielte, wie groß ich war. Hätte man bei fünf Zentimeter weniger Körpergröße gesagt «Er ist zwar im Kopf weit genug, aber einfach viel zu klein für die Schule. Da müssten wir höhere Stühle bauen, kleinere Tische anschaffen, und an die Kleiderhaken käme er auch nicht ran. Schicken Sie den Jungen lieber in eine Silbermine in Südamerika, da passt er besser rein»?

Doch besser ein Mal zu viel gemessen als ein Mal zu wenig. Auch wenn diesmal herauskam, dass ich im Vergleich zur letzten Untersuchung beim Kinderarzt zwei Zentimeter geschrumpft war. Das musste die Last der baldigen Verantwortung als Grundschüler sein. Oder ein Messfehler.

Als Nächstes sollte ich mein geometrisch-mathematisches Verständnis für einfache Formen und Symbole beweisen. «Malte, kannst du denn schon ein Dreieck malen?»

Die Antwort «Ja, Opa. Und dass du's nur weißt: Ein Viereck und einen Kreis kriege ich auch schon hin» ist mir damals nicht eingefallen. Ich habe artig ein Dreieck gemalt und weil ich das so gut konnte, durfte ich sofort danach eine Sonne malen. Klasse! Von Thomas hatte ich gehört, nach dem Dreieck komme erst mal ein Strichmännchen. Das hatte ich glatt überspringen dürfen. War nicht nötig. Direkt weiter zur Sonne. Ich hatte es allen gezeigt! Seht ihr, so macht man das! Huaaahaha, direkt die Sonne. Hochbegabt, ganz klar. Wer sofort die Sonne malen darf, muss hochbegabt sein!

Dieses Hochgefühl wich dann wenig später einer gewissen Ernüchterung, als ich feststellen musste, dass «Sonne» in der Bewertungsskala doch unterhalb von «Strichmännchen» lag und meine zeichnerisch-motorischen Fähigkeiten wohl als etwas, nun ja, begrenzt eingestuft worden waren. Sonst hätte ich nämlich noch ein Haus malen dürfen. Nur wer das durfte, galt als Überflieger.

Bald waren alle Tests abgeschlossen, bis auf einen: den Psychotest. Meine Mutter und die Arzthelferin wurden gebeten, den Raum zu verlassen. Die Spannung stieg. Hätte man mich jetzt gemessen, ich wäre wahrscheinlich nochmal drei Zentimeter kleiner gewesen. Und das hätte dann wirklich Silbermine in Peru bedeutet.

Der Arzt und ich waren nun alleine in dem großen Behandlungszimmer, und selbst mein Freund, der Pinguin, war rücklings von der Couch gekippt. Der Doktor holte ein neues Blatt Papier heraus, legte Buntstifte daneben und stellte mir die Aufgabe, die, wie ich heute weiß, zeigen sollte, ob ich das nötige Urvertrauen in mein Umfeld entwickelt und die psychische Reife für den Schulbesuch hatte. Ich sollte meine Familie als Tiere darstellen. Okay. Wenn's weiter nichts war. Dann male ich eben meine Familie als Tiere. Ein toller Test. Das Problem dabei: Die Anzahl der Tiere, die ich erkennbar malen konnte, war recht überschaubar. Es blieb mir also nichts anderes übrig, meine Mutter als Eule auf einem Ast sitzend, meinen Vater als Walross (nein, er ist nicht dick!), meine große Schwester als Pferd, meine kleine Schwester als Schlange und mich als Hund zu zeichnen.

Der Arzt ergänzte auf meine Anweisungen die Bezeichnungen in ordentlichen Druckbuchstaben, deren lesbare Schreibung ihn sichtlich Mühe kostete.

Jetzt hatte die große Stunde des Psychologen geschlagen. Meine Mutter wurde wieder hineingebeten, und der Arzt deutete meine Zeichnungen. Laut den Erzählungen meiner Mutter hat er sich damals richtig in die Interpretation hineingesteigert: Messerscharf analysierte er, meine Mutter stehe über allem, da sie als Eule auf einem Ast sitze. Außerdem fände ich sie nett, obwohl sie durchaus auch zum Raubtier werden könne. Das Walross war nach Ansicht des Psychologen ein Symbol für die Trägheit meines Vaters sowie eines für meinen Respekt vor ihm. Meine große Schwester sei sehr aktiv und sprunghaft, meine kleine Schwester etwas bösartig (wegen der Schlange), und ich selbst als Hund ein eher friedlicher Zeitgenosse, der aber auch schon mal knurren könne. Die Tatsache, dass sich der Hund und das Pferd auf dem Bild den Rücken zuwendeten, deutete er als Zeichen häufiger Auseinandersetzungen zwischen meiner großen Schwester und mir. So viel zur Theorie.

Nun zur Praxis: Meine Mutter hatte ich als Eule gezeichnet, weil sie damals eine recht große Brille trug, die ich mit «Eule» assoziierte. Auf einem Ast habe ich sie nicht dargestellt, weil sie über allem steht, sondern weil Eulen nun mal auf Ästen sitzen und nicht auf dem Boden. Außerdem wäre auf dem Boden gar kein Platz mehr gewesen, da tummelten sich ja schon die anderen Tiere. Meinen Vater malte ich einzig und allein deshalb als Walross, weil ich am Vortag im Kindergarten eine Malanleitung für ein Walross bearbeitet hatte und nun zeigen wollte, wie toll ich dieses Tier malen konnte. Wo ich es doch bei der Sonne schon so versaut hatte …

Der Rest ist ebenfalls schnell erklärt: Meine große Schwester war als Pferd dargestellt, weil sie Pferde mochte, und ich als Hund, weil mir da schon kein anderes Tier mehr eingefallen war, das ich halbwegs malen konnte. Und die Sache mit den Auseinandersetzungen und den zugewandten Rücken? Ganz einfach: Ich habe Pferde immer so rum gemalt, dass sie mit dem Kopf nach links, und Hunde immer so, dass sie mit dem Kopf nach rechts gucken. Andersrum kann ich das nicht.

Bleibt noch das große Rätsel um meine kleine Schwester zu klären, die ich als Schlange verewigt hatte. Am liebsten hätte ich sie ja als Äffchen gemalt, weil sie noch so klein war und manchmal etwas nervte. Aber Äffchen liegen für jemanden, der noch nicht mal ein Strichmännchen richtig hinkriegt, schlichtweg außerhalb aller zeichnerischen Möglichkeiten. Und so beschloss ich, bevor ich mich mit einem verkrüppelten Äffchen-Versuch blamiert hätte, sie als Schlange zu Papier zu bringen. Zwar passten die typischen Schlangen-Attribute «hinterlistig» und «giftig» überhaupt nicht auf sie, aber wer schon mal eine Schlange gemalt hat, wird bemerken, wie einfach das ist.

Die Tests hatte ich aber dennoch bestanden und bekam so die offizielle Bestätigung: Schulbank statt Silbermine. Ein Glück.

Der Vollständigkeit halber sei hier noch erwähnt, dass Fabio seine Mutter als Spaghetti Bolognese, Thomas seinen Vater als rotes Auto und Orhan seinen Bruder als nackten Hintern malte. Die tiefere psychologische Deutung überlasse ich hierbei dann aber doch lieber den Profis …

DIE R-FRAGE

Nachdem die Schuleignungsprüfung also bestanden war und feststand, auf welche Grundschule ich gehen sollte, brachen die letzten Wochen des Kindergartenzeitalters an. Und damit galt es, sich startklar zu machen für den härtesten aller Wettkämpfe, zum Show-down auf dem Pausenhof, der über den Verlauf des zukünftigen Schullebens entscheiden würde, darüber, ob man zu den Gewinnern oder den Verlierern der Schule zählte: dem Kampf um die schönste Schultasche. Was im Geschäftsbereich die Rolex-Uhr und der Ferrari, waren bei uns Jungs der Rucksack mit Rennauto- oder Fußballmotiven. Für die Mädchen mit ihren rosa Blümchenranzen mit Schmetterlingen oder Pferden hatten wir nur Verachtung, allenfalls ein müdes Lächeln übrig. Die Mädchen machten sich wiederum darüber lustig, dass wir Jungs fast alle den gleichen Ranzen mit den gleichen Motiven hatten. So hatte jeder was zu lachen. Außer Thomas, dessen Mutter der Ansicht gewesen war, Delphine seien eindeutig ein Jungenmotiv. Für alle Eltern: Nein, das sind sie nicht. Delphine – vor allem, wenn sie durch über dem Wasser schwebende Herzchen springen – sind definitiv *kein* Jungenmotiv!

Eine Woche später hatte auch Thomas einen Rennautoranzen. Die R-Frage war damit geklärt.

Alles in Ordnung also, könnte man meinen. Doch so, wie die Lehrer uns später Schwierigkeiten machten, wenn wir wieder mal die binomischen Formeln vertauscht hatten (mein Gott, das sind sagenhafte drei Stück; die kann man ja mal verwechseln), genauso bereiteten uns die Schulranzen bald Probleme. Vielleicht ist alles, was mit Schule zu tun hat, mit Unannehmlichkeiten bis hin zu Schmerzen – in diesem Fall Rückenschmerzen – verbunden, möglicherweise hatten die Hersteller unserer Schulranzen aber auch nur ein winziges, aber entscheidendes Detail bei der Konstruktion derselben nicht bedacht: Wir waren klein. Sehr klein.

Damals wie heute kann man auf der Straße kleine, geradezu winzige Kinder auf ihrem Weg zur Schule beobachten, wie sie riesige, tonnenschwere Schultaschen auf ihren zerbrechlichen Kinderrücken über den Bürgersteig schleppen. Wie um alles in der Welt stellt sich ein Taschenfabrikant die Tragfähigkeit eines Erstklässlers vor? Denkt er, wenn Ameisen das Hundertfache ihres Körpergewichts tragen, sollen das Grundschüler gefälligst auch tun können?

Vielleicht ist unser Bildungssystem anderen Ländern ja deshalb unterlegen, weil man deutschen Schülern die Wirbelsäule schon von klein auf morgens mit dem Gewicht der Schultasche in Richtung Erdmittelpunkt zieht.

Wenn bemängelt wird, die Jugend von heute hätte keine Haltung mehr und schlurfe immer nur mit hängenden Schultern durch die Stadt, sollte man da ansetzen, wo diese Fehlstellung des Skeletts beginnt: beim Schulranzen. Dann würden die Schüler auch wieder eine schönere Schrift entwickeln. Bei den meisten ist die doch nur deshalb unleserlich, weil die

Blutzufuhr zu den Armen auf dem zwanzigminütigen Schulweg durch den Ranzengurt abgeklemmt wird. Stemmen Sie mal eine solche Tasche, oder machen Sie ersatzweise fünfzig Klimmzüge und versuchen Sie dann, mit ruhiger Hand einen rechten Winkel in Ihr Matheheft zu zeichnen. Sehen Sie?

Manche sind durch dieses frühkindliche Gewichtstrauma so geprägt, dass sie später in der Oberstufe aus Angst, sich durch das Tragen von Schulsachen noch mehr zu verkrüppeln, gar kein Schulzeug mehr mitbringen. Schutzbehauptungen wie z. B. «Ich hab meine Sachen vergessen» oder: «Ich dachte, wir machen heute Ausflug», sollen nur die tatsächlichen Leiden vertuschen. Wie Marx schon sagte: Das Sein bestimmt das Bewusstsein. Und die Belastung des Rückens bestimmt die Vergesslichkeit des Hirns.

«DER ANFANG IST DIE HÄLFTE DES GANZEN»

So sagte es schon Aristoteles. Manch ein Wirt sagt heute: «Der Schaum ist die Hälfte des Bieres.» Und einige Lehrer meinen: «Gemachte Hausaufgaben sind die Hälfte einer guten Note.» In den beiden letztgenannten Fällen will man gerne die Kneipe bzw. den Lehrer wechseln. Bei Aristoteles ist das nicht ganz so leicht. Den kann man nicht wechseln, der ist schon tot. Aber recht hatte er: Kaum ist man eingeschult worden, hat man auch schon den Schulabschluss in der Tasche. Die Gnade des Vergessens: Im Nachhinein wirkt selbst das Martyrium Schule, als sei es schnell vorübergegangen.

Als es anfing, damals, da war die Schule ein Quell der Freude, ein Ort, wo wir uns endlich das aneignen konnten, was uns damals so erstrebenswert vorkam. Wir konnten lesen, schreiben und rechnen lernen und waren endlich richtige, große Schulkinder. Hätte man uns damals gesagt, dass wir später mal u. a. die Werke von Schiller und Goethe lesen würden, wären wir aufgesprungen und hätten gejubelt, ohne zu ahnen, dass Schillers «Glocke» mit dem erlösenden Pausengong eher wenig zu tun hat und der Erlkönig nicht als spannender Actionfilm, sondern als Gedicht zum Auswendiglernen daherkommt. Wir Nichtsahnenden hätten das ignoriert und uns ganz groß gefühlt.

Bei der Einschulung allerdings waren wir eher klein. Um nicht zu sagen: die Kleinsten. Stolz stand ich am Einschulungstag mit einer überdimensionierten Schultüte und meinem Ranzen auf der Straße und ließ mich von meiner Mutter bereitwillig fotografieren. Selbst die gefühlten vier Tonnen Leergewicht meiner Schultasche konnten mir heute nichts anhaben, denn ich war ein großer Junge, der gleich zur Schule gehen sollte.

Wir trafen uns mit Orhan, Fabio und Thomas, um zum ersten Mal gemeinsam unseren Schulweg zu gehen. Einen Weg, auf dem es für Kinder unseres Alters erstaunlich viel zu entdecken gibt. So viel, dass wir das ein oder andere Mal zu spät zum Unterricht kamen, weil wir z. B. noch unbedingt einer Spinne, die ihr Netz an einem Zaun platziert hatte, dabei zuschauen mussten, wie sie eine Fliege verspeiste. Das Verständnis der Lehrkraft für unser biologisches Interesse ließ allerdings spätestens beim fünften Mal Zuspätkommen deutlich nach, und sie ermahnte uns streng, pünktlich zu sein. Das ging dann auch meist gut, außer, wenn wir einen Regenwurm von der Straße retten, eine Amsel beim Nestbau beobachten, einen kleinen Hund streicheln, den Spielplatz um die Ecke auf seinen Spaßfaktor testen und einer Schnecke beim Unkrautfressen zuschauen mussten. Wir verstanden die Aufregung nicht. Ein Lehrer sollte unseren Forscherdrang doch eigentlich unterstützen!

Aber noch war das Zukunftsmusik. Noch standen wir an der Straßenecke und warteten auf Fabio. Ja, auch damals schon. An diesem Tag lag es wohl aber nicht an ihm, sondern daran, dass seine gesamte italienische Großfamilie sich vorgenommen hatte, mitzukommen, um mit Fabio «eine bisschen Feier mache».

Während wir da standen, erzählte Orhan Thomas und mir, dass seine Eltern gestern erst die Schultüte besorgt hätten: «Ey, die kannten das nicht. Voll schlimm, oder? Alter, mein älterer Bruder, der Ahmed, hatte bei seiner Reinschulung auch keine Schultüte.» Wenn ich es mir recht überlege, war Orhans Deutsch (sieht man einmal von der Wortschöpfung «Reinschulung» ab) damals besser als heute, was meine Vermutung bestätigt, dass er eigentlich ganz normal sprechen könnte, dies aber aus Coolness-Gründen nicht tut.

Doch Orhan hätte tatsächlich fast keine Schultüte gehabt. Meine Mutter hatte am Vortag eigentlich nur zufällig in einem Gespräch mit Orhans Eltern das Wort «Schultüte» in den Mund genommen, woraufhin Orhans Vater entgegnete: «Ihr Deutschen seid komisch. Erst kauft ihr Ranzen, dann ihr doch Tüte nehmen. Orhan geht mit Schultasche, nix Tüte. Is Schule, keine Aldi.» Als meine Mutter ihn über den deutschen Brauch der Schultüte aufklärte, fiel er fast aus allen Wolken. In Windeseile besorgten Orhans Eltern eine Schultüte. Die etwas unpräzise Angabe meiner Mutter, sie sei mit etwas Süßem zu füllen, führte dazu, dass Orhans Schultüte sich jetzt am unteren Ende dunkel färbte und leicht tropfte. Eine Mischung aus bei 31 °C deutscher Hochsommertemperatur geschmolzener unverpackter Schokolade und Türkischem Honig bahnte sich der Erdanziehung folgend ihren Weg. Orhans Mutter ignorierte das, meine Mutter fotografierte es. So ist jede Kultur unterschiedlich.

Als Fabio endlich kam, konnte es losgehen.

An der Schule angekommen, betraten wir die große Pausenhalle, die auch als Aula fungierte, und bekamen unsere Plätze zugewiesen. Das Programm ging los, an dessen Ende wir unseren Klassen zugeteilt werden sollten. Nach einer Begrüßung durch die Schulleiterin sangen Viertklässler das Lied mit dem vielsagenden Text: «Das komische Gefühl im Bauch, das hatten wir am Anfang auch …» Und es stimmt. Ich war verdammt nervös. Aber das komische Gefühl in meinem Bauch wurde erst so richtig schlimm, als eine Viertklässlerin eine Solostelle des Liedes völlig schief ins Mikro kreischte. Ein Vorgeschmack auf alle kommenden Schulaufführungen. Egal, ob Weihnachtskonzert, eine Vorstellung der Theater-AG oder Sommerfest, es sollte stets dieselbe Regel gelten: Sie sind immer bemüht und bisweilen kreativ, aber richtig gut sind sie eigentlich nie. Aber es sind ja die lieben Kinder, die sich so viel Mühe geben. Da durfte man nicht meckern, und wehe, man tat es. Ich habe mich im Zuge meiner Schullaufbahn mal erdreistet, eine Aufführung des Schulorchesters zu kritisieren. Sofort durfte ich mir von einem Lehrer einen Vortrag über pädagogisches Verhalten und Positivkorrektur anhören: «Niemals negativ. Man muss die Kinder aufbauen. Auch mal sagen: ‹Gut gemacht, Paul›, auch wenn es nicht wirklich stimmt.» Ich sagte daraufhin «Gut gemacht, Paul» zu einem Mädchen namens Viktoria und bekam eine gewischt. Wie man's macht, man macht's verkehrt.

Viel Mühe gaben sich die Viertklässler auch beim nächsten Lied, mit dem vielsagenden Titel «Mir ist so langweilig». Dass man diesen launigen Stimmungskracher spielte, war, wie ich später erfuhr, Zeitmangel geschuldet: Man hatte es nicht mehr geschafft, ein Lied mit positiverer Botschaft vorzubereiten. Aber immerhin: Wir konnten später nicht sagen, dass man uns nicht gewarnt hätte.

Nach zwei weiteren misslungenen Liedern und einem

selbstgebastelten Schattenspiel der Zweitklässler, bei dem ein dicker, schwarzer Knubbel einen schrägen, hubbeligen Strich vor einem Kreis mit zwei Löchern rettete – die Figuren sollten wohl Tiere darstellen, die sich mir selbst heute auf Fotos nicht erschließen –, kam der Moment der Wahrheit. Eine Drittklässlerin spielte auf der Blockflöte «Highway to Hell», und ein überdrehter Vater aus dem hinteren Pausenhallenbereich stieg mit Headbanging und Luftgitarre ein. Auf diesem Stimmungshöhepunkt schritt die Schuldirektorin Frau Dr. Ingenbroich-Siederhahn nach vorne und bedankte sich für die musikalischen und künstlerischen Beiträge. Eine eiserne Autorität, diese Direktorin. Allein die Tatsache, dass sie einen Doktortitel *und* einen Doppelnamen trug, ließ uns in Ehrfurcht erstarren. Freilich bröckelte auch dieser Status mit unserem Heranwachsen. Heute wissen wir, dass eine Schulleiterin im Grunde auch nur eine Lehrerin mit Büro ist und Doktortitel leichter zu beschaffen sind als ein rezeptfreies Medikament aus der Apotheke.

Damals jedoch hingen wir an ihren Lippen, als sie begann, die Klassen zu verlesen. Zuerst die 1a. Thomas und ich sind bereits aufgerufen worden und haben uns zu unseren zukünftigen Klassenkameraden und unserer Klassenlehrerin schüchtern auf die Bühne hinter die Direktorin gestellt. Als Orhan aufgerufen wird, springt er auf und ruft: «Yeah, Alter! Krasses Ding!» Die Pausenhalle lacht, die Klassenlehrerin weiß jetzt schon, wer der neue Klassenclown und Störenfried wird, und die Direktorin murmelt etwas von «südländischem Temperament» ins Mikrophon.

Zwischenzeitlich geht der Vater, der eben noch Luftgitarre gespielt hat, zu der Flötenspielerin und fragt sie, ob sie auch «Hells Bells» spielen könnte. Das Mädchen rennt verschreckt davon. Den Vater beeindruckt das wenig, er tanzt auch ohne Musik weiter, bis er von seiner Frau mit den Worten «Immer säufst du dich zu, wenn du aufgeregt bist» aus der Halle geschoben wird.

Weitere Kinder werden der 1a zugeordnet, doch Fabio ist noch nicht dabei. Er beginnt zu zittern. Ein Markus Wiesenkopf wird aufgerufen. Dann eine Hannah Yeszra. Fabio beginnt zu weinen. Hätte er damals schon das Alphabet beherrscht, wäre er wohl kaum so verzweifelt gewesen, sondern hätte gewusst, dass sein Nachname «Zanelli» nun mal ganz am Ende kommt. Und so war es dann auch. Verheult schlich Fabio auf die Bühne und wischte sich die Tränen weg.

Als alle Klassen zusammengestellt worden waren, gingen wir nach draußen, wo wir mit Helium gefüllte Luftballons steigen lassen sollten. Neben jedem I-Dötzchen, wie man uns Schulanfänger nannte, stand ein Viertklässler, der uns als Pate in den ersten Wochen mit Rat und Tat zur Seite stehen sollte. Mein Pate hieß Patrick und hatte wohl etwas falsch verstanden, als es hieß, er solle mich beim Beginn meiner Schullaufbahn unterstützen, denn er lief in den folgenden Wochen jedes Mal weg, wenn er mich sah. Orhan hatte ein Mädchen als Patin zugeteilt bekommen, was sein Bruder Ahmed zum Anlass nahm, ständig hinter ihm herzulaufen und zu singen: «Orhan ist verliehiebt, Orhan ist verliehiebt!» Orhan wusste nicht, was Verliebtsein bedeutet, sah aber, dass es offensichtlich ein Grund war, ausgelacht zu werden. Also beschloss er, mir seine Patin zu vererben.

An meinem ersten Schultag hatte sich Patrick allerdings noch um mich gekümmert. Sogar sehr gut. Er hatte die Schnur des Ballons so fest um meinen Arm geschnürt, dass die Blutversorgung der Hand kurzfristig unterbrochen zu werden drohte und ich den Ballon nicht abbekam, als das Signal gegeben wurde, die Ballons fliegen zu lassen. Erst als die anderen Ballons nur noch kleine Punkte am Himmelszelt geworden waren, flog meiner hinterher. Begleitet von einem immer noch Luftgitarre spielenden und «Highway to Hell» singenden Vater. Na, wenn das mal kein schlechtes Omen war.

DER TAG DANACH

Der erste Tag als Schulkind war aufregend. Wir bekamen sogar schon Hausaufgaben: Wir sollten unseren Namen mit Papierbuchstaben in ein Heft kleben und die Heftseite bunt verzieren. Da war sie also, die Schule, die Bildung, die Erleuchtung. Und sie bestand darin, dass ich die fünf Buchstaben meines Namens mit Klebestift in mein Heft klebte. Darunter malte ich eine Wiese und ein Haus. Mittlerweile konnte ich sogar eine richtig gute Sonne malen. Das war wohl die einfachste Hausaufgabe, die ich jemals bekommen hatte.

Im richtigen und ungeschönten Schulalltag waren die Hausaufgaben ein Mittel der Lehrer, sich für Störungen im Unterricht zu rächen. Dem hatten wir nichts entgegenzusetzen. Einige versuchten dies zwar, indem sie die Hausaufgaben einfach nicht machten, aber auch das mündete nur in Klassenbucheinträgen, Strafarbeiten und noch mehr Aufgaben. Man ging also dazu über, Hausaufgaben in möglichst ökonomischer, sprich kurzer Form zu erledigen, oder organisierte sich in der Pause die Aufzeichnungen eines Mitschülers und schrieb diese ab. So manch einer hat diese Techniken im Laufe eines Schülerlebens geradezu endlos präzise perfektioniert. Da wurden mit der rechten Hand ein Deutschaufsatz abgeschrieben, mit der linken Hand auf dem Taschenrechner noch schnell eine Matheaufgabe getippt, zwischendurch ein paar Striche auf ein abzugebendes Kunstbild gemalt und gleichzeitig im Gespräch mit einem Mitschüler die wichtigsten Informationen für den anstehenden Biologietest ausgetauscht. Und das alles in einer zwanzigminütigen Pause!

Doch diese Erfahrungen sollte man erst in der weiterführenden Schule machen. In der Grundschule war das Leben entspannt, man ging gerne hin – es sei denn, Kennenlernspiele waren angesagt. Dabei stellten wir uns auf dem Schulhof auf, und unsere Klassenlehrerin Frau Neumann malte einen roten und einen grünen Kreis mit Kreide auf den Boden. Beide Kreise waren groß genug, dass wir alle darin stehen konnten. Dann rief sie uns Fragen zu, wie z. B.: «Wer hat Geschwister?» Der, auf den das zutraf, ging in den grünen Kreis, und wer keine hatte, stellte sich in den roten. Ja, ich hatte Geschwister. Ja, ich spielte gerne Fußball. Ja, ich wohnte in einem Haus. Ich stand eigentlich die ganze Zeit im grünen Kreis und langweilte mich.

War auch das wieder eine heimliche Warnung vor der Ödnis des Schulalltags? Wollte mir Frau Neumann den subtilen Hinweis geben, einfach abzuhauen, solange es noch möglich war? Hätte ich ihn nur befolgt: Einige furchtbar lange Lateinstunden oder nervige Vokabeltests wären mir erspart geblieben. Doch damals war ich so naiv und glaubte, dass ich alles richtig machte, als ich in dem Kreis stehen blieb.

Kreise und ich – wir wurden nie Freunde. Mit großem Unbehagen erinnere ich mich z. B. an diverse Stuhlkreise, in denen wir Grundschüler gezwungen wurden, von unseren Urlaubs-, Wochenend- und Nachmittagserlebnissen zu erzählen. Ich hasste es, mir irgendetwas aus den Fingern zu saugen, denn ziemlich schnell war klar: Nur derjenige würde ein großes Tier in der Klasse sein, der spannende Dinge zu erzählen hatte. Also hieß es, sich Geschichten auszudenken, wenn eigentlich nicht viel passiert war. Immerhin wurde man hier gleich mit einer für das weitere Schulleben überlebenswichtigen Eigenschaft vertraut gemacht: lügen zu können oder, freundlicher ausgedrückt, Ereignisse kreativ auszuschmücken. Hatte man die Vokabeln nicht gelernt, erfand man einen Autounfall, bei dem man einen Gedächtnisverlust erlitten hatte. Konnte man seine Hausaufgaben nicht finden, machte man den Sturm vom vorigen Tage dafür verantwortlich und gestand höchstens den Fehler ein, das Fenster offen gelassen zu haben, sodass alle Blätter mit den Aufgaben herausgeflogen und verschwunden waren. Wer wollte einem da grobes Fehlverhalten vorwerfen? Ähnlich ging es im Erzählkreis zu. Hatte Fabios Oma sich am Sonntag an einem Kuchenstück verschluckt, wurde daraus in Fabios Erzählung schnell ein Erstickungstod, der nur dadurch verhindert worden war, dass Fabios Oma vor Schreck vom Stuhl gefallen war und sich dadurch das Kuchenstück wieder gelöst hatte. Fabio stellte das Geschehene mit einigem schauspielerischen Talent sehr überzeugend nach, und Orhan und mindestens drei andere Jungs begannen, sich mit gespielten Erstickungsanfällen zu überbieten, bis Frau Neumann dem Einhalt gebot und der Nächste an der Reihe war.

Ein Mädchen, ihr Name war Marie, hatte am Wochenende anscheinend nur mit Barbies gespielt und schilderte dies in aller Ausführlichkeit: «Und dann hat die Barbie sich das rosa Kleid angezogen. Aber nicht das mit der Schleife, weißt du, Frau Neumann, weil das mag die gar nicht mehr. Sondern das mit den bunten Bändern. Und dann hat der Ken gesagt, er macht einen Ausflug, und die Barbie hat gesagt …» Und so weiter. Frau Neumann bat Marie immer wieder, nur das Wichtigste zu erzählen, aber Marie war ein kleines Mädchen. Und bei kleinen Mädchen ist alles wichtig, was sie tun. Eine detailgetreue Beschreibung der Einrichtung ihrer zwei Puppenhäuser später war Marie dann endlich fertig. Marie war eines der Mädchen, die auch in den höheren Klassen zu ausschweifenden Erzählungen neigten. Das zog sie gnadenlos durch, obwohl es keinen interessierte, wenn sie im Erdkundeunterricht beim Thema Asien erzählte, wo ihr Vater schon alles gewesen war. Die Lehrer fanden das toll, waren sie doch begeistert von der Offenheit dieser Schülerin, aber auch sie konnten auf genauere Nachfrage nicht erklären, was die Syrienreise von Maries Vater jetzt mit der Verschiebung der asiatischen Kontinentalplatten zu tun hatte.

Im Erzählkreis waren solche Themensprünge normal und Teil des Wettbewerbs um die spektakulärste Erzählung. Markus hatte einen verletzten Hund am Straßenrand gefunden und gerettet, Paul war auf einen garantiert zweihundertfünfzig Meter hohen Baum geklettert, Ramira war von zehn Gangstern überfallen worden, hatte sich aber mit Hilfe ihrer Karatekünste wieder befreien können, und Orhan war mit Spiderman nach New York geflogen und hatte dort King Kong mit einem Maschinengewehr besiegt. Als ich an der Reihe war, erzählte ich wahrheitsgemäß, das Kaninchen meiner großen Schwester sei gestorben. Doch aus irgendwelchen Gründen glaubte mir keiner. Im Gegenteil, alle bezichtigten mich der gemeinen Lüge und warfen mir vor, dass ich das arme Kaninchen dazu ausnutzen würde, um mich wichtig zu machen.

Aber das mit Spiderman hatten sie geschluckt.

Ich nahm mir vor, demnächst zu sagen, Godzilla habe alle Barbie-Puppen meiner Schwester fressen wollen, das Kaninchen sei todesmutig dazwischengegangen und habe im Kampf erst eine super Figur und anschließend den Löffel abgegeben. Dann wäre Fabios Oma mit einem Stück Kuchen im Hals der Erstickung nahe ins Zimmer getorkelt gekommen und hätte sich auf Godzilla gesetzt, wodurch das Kuchenstück sich gelöst hätte und im hohen Bogen aus ihrem Mund geflogen wäre. Dann hätte Marie sicher geheult wegen der Barbie-Puppen, die Jungs hätten die Szene glaubwürdig im Klassenzimmer nachgespielt, und Frau Neumann hätte mir das Bundesverdienstkreuz für besondere Kreativität verliehen. Da wäre selbst Paul aus seinem Zweihundertfünfzig-Meter-Baum gekippt.

Insofern waren dieser und alle anderen Erzählkreise doch für etwas gut. Ich lernte, dass man sich nur etwas Kreatives und interessant Klingendes zurechtlegen musste, schon hatte man in der Schule gewonnen. Immer etwas übertreiben und selbstsicher die eigene Weisheit in die Welt hinausposaunen, auch wenn man keine Ahnung hat. Wenn man ein Referat über eine ungefährliche Spinnenart hielt, durfte man auch ruhig mal behaupten, das Viech fresse kleine Kinder oder sei extrem giftig. Hauptsache, man trug es überzeugend vor. Der Rest war pures Staunen der Klassenkameraden und eine positive Beurteilung durch die Lehrkraft.

SCHLUSS MIT LUSTIG

Die Wochen, Monate und Jahre vergingen, und aus kleinen Analphabeten wurden große mehr oder weniger gebildete Viertklässler, die sich alles in allem in der Welt der Bücher und Zahlen gut zurechtfanden.

Hätte es nicht ein Problem geben: Schule war langweilig geworden. Jeden Tag schreiben, rechnen, lesen, Hausaufgaben machen …

Die große, weite Welt der Schule mit ihren unendlichen Möglichkeiten war zusammengeschrumpft zu einem zähen Alltag, und das zuvor spielerische Lernen war irgendwie zu einer verdammt mühseligen Arbeit geworden. Besonders deutlich wurde mir das, als Frau Neumann eines Tages in die Klasse kam, sich an ihr Lehrerpult setzte, ohne etwas zu sagen, einen Stapel Hefte aus der Parallelklasse auf den Tisch legte und anfing, diese durchzuschauen. Mit meiner heutigen Schulerfahrung hätte ich sie einfach machen lassen, aber ein Rest kindlicher Neugier ließ mich damals fragen: «Frau Neumann? Sie haben uns noch gar keine Aufgabe gegeben.»

Dass sie uns noch nicht mal begrüßt hatte, war mir schon gar nicht mehr aufgefallen. Frau Neumann schaute verblüfft hoch: «Was? Ach so … Ja, macht halt irgendwas aus dem Arbeitsheft, wie immer.» Irgendwas wie immer. Nun, auch Frau Neumann war wohl von ihrer anfänglichen Begeisterung über die frische, formbare Schülerschar desillusioniert in den üblichen Trott verfallen.

Zeit, dass für Abwechslung gesorgt wurde: Es stand die Entscheidung an, auf welche weiterführende Schule wir gehen sollten. Wir erhielten alle vier eine Gymnasialempfehlung und beschlossen relativ schnell, auf dasselbe Gymnasium zu gehen.

Bei der erneuten «Einschulung» in die höhere Schule standen wir wieder an der Straßenecke, an der wir auch schon vier Jahre zuvor gewartet hatten, um gemeinsam zur Grundschule zu gehen. Diesmal aber nicht mit sperrigen Schulranzen, sondern mit modernen Rucksäcken. Orhan hatte außerdem eine Schultüte dabei. «Orhan, die brauchst du diesmal nicht!», informierten wir ihn. Erschrocken rannte er nach Hause, schrie seine Mutter an, ob sie denn noch ganz dicht wäre, ihn so lächerlich zu machen, und stimmte dann seinem Vater zu, der entsetzt feststellte: «Nie machen sie gleich die Deutschen. Schultüte ja, Schultüte nein. Können nix entscheiden!» Er unterbrach sich selbst und blickte auf die Uhr: «Jetzt beeilt euch, ist schon spät.»

Völlig gehetzt und nun ohne Schultüte eilten wir vier die Straße hinunter. Das Abenteuer Schule würde jetzt erst richtig beginnen. Jetzt würde sich uns die große weite Welt des Wissens erschließen. Jetzt waren wir Gymnasiasten.

Neun Jahre von diesem Moment an bis zum Abitur. Neun Jahre weiterführende Schule. Neun Jahre lang der ganz normale Wahnsinn …

«IHR SEID BESCHEUERT. ICH BIN VERRÜCKT. ALSO ALLES GANZ NORMAL!» – DER UNTERRICHT

«SCHULDIGUNG!»

Der Schulgong ertönt, die Schülerinnen und Schüler strömen in den Klassenraum und setzen sich brav an ihre Tische. Arbeitsmaterial und Bücher werden herausgeholt, die Hefte im rechten Winkel zur Tischkante ausgerichtet und die Stifte nach Farben sortiert bereitgelegt. Die lernwilligen und hochmotivierten Kinder sitzen still an ihren Plätzen und stehen auf, sobald die Lehrkraft den Raum betritt, um diese artig zu begrüßen. Es folgt ein konzentrierter und disziplinierter Ablauf der Stunde, an der sich die Schüler rege beteiligen und an deren Ende sie wissbegierig die Hausaufgaben in ihre Hefte notieren, die sie zur nächsten Stunde selbstverständlich gewissenhaft erledigt haben.

So oder so ähnlich müssen Lehrer sich das Paradies vorstellen. Realistisch ist dieses Szenario nicht. Es bräuchte schon den Einsatz schweren Kriegsgeräts oder die Androhung schlimmster Strafen – zum Beispiel das globale Abschalten des Netzwerkes Facebook –, um Schüler an einer deutschen Schule dazu zu bringen, sich so vorbildlich zu verhalten. Ich glaube, das war schon immer so, ist überall so und wird immer so bleiben. Wo Schüler sind, da ist auch Lärm und Unordnung. Damit müssen Lehrer klarkommen, das ist schließlich ihr Job. Wer Bäcker wird, darf sich auch nicht beschweren, dass es am Ofen zu heiß ist. Schüler müssen sich entfalten können und laut sein, und Lehrer nerven gehört eben dazu. Selbst als es die Prügelstrafe noch gab, haben sich Schüler danebenbenommen, und die Erwartung, dass ihr Verhalten besser wird, indem man ihnen mehr Freiheiten zugesteht und weniger Druck von oben aussetzt, ist blauäugig. Trotzdem ist die Abschaffung der Prügelstrafe eine wertvolle Errungenschaft – und das nicht nur aus Gründen des Kindsschutzes. Würde ein Lehrer heutzutage versuchen, einen Schüler mit dem Rohrstock zu verprügeln, würde der Schüler zurückschlagen oder die körperliche Züchtigung – je nach Verfügbarkeit – mit seinem Butterfly-Messer oder einem Schlagstock beantworten. Die Abschaffung der Prügelstrafe schützt also auch die Lehrer. Wobei ich mir sicher bin, dass so mancher Lehrer gerne auf diese veraltete Lehrmethode zurückgekommen wäre. Wer Schüler mit lateinischen Grammatiktests quält, macht auch vor dem Rohrstock nicht halt.

Bei meiner Schule wäre der oben geschilderte Musterablauf des Unterrichts allerdings nicht nur wegen uns Schülern unmöglich gewesen. Er wäre bereits am ersten Schritt nach dem Schulgong gescheitert: Wir hätten gar nicht in den Klassenraum strömen können, da bei uns die Räume in den Pausen immer abgeschlossen wurden, damit die Schüler sich nicht unbeaufsichtigt hineinschleichen konnten. Das wäre ja auch furchtbar gewesen! Was hätten wir dort nicht alles Schlimmes anstellen können?! In jedem unbeaufsichtigten Schüler schlummert aus Lehrersicht ein potenzieller Drogendealer, Computer-Hacker oder Papstmörder. Ich bin mir sicher, hätte man uns nur einmal allein im Klassenzimmer gelassen, wir hätten die Tische aus dem Fenster geworfen und mit grüner Farbe «Hallo, Aliens, hier könnt ihr landen!» auf die Fenster gepinselt. Anschließend hätten wir unsere mitgebrachten Pausenbrote auf einem Altar aus Kreide und Tafelschwämmen geopfert, einen völlig verängstigten Fünftklässler mit dem Kopf nach unten an die Tafel gehängt, ihn mit Papierkügelchen beworfen und aus den Schulstühlen den schiefen Turm von Pisa nachgebaut, diesen dann umgeworfen und laut gegrölt: «Scheiß auf die PISA-Studie! Wir sind unbeaufsichtigt! Olé!» Am Ende hätten wir die Schule dann wegen Verletzung der Aufsichtspflicht angezeigt und ein saftiges Schmerzensgeld für den Fünftklässler vom Schuldirektor erpresst, das wir dann untereinander aufgeteilt hätten. Was wäre das für ein Spaß gewesen!

Aber die Tür war ja abgeschlossen, und so standen wir immer auf dem Gang, bis der Lehrer oder die Lehrerin kam, um uns aufzuschließen. Ungeachtet dieser Tatsache forderten uns unsere Lehrer immer wieder aufs Neue auf, in den Raum zu gehen und unsere Sachen herauszuholen, damit alles fertig ist, wenn sie einträfen. Nicht, dass das Schloss ein Hindernis gewesen wäre – das hätten wir ohne Probleme geknackt. Ich hätte aber gerne mal das Gesicht unseres Lehrers gesehen, wenn er den Gang entlanggekommen wäre und die von uns aufgebrochene Tür entdeckt hätte.

Unsere Einwände, die wir gegen das frühzeitige Betreten des Klassenraumes hervorbrachten, wurden jedes Mal abgeschmettert. Meist mit stichhaltigen Argumenten wie: «Wir verlieren mit eurem Gekrame jedes Mal fünf Minuten», oder dem interessanten Ansatz: «Fragt halt irgendeinen Lehrer, der vorbeigeht, ob er euch aufschließen kann.» Gesagt, getan. Allerdings ernteten wir lediglich gereizte Reaktionen: «Ich kann doch nicht jedem aufschließen, an dem ich vorbeikomme. Das geht nicht. Außerdem seid ihr in der Klasse dann unbeaufsichtigt.» Also wieder vor der Türe warten. Lehrer wissen eben nicht, was sie wollen.

Schüler wissen das meist sehr genau: Sie wollen frei haben. Weil sie aber wissen, dass sie das nicht bekommen, gönnen sie sich zu Beginn des Unterrichts gerne ein paar Minuten Auszeit. Die Lehrer übrigens auch, selbst wenn sie das niemals zugeben würden. «Wir verlieren jedes Mal fünf Minuten, wenn Sie zu spät kommen», hätte ich gerne mal zu einigen von ihnen gesagt, aber das wäre für die Zeugnisnote mit Sicherheit eher ungünstig gewesen. Lehrer können da recht empfindlich sein.

Irgendwann trudelte dann der richtige Lehrer ein und

stellte die alles entscheidende Frage: «Wo haben wir?» Wir antworteten stets: «Hier!», auch wenn wir vor einem völlig falschen, schon besetzten Raum standen. Die Verwirrung und die damit verbundene Verzögerung des Unterrichtsbeginns nahmen wir gerne an.

Wenn wir mit unerfahrenen Referendaren Vertretungsunterricht zum Beispiel in Raum 115 hatten, haben wir gerne gesagt, wir hätten in Raum 118. Denn diesen Raum gab es gar nicht, bei 117 war der Gang zu Ende.

So konnten wir allerdings nur vorgehen, wenn der Lehrer überhaupt kam. Es gab nämlich durchaus Teile des Lehrkörpers, die regelmäßig vergaßen, dass sie zur Ausübung ihrer beruflichen Tätigkeit das Lehrerzimmer verlassen mussten. In solchen Fällen ließen wir uns etwas Zeit und begaben uns erst gegen Ende der Stunde dorthin, um nach dem Lehrer zu fragen.

Vorausgesetzt, die zu erwartende Lehrperson war erschienen und hatte die Klassentüre geöffnet, konnte es losgehen. Einzelne Schülerinnen und Schüler nahmen unmotiviert auf ihren Stühlen Platz. Doch statt der Schulsachen wurden erst noch Trinkflaschen und Butterbrote herausgeholt, denn zum Essen hatte man in der Pause ja nun wirklich keine Zeit. Man musste schließlich erst noch über die neue Freundin vom arroganten Sven lästern, mit einem Typen aus der Parallelklasse eine noch ausstehende Streitigkeit klären und sämtliche Leute anrufen, die man während der vorigen fünfundvierzig Minuten Unterricht nicht gesehen hatte. Da blieb nun wirklich nicht mehr viel Zeit übrig, um sich mit so niederen Tätigkeiten wie z. B. Ernährung zu beschäftigen. Wozu hatte man denn die Unterrichtszeit? Wenn der ein oder andere dann anstatt eines Pausenbrotes einen mitgebrachten, mit vielen Zwiebeln und Knoblauch verfeinerten Döner auspackte und der Klassenraum sich geruchstechnisch in wenigen Sekunden in eine türkische Imbissbude verwandelte, war die Toleranz-schwelle manchen Lehrers überraschenderweise überschritten. Das Essen wurde allgemein verboten, die betreffenden Schüler wurden ermahnt und der Döner weggepackt. Nur der Geruch blieb, und der Lehrer war wütend, wahrscheinlich, weil auch er lieber Döner gegessen hätte, als unterrichten zu müssen. Aber man ist ja nicht umsonst Lehrer geworden. Anscheinend gilt der Grundsatz, dass man mit gutem Beispiel vorangehen sollte, in der Schule nicht. Während wir uns mit knurrendem Magen und trockenen Kehlen an den Arbeits-aufträgen abmühten, packte der ein oder andere Lehrer schon mal gerne mitgebrachtes Obst oder Pausenbrote aus. Nicht selten ging er anschließend kurz ins Lehrerzimmer und kam mit einem frisch gebrühten Kaffee zurück. Bevor jemand dem erbosten Lehrer Intoleranz gegenüber der türkischen Esskultur unterstellt, muss klargestellt werden: Die gleiche Reaktion wurde durch das Mitbringen von griechischem Gyros, chinesischen Nudelgerichten und belgischen Pommes hervorgerufen. Alles schon ausprobiert. Der Höhepunkt war erreicht, als ein paar Schülerinnen auf die Idee gekommen waren, sich Pizza in den Klassenraum liefern zu lassen. «Wollen Sie auch ein Stück?», fragte eine von ihnen unseren Klassenlehrer Herrn Löchel.

Nein, Herr Löchel wollte kein Stück und nein, er würde das jetzt nicht ausnahmsweise einmal tolerieren und ja, er wisse, dass die Pizzen kalt werden, wenn man sie wegpacken würde, aber nein, das interessiere ihn nicht im Geringsten. Ergebnis einer sich dann entwickelnden Debatte: Pizza kalt, Herr Löchel sauer und der Unterricht fast schon wieder vorbei. Juchhu!

Das Bestellen von Fastfood wurde übrigens wenige Tage nach diesem Vorfall per Durchsage des Schuldirektors offiziell untersagt. Schade.

Sieht man aber mal von sämtlichen Störungen durch mitgebrachtes oder angeliefertes Futtermaterial ab, begann der Unterricht einigermaßen pünktlich. Zumindest für die zwanzig Prozent der Klasse, die die lange Anreise zum Klassenraum geschafft hatten. Die anderen achtzig Prozent erreichten den Unterricht mit Verspätungszeiten, die der Deutschen Bahn alle Ehre gemacht hätten. Oder sie kamen gar nicht. Auch das kennt man von der Bundesbahn.

Hatte Herr Löchel also in einer Pizza-freien Stunde mal pünktlich angefangen, ging die Türe in einem relativ präzisen Takt von zwei Minuten immer wieder auf, ein Schüler betrat die Klasse, nuschelte ein kurzes «Schuldigung!» und setzte sich auf seinen Platz, nicht ohne vorher mit seinen Kumpels noch ein kurzes Gespräch zu führen und seine Tasche nach Essbarem zu durchsuchen.

Anfangs hatte Herr Löchel noch versucht, den Zuspätkommern beizubringen, eine vollständige Entschuldigung mit Begründung ihrer Verspätung bei Betreten des Raumes selbsttätig zu formulieren. Nach wenigen Tagen wurden die Geschichten, die sich die Schüler ausdachten, aber so absurd, als hätten wir wieder in der ersten Klasse im Stuhlkreis gesessen und von unseren Wochenenderlebnissen erzählt. Mal wurde die Verspätung damit begründet, dass der Vater, der den Schüler mit dem Auto gebracht hatte, nur sehr langsam fahren konnte, weil die Straße mit Glatteis überzogen war, obwohl es draußen dreißig Grad waren. Mal wurden die Klassiker vom toten Hund bis zum aus dem Nest gefallenen Vogelbaby bemüht. Als Orhan behauptete, er hätte seine Tage gehabt, gab Herr Löchel es auf, nach den Verspätungsgründen zu fragen. Wie so viele Lehrer fügte er sich in sein Schicksal und unterrichtete stur weiter, ohne sich weiter über Verspätungen aufzuregen. Wahrscheinlich ist das ein angeborener Reflex bei Lehrern: Wenn sie merken, dass sie keine

Chance haben, sich durchzusetzen und sich eine schlechte Angewohnheit an der Schule oder bei den Schülern erst einmal etabliert hat, schalten sie auf Autopilot und Energiesparmodus. Lehrer, die immer auf diese Art und Weise auf Schwierigkeiten reagierten, wurden von den meisten Schülern als schwach und nicht durchsetzungsfähig angesehen. Im Lehrerkollegium hingegen bewunderte man wahrscheinlich ihre stoische Ruhe, mit der sie Probleme angingen. Was das anging, war der Grad zwischen Ruhe und Verzweiflung recht schmal, denke ich.

Doch eines Tages war Herr Löchels Chance zur Revanche gekommen: Eine Lehrerin hatte uns bereits die Klasse aufgeschlossen (welch Frevel! Wie konnte sie nur so etwas Unverantwortliches tun?), und die meisten Schüler saßen auf ihren Plätzen. Von Herrn Löchel jedoch keine Spur. Die Ersten begannen schon Vorkehrungen zu treffen, um die Tische aus dem Fenster zu werfen, und per SMS wurde bereits ein Fünftklässler für die geplante «Wir sind unbeaufsichtigt»-Aktion organisiert. Die Hoffnung, vielleicht frei zu haben, machte sich langsam breit, und genau in dem Augenblick, als die Ersten aufstehen wollten, um wieder zu gehen, betrat Herr Löchel das Zimmer: «Schuldigung! Ich musste meine Frau mit unserem Hund zum Tierarzt fahren. Das Vieh hat Zahnschmerzen.» «Eintrag ins Klassenbuch!», schrie Orhan vor Freude glucksend, und Herr Löchel nahm seinen Kugelschreiber und schrieb «Herr Löchel, 15 Min. zu spät. Wegen Zahnschmerzen Hund» in das Klassenbuch. Immerhin: Humor hatte er.

Denselben behielt er ebenfalls bei, als er die Klasse auf Anwesenheit überprüfte, denn bei Dominik Kallert, Pascal Wirth und Aisha Yilmaz lächelte er nur müde in die Runde und fragte: «Weiß eigentlich noch jemand, wie die drei aussehen? Ich hab die seit einer Ewigkeit nicht mehr gesehen.

Habt ihr noch Kontakt zu denen?» Stillschweigen. Natürlich hatten wir Kontakt zu den dreien. Sogar regelmäßig. Auf Facebook und per SMS. Und auch auf der einen oder anderen Party sahen die drei gar nicht so krank aus, wie sie am Vormittag noch offiziell gewesen waren. Aber das hätte natürlich niemals jemand preisgegeben. Nicht einem Lehrer. Das wäre Hochverrat gewesen. Schüler mussten doch zusammenhalten, wenn der Lehrer – der Feind – solch entscheidende Informationen erpressen wollte. Wenn jemand die Hausaufgaben nicht gemacht hatte, behauptete der Sitznachbar ja schließlich auch selbstverständlich, dass man die Aufgaben zusammen gemacht und nur einer die Ergebnisse notiert habe. Da hielt man dicht, auch wenn ich keinen Lehrer kenne, der diese Ausrede hätte gelten lassen. Lehrer sind da einfach nicht flexibel genug.

Trotz unseres Zusammenhalts trug Herr Löchel routiniert ein kleines «f» für «fehlend» hinter die betreffenden Namen und notierte sich im Geiste die Mitarbeitsnote 6. Auch das kannten wir nach einiger Zeit schon. Waren wir am Anfang noch froh gewesen, dass er so schnell aufgab, unser Fehlverhalten zu kritisieren, mussten wir nach dem ersten Halbjahreszeugnis feststellen, dass er sie keinesfalls verdrängt hatte. Auch die Klassenbucheinträge hätte man schnell vergessen, wären unsere Lehrer nicht so pingelig gewesen und hätten immer, wenn drei Einträge zusammenkamen, einen Brief an unsere Eltern geschickt, die die darin formulierte Rüge sehr schnell in eine sehr real existierende meist den Fernseh- oder Computerkonsum betreffende Strafe ummünzten. Herr Löchel hatte also mit seinen Einträgen sogar Einfluss auf unsere Freizeitgestaltung, und ich glaube, allein deshalb bereitete es ihm ein diebisches Vergnügen, unsere Fehler akribisch zu notieren.

Sobald diese ganze «Büroarbeit» abgeschlossen war, begann der Unterricht. Der Blutdruck der Schülerschaft sank auf Ruhepulsniveau, Herr Löchel kramte eine Folie hervor, die er auf den Tageslichtprojektor legte, und begann, über Städtebau und Landschaftsveränderung zu referieren. War das projizierte Bild anfangs noch deutlich zu sehen, machte sich nach einiger Zeit das Alter des Projektors bemerkbar: Das Bild wurde unscharf und schließlich bis zur Unkenntlichkeit verzerrt. Herr Löchel, der nur auf die Folie selber und nicht auf die Leinwand schaute, merkte davon allerdings nichts, und uns Schüler störte es nicht. Bis auf irgendeinen hyperaufmerksamen Mitschüler, der ihn nach einigen Minuten darauf hinwies. So verhielt es sich auch bei Rechtschreibfehlern an der Tafel. Es waren immer dieselben, die unsere Lehrer darauf aufmerksam machten und die dafür stets ein Lob erhielten, das sie mit einem überglücklichem Lächeln quittierten, als wollten sie sagen: «Ja, Herr Löchel. Hab ich doch gerne gemacht. Im Gegensatz zu allen anderen hier bin ich total interessiert und hochengagiert. Jetzt bekomme ich doch sicherlich eine ganz tolle Note, oder?» Das war nervig und überflüssig. Denn im Groben hatten wir die Landschaftsveränderung ja verstanden: Es verschwimmt eben alles zu einer großen grauen Masse. Das hatte etwas von autogenem Training. Hätte Herr Löchel jetzt nicht von «heterogen strukturierten Kulturräumen» gesprochen, sondern von Traumlandschaften und Phantasiereisen, es wäre das reinste Wellness gewesen.

Unterbrochen wurde diese beschauliche Stimmung dann jeweils abrupt durch den Schulgong. Pause! Von jetzt auf gleich waren alle Schüler wieder wach, packten ihre Sachen und verließen den Raum. Dass Herr Löchel noch die Hausaufgaben anschrieb und mit einem «Der Lehrer beendet den Unterricht» das letzte bisschen seiner Autorität einforderte, wurde ignoriert und durch lautstarkes und demonstratives

Einpacken der Schulmaterialien mindestens drei Minuten vor Unterrichtsschluss ins Gegenteil verkehrt. Gegen diesen Lärm soll ein Lehrer erst mal ankommen. Wir haben noch jeden übertönt. Da nützt alles Schreien, Drohen oder lautes Schlagen mit dem Klassenbuch auf das Lehrerpult nichts. Uns war klar: Dem beugen wir uns nicht. Wir sind das Volk!

«DU MUSST DAS WASSER FÜHLEN»

Ein von mir äußerst gehasstes Fach war der Sportunterricht: Sport und ich – das geht einfach nicht zusammen. Ich bekam zwar Noten, mit denen ich leben konnte, die Notenvergabe wurde aber immer begleitet von einem: «Na ja, du hast dich immerhin bemüht.» Der Zusatz «... aber du kannst es einfach nicht» kam keinem Lehrer über die Lippen. Das hatten sie wahrscheinlich alle im Studium gelernt: immer schön positiv beurteilen. Auch wenn der Schüler gerade beim Turnen am Stufenbarren seitlich aus den Barren auf die Halterung kracht und dabei ein daneben stehendes Mädchen mit den Schuhen im Gesicht trifft – immer schön positiv bleiben. «Du hast dich ja bemüht.» Sportlehrer können sehr verständnisvoll sein, wenn sie wissen, dass aus einem Schüler sowieso nichts mehr rauszuholen ist.

Vielleicht war mein letzter Sportlehrer aber auch nur so nett, weil er immer schon geguckt hat, wer nach mir an der Reihe war. Handelte es sich dabei um ein attraktives Mädchen mit weitem Ausschnitt und enganliegender Sporthose, so freute er sich schon viel zu sehr auf die nächste zu leistende «Hilfestellung», als dass er Lust hatte, seine Energie bei mir zu verschwenden. Das würde auch erklären, warum er mich immer anmotzte, wenn der dicke Bertie nach mir dran war.

Dabei war und bin ich gar nicht so unsportlich. Laufen

konnte ich hervorragend. Das hatte ich früh gelernt, nämlich als Kleinkind. Aber wann läuft man im Sportunterricht schon mal zwei Schulstunden lang nur im Kreis?

Für sämtliche Ballsportarten, bei denen dieses läuferische Können von Vorteil gewesen wäre, braucht man dummerweise auch immer noch diese gottverdammte Technik. Warum muss man beim Basketball in diesen doofen Korb werfen? Ist es nicht eine viel größere Leistung, wenn man aus drei Meter Entfernung noch nicht mal das Brett *hinter* dem Korb trifft?

Fußball ohne Ball. Das wäre meine Sportart.

Ich habe nie verstanden, wie man eine Rolle rückwärts machen kann, ohne auf halbem Wege den Schwung zu verlieren und seitlich umzukippen. Ein zufällig erlittener Kapselriss im linken Fußgelenk ließ mich die Reihe «Boden- und Geräteturnen» glücklicherweise oft verpassen. Gut, wenn die Eltern einen Orthopäden zu ihren Bekannten zählen – zumindest war man dann nicht gezwungen, sich so bescheuerte Ausreden einfallen lassen zu müssen wie alle anderen. Die Top-3-Ausreden, um im Sportunterricht nicht teilzunehmen: 1. «Mir ist nicht gut, ich glaub ich muss mich schonen.» 2. «Ich hab da was am Rücken. Wenn ich heute Sport mache, kann das meiner Wirbelsäule langfristig schaden.» 3. «Ich hab meine Sportsachen vergessen.»

Alle drei Ausflüchte wurden meist nicht akzeptiert, sondern durch Ersatzsportzeug und das Argument, Bewegung würde dem Rücken und der Gesundheit guttun, entkräftet. Da hatte ich es mit meinem ärztlichen Attest schon leichter.

Aber immer kann man sich natürlich nicht drücken, schon gar nicht, wenn eine Sportreihe ein ganzes Halbjahr andauert. Und das ist beim Schwimmen der Fall. Schulschwimmen ist so ziemlich die schlimmste Bloßstellung, die man in der Schule erfahren kann. Nicht nur, dass man vom Lehrer durch laut gebrüllte Kommentare vor der ganzen Schwimmhalle blamiert wird. Darüber hinaus geben Menschen wie ich, die einfach nie richtig schwimmen gelernt haben, ob sie wollen oder nicht, ein jämmerliches Bild ab.

Im Nachhinein muss ich zugeben: Mein Sportlehrer hatte recht, wenn er sagte: «Malte, du schwimmst wie ein angeschossener Dackel.» Wenigstens bin ich nicht ertrunken. Es war das erste Mal, dass ich bedauerte, kein Mädchen zu sein: Die hatten nämlich komischerweise immer ihre Tage, wenn Schwimmen auf dem Programm stand. Also jede Woche einmal. Gut für unsere Mädels, dass unser Schwimmlehrer nicht gleichzeitig auch Biologie unterrichtete.

Wieso schützt der WWF eigentlich nur Pandabären und nicht arme, vom Schwimmunterricht gegeißelte Schulkinder? Und warum haben noch nie Menschenrechtsaktivisten ein Schwimmbad besetzt und die dort angewendeten Methoden der Schwimmlehrer angeprangert? Wenn die USA ihre Guantanamo-Häftlinge mit vorgetäuschtem Ertrinken beim Waterboarding quälen, wird zu Recht das Wort Folter in den Mund genommen. Wenn ich aber vom «board» – also dem Einmeterbrett – ins «water» springen musste, untertauchte und auf dem Weg zurück an die Wasseroberfläche gefühlt dreimal umgekommen bin, dann hieß es, das läge an meinen eingeschränkten Schwimmfertigkeiten. Anscheinend gelten die Menschenrechte im Schwimmunterricht nicht oder sind durch den Lehrer vorübergehend außer Kraft gesetzt.

Zu Beginn des Schwimmunterrichts sollten wir uns immer warm schwimmen. Was ich dabei nie verstanden habe: Warum mussten wir dafür in das kalte Wasser? Die Sparmaßnahmen der Stadt hatten die Wassertemperaturen auf gefühlte 8 °C sinken lassen, und ich bekam spontan Mitleid mit unserem Aufschnitt, den wir zu Hause jeden Tag im Kühlschrank solchen arktischen Temperaturen aussetzten.

Doch es kam der Tag, an dem alle meine Qualen noch

getoppt werden sollten. Es kam der Tag, an dem unsere Schwimmlehrer beschlossen, uns das Delphinschwimmen beizubringen. Ja, Sie lesen richtig: Delphinschwimmen!!! Warum soll ich schwimmen können müssen wie ein Delphin?! Entschuldigung, aber das Wort sagt es doch schon: Delphin! Bin ich ein Delphin? Ich habe noch keinen Delphin gesehen, der durch den Ozean gleitet und sich denkt: «So. Jetzt schwimm ick ma wie'n Mensch, wa!» Warum um alles in der Welt soll ich das also umgekehrt tun?!

Aber da halfen kein Betteln und kein Jammern: Es stand auf dem Lehrplan, also wurde es gemacht. Doch anstatt mit schlangenartigen Wellenbewegungen des gesamten Körpers und einem raumgreifenden Armrudern schnell wie der Wind durch das Becken zu pflügen, trieb ich hilflos im Wasser und drohte unterzugehen. Zumal man uns mit einem speziellen Delphinschwimmen-Lerngestell die Beine zu einer großen Flosse zusammengebunden hatte. Die, die die Technik beherrschten, waren damit dann noch schneller. Ich hingegen war noch gehandicapter, sodass ich nach einer Weile rückwärtstrieb. Irgendwas an dem Schwimmstil hatte ich nicht verstanden. Auch die Zurufe meines Sportlehrers halfen mir nicht weiter: «Malte, eleganter! Du musst das Wasser fühlen. Stell dir vor, du wärst ein Delphin.» Witzig. Typisch Lehrer! Immer am Meckern, aber selber in T-Shirt und kurzer Hose faul am Beckenrand stehen und sich mit der Bademeisterin unterhalten.

Nicht zum ersten Mal beschlichen mich Zweifel, ob unsere Sportlehrer überhaupt (noch) zu dem fähig waren, was sie von uns verlangten. Bat man einen Lehrer beispielsweise beim Bodenturnen darum, die Übung doch mal vorzumachen, dann berief er sich meistens auf eine alte Knieverletzung, die das – leider, leider – unmöglich mache. Früher, ja, da wäre das ein Klacks gewesen, aber nun, das Alter – da machten die Gelenke einfach nicht mehr mit. Im Gegensatz zu uns Schülern brauchte er für diese Ausrede noch nicht mal ein ärztliches Attest.

Ein Trost war immerhin: Selbst Sport-Ass Thomas und andere Mitschüler taten sich schwer. Ich bildete mir ein, dass einer sogar noch öfter untergegangen war als ich. Dies wurde allerdings von unabhängigen Quellen nicht bestätigt.

Am Ende des Schwimmunterrichts sollten wir dann alle noch vom Dreimeterbrett springen. Und zwar mit einem Kopfsprung. Der Höhepunkt der Schwimmstunde für die meisten, für mich der Auslöser von Schnappatmung. Ich meine, man muss sich das doch mal klarmachen: Der Sprungturm ist drei Meter hoch, aber das Becken selbst auch nochmal vier Meter tief. Ich springe doch nicht aus sieben Meter Höhe kopfüber von einem Turm in ein Betonbecken! Dass da zufällig Wasser drin ist, kann man wohl kaum als Entlastung gelten lassen.

Aber es gab keine Ausnahmen. Jeder musste. In diesem Moment war ich neidisch auf jeden Mitschüler, der ohne Angst sogar im Salto vom Dreier sprang und sich danach sofort wieder an der Turmleiter anstellte. Ich überlegte kurz vor meinem Sprung, ob die alte Kapselverletzung im Fuß nicht plötzlich wieder hätte akut werden können, aber – zu spät. Ich war an der Reihe, holte tief Luft und sprang. Nicht elegant, nicht gut, aber ich sprang. Welch Hochgefühl! Zumal ich die Anweisung meines Lehrers «Du musst das Wasser fühlen» gewissenhaft befolgt hatte: Ich hatte das Wasser so was von gefühlt. Und es tat weh. Bauchklatscher …

LERNEN LERNEN

«Lernen lernen» war ein Projekt in unserer Schule, bei dem wir – wie der Name schon sagt – lernen sollten, wie man richtig lernt. Dafür wurden in den Klassen Workshops durchgeführt, die uns zeigen sollten, wie wir unsere Arbeit strukturieren, die Teamarbeit verbessern und unsere Präsentationen optimieren konnten. Im Ansatz gut, in der Durchführung – nun ja, lesen Sie weiter.

Zunächst machten wir mit der Workshop-Lehrerin Frau Finke einen sogenannten Lerntypentest, mit dessen Hilfe herausgefunden werden sollte, ob man besser lernt, wenn man das zu Lernende liest, schreibt, hört oder sieht. Mein Argument, dass man doch am besten lernen würde, wenn man etwas aufschreibt, es dann nochmal laut liest und es dabei ja sowieso schon sähe und höre, wurde übergangen. Schülereinwände, und waren sie noch so logisch, waren jetzt nicht gefragt. Das Konzept war schließlich von Bildungsexperten entwickelt worden. Wo kämen wir denn hin, wenn jeder dahergelaufene Schüler es anzweifeln würde, war es doch in jahrelanger Vorbereitungsarbeit durch zweiunddreißig buddhistische Mönche in einem tibetanischen Kloster ohne Kontakt zur Außenwelt entwickelt, vom Bildungsministerium mit dem Prädikat «wertvoll» versehen und anschließend von einem hellsehenden Kraken namens Paul noch vor seinem internationalen Durchbruch bei der Fußballweltmeisterschaft 2010 auf mögliche Fehler hin geprüft worden. Dieses Konzept war wasserdicht, komplett recycelbar und hatte ein Ökosiegel.

Der Lerntypentest begann. Nacheinander wurden jeweils zehn unterschiedliche Begriffe mal zum Lesen auf Schildern hochgehalten, mal als Zeichnungen gezeigt, mal nur vorgelesen, und zu guter Letzt mussten sie von uns aufgeschrieben werden. Danach wurden zur Verwirrung Kopfrechenaufgaben gestellt und schließlich geprüft, welche Begriffe man noch erinnerte.

Das erste offensichtliche Problem in der Umsetzung wurde schnell klar: Wie sollten wir einen Begriff schreiben, ohne ihn vorher zu hören, zu lesen oder zu sehen? Schließlich sollte nur das Schreiben Einfluss auf unsere Merkfähigkeit haben. Frau Finke nahm diese Schwierigkeit anscheinend zum ersten Mal wahr und beschloss, dass wir die Begriffe einfach lesen und dann aufschreiben sollten. Das wäre dann ja quasi wie nur schreiben. Der Effekt war vorprogrammiert: Das doppelte Bearbeiten der Begriffe durch ebenjenes Lesen und dann Schreiben führte zu durchgehend guten Ergebnissen im Bereich Schreiben. Schreiben ohne Lesen, Sehen oder Hören geht eben nicht. Da hatte der Krake Paul wohl etwas übersehen. Man sollte ihm aber daraus keinen Vorwurf machen, er selbst konnte ja gar nicht schreiben.

Beim Hören setzte sich der Mangel in der Durchführung erst recht fort, denn Frau Finke las bei dem Wort «Scheibenwischer» fälschlicherweise «Weibenstricher», sodass wir alle darüber lachen und sie den Begriff wiederholen musste. Kein Wunder also, wenn am Ende fast alle dieses Wort noch wussten.

Sowieso hatten viele Lehrer in Prüfungssituationen Probleme, die richtige Antwort für sich zu behalten. Stellte man zum Beispiel in einer Klassenarbeit eine Frage, die der Lehrer nicht beantworten konnte, ohne die Lösung zu verraten, so versuchte er häufig, dem Schüler durch Andeutungen weiterzuhelfen und verriet dabei – huch! – schließlich doch die korrekte Lösung. Das ist natürlich nett von dem Lehrer, zumindest für den einen Schüler, dem er die Frage beantwortete. Die anderen hatten das Nachsehen und konnten sich zu Recht über diese Ungerechtigkeit beschweren.

Beim Lerntypentest waren Beschwerdeunterbrechungen

aus Konzentrationsgründen aber nicht zugelassen. Als uns für den Bereich «Sehen» Bilder von verschiedenen Dingen gezeigt wurden, hatte ich meine persönliche Sternstunde. Ich saß damals in der letzten Reihe und hatte mir als ein Bild «Rakete» gemerkt. Als die Ergebnisse verglichen wurden, sagte ich ebendieses Wort und erntete Gelächter. Auf dem Bild war ein Staubsauger zu sehen … Ich hätte aber schwören können, dass es eine Rakete gewesen war. Vielleicht hätte ich besser zum Augenarzt gehen als an diesem Workshop teilnehmen sollen. Allein durch die Lektüre des Wissensmagazins im Wartezimmer dieses Arztes hätte ich mehr gelernt, als beim «Lernen lernen».

Am Ende des Tests konnte man anhand der Anzahl der jeweils erinnerten Begriffe sehen, in welchem Bereich man seine Stärken hatte – wenn man denn mitgemacht hatte. Fabio hatte sich statt mit Begriffemerken allerdings die ganze Zeit mit Ramira beschäftigt und ihr kleine Zettelchen geschrieben, die diese nach kurzem Lesen beantwortet zurückgereicht hatte. Die beiden wussten in der Folge bei allen vier Lerntypen keinen einzigen Begriff mehr, noch nicht mal mehr den Scheibenwischer. Frau Finke schimpfte kurz, gab dann allerdings auf, wahrscheinlich, weil das Lehrerhandbuch zum Workshop ihr auf ganz buddhistische Weise verbot, sich aufzuregen.

Und es gab ja auch positive Überraschungen: Daniela – die sonst nicht durch überragende Genialität im Unterricht auffiel – hatte in allen Bereichen alle zehn Begriffe gewusst. Das löste nicht nur großes Staunen, sondern auch den Vorwurf, sie hätte geschummelt, aus. Doch Daniela konnte sich und ihre Merkfähigkeiten erklären: «Ich hab vorgestern 'ne Sendung mit Günther Jauch gesehen, da haben die so ein Merkspiel gemacht und erklärt, wie man sich Sachen besser merken kann. Nämlich mit Nemo-Techniken.» Dass der Film «Findet

Nemo» mit dem Merken von Begriffen nichts zu tun hatte, war schnell geklärt, ebenso die Tatsache, dass der Begriff korrekt «Mnemo» hieß, eine Methode, mit der man die zu lernenden Begriffe in eine Geschichte einbindet. Frau Finke ließ Daniela die Technik erklären, und so lernten wir das wohl sinnvollste Element im gesamten Workshop nicht durch das pädagogisch wertvolle Lernkonzept, sondern durch das extensive Fernsehgucken von Daniela. Eins zu null für Herrn Jauch.

Da soll nochmal einer behaupten, Fernsehen mache dumm. Frau Finke ging vermutlich nur deshalb näher auf Daniela ein, weil sie die Sendung ebenfalls gesehen hatte. Und eine Show, die sie geschaut hatte, musste gut sein, sonst hätte sie den Fernseher ja ausgeschaltet. Lehrer würden sich doch nicht billiges Trash-TV antun oder in ihrer Freizeit sonst etwas Unnützes machen. Eine Zeitschrift, eine Produktverpackung oder ein Zeitungsartikel wird ja erst dadurch ein mögliches und wertvolles Unterrichtsrequisit, dass der Lehrer es findet, prüft und für gut befindet und dann für die Schüler kopiert. Was für Kirchen und Paläste die Vergoldung von Statuen und Schätzen ist, ist für den Lehrer an sich das Kopieren eines Blattes. Der Begriff «Blattgold» bekommt in diesem Zusammenhang eine ganz andere Bedeutung …

Nun gut, nicht immer kann man die schulischen Anforderungen mit Hilfe von Fernsehkonsum erfüllen: Nur wenige Wochen später besprachen wir mit Herrn Löchel in Erdkunde Möglichkeiten, um das Klima und damit den Regenwald und die Artenvielfalt zu schützen. Danielas Vorschlag: «Krombacher trinken, möglichst viele Kästen. In der Werbung sagen die, die tun dann was für den Regenwald.» – Zwei zu null für Herrn Jauch.

Am Nachmittag nach dem Seminar trafen Thomas, Orhan und ich uns zum Computerspielen. Fabio fehlte, denn er musste lernen, weil er in der letzten Mathearbeit eine Fünf geschrieben hatte und die nächste Prüfung bald anstand. Wir sprachen über den Workshop und den Lerntypentest. Orhan, der in einer anderen Gruppe als Thomas und ich gewesen war, hatte dazu eine klare Meinung: «Ey, Unsinn, Alter. Unsinn! Hab isch bei ‹Sehen› fast alles gewusst, außer eins, isch schwör. Hab isch Rakete gesagt, war aber Staubsauger. Ey, isch schwör, das sah aus wie Rakete.»

Danke, Orhan. Es lag also doch nicht an meinen Augen. Die für alle Gruppen ausgegebenen und anscheinend schlecht erkennbaren Druckvorlagen für die Merkgegenstände waren also der Grund für meinen Raketenaussetzer.

Nachdem wir über den Lerntypentest in ausführlicher Form gelästert hatten, überlegten wir, wie man Fabio helfen könnte und warum er seinen Schulkram nicht gebacken bekam. Orhan meinte lässig nebenbei: «Er denkt halt nicht an die ‹Alpen›.» – «Alpen?», fragten Thomas und ich fast gleichzeitig. Orhan grinste: «Is voll krass. Jeder Buchstabe in dem Wort ‹Alpen› steht für einen Arbeitsschritt, den man bei Schulaufgaben beachten soll. Ey, fragt mich jetzt nicht, welche Schritte, ich merk mir doch nicht so 'n Scheiß. Habt ihr nicht die Alpen-Methode gelernt in eurer Gruppe?»

Nein, hatten wir nicht, und vielleicht war das auch besser so. Das Wort «Alpen» besteht immerhin aus fünf Buchstaben, was folglich fünf Arbeitsschritten entsprechen musste. Uns war ja schon *ein* Arbeitsschritt zu viel. Obwohl wir eigentlich hätten froh sein können, dass das höchste Gebirge in Deutschland die Alpen waren. Den Buchstaben entsprechende Schritte beim Kilimandscharo durchzugehen, wäre mir persönlich eindeutig zu viel Arbeit gewesen. Die armen Kinder in Tansania. Da hatten wir nochmal Glück gehabt.

DER LEISEFUCHS

Eine weitere Errungenschaft des «Lernen lernen»-Seminars war der sogenannte Leisefuchs. Bis dato riefen die Lehrer einfach «Ruhe!» oder hielten den Zeigefinger vor die Lippen und machten «Pscht!», aber nun hatten sie den Leisefuchs als Verbündeten gegen die lautstarke Schülerschaft kennengelernt. Dieses putzige Tierchen stellt man mit der Hand dar: Man lege Mittel- und Ringfinger auf den Daumen auf und strecke den Zeigefinger und den kleinen Finger nach oben und voilà: Schon hat man den Leisefuchs.

Er sollte uns an die Haltung erinnern, die wir im Unterricht einnehmen sollten: Mund zu, Ohren gespitzt. Aufmerksam wie ein Fuchs eben. Ich glaube, einige Lehrer kamen sich selber etwas dumm vor, wenn sie mit dieser Handhaltung vor der Klasse standen, aber der Befehl zur Verwendung des Leisefuchses kam vom Schulleiter höchstpersönlich. Diese Geste sei nicht so negativ und aggressiv wie ein in die Klasse gezischtes «Pscht!». Die Begeisterung unter uns Schülern über diese ganz tolle und positive Neuerfindung hielt sich ebenfalls in Grenzen. Aber Befehl ist Befehl.

Regelmäßig standen nun also Lehrer vor uns und machten den Leisefuchs. Wir wiederum machten uns nicht viel daraus, denn erstens hatte der Leisefuchs keinen Effekt, weil man ihn schlichtweg nicht sah, wenn man den Lehrer nicht gerade zufällig anschaute, und zweitens gehörte Schweigen nicht unbedingt zu unseren Stärken. Gerade im Nachhinein bin ich froh, mich nicht näher mit ihm beschäftigt zu haben – reine Energieverschwendung, denn der Leisefuchs sollte schnell wieder zu den bedrohten Tierarten gehören. Eine schulübergreifende Elterninitiative, die sich auf Bestreben einiger türkischer Eltern bildete, hatte in einem offenen Brief an alle Schuldirektoren und Lehrkräfte darum gebeten, das Zeichen zu unterlassen und somit die Jagdsaison für das arme Füchschen eingeläutet. Das unglückliche Ding wurde in Sippenhaft genommen: Ein entfernter Verwandter in der Türkei war quasi das schwarze Schaf in der Familie der Handzeichen. Ein Schaf im Wolfspelz, um genauer zu sein. Denn den Leisefuchs konnte man auch als Wolf deuten und diese Handgeste war das Erkennungszeichen einer türkischen, rechtsextremen Partei, die in ihrem Parteiprogramm so ziemlich gegen alle Volksgruppen dieser Welt zum Kampf aufrief, die nicht ihren Vorstellungen entsprachen. Und so war es verständlich, dass türkische Eltern, deren Kinder vom Leisefuchs erzählten, gegen diese Geste mobil machten. Ein Junge aus der Parallelklasse hatte sogar regelmäßig fluchtartig den Klassenraum verlassen, sobald ein Lehrer den Leisefuchs gemacht hatte. Er war Kurde und damit Teil der Volksgruppe, die die angesprochenen türkischen Rechtsextremen als ihre Todfeinde ansahen.

Der offene Brief löste eine hitzig geführte Debatte unter weiten Teilen der Elternschaft aus: Ob man denn eine Geste hier in Deutschland nicht benutzen dürfe, nur weil sie irgendwo auf der Welt eine andere Bedeutung hätte, fragten sich die einen. Ob die Kinder nicht durch die Geste unbewusst indoktriniert und gegenüber dem Rechtsextremismus unkritisch gemacht würden, fragten sich andere. Die Positionierung in dieser Debatte hatte übrigens wenig mit der Nationalität der beteiligten Eltern zu tun. Da warf ein Portugiese einem Deutschen Gleichgültigkeit vor, ein Deutscher wiederum nannte einen Türken empfindlich und schlecht integriert, während ein Araber einen Spanier als «Vollhorst» beschimpfte. Am Ende warfen sich beide Seiten gegenseitig Faschismus und Intoleranz vor.

Es lebe die Diskussionskultur, wenn sie konstruktive Ergebnisse hervorbringt! Unsere Lehrer wären begeistert gewesen, hätten sie eine solche Debattierlust einmal bei den

Schülern im Unterricht verzeichnen können. Dort hätten sie aber selbstverständlich kraft ihrer pädagogischen Fähigkeiten darauf geachtet, dass die Streitgespräche nicht derartig aus dem Ruder gelaufen wären, wie es bei den Eltern passiert war.

Schließlich blieb der Leidtragende der Leisefuchs, der schon bald nicht mehr in freier Wildbahn gesichtet wurde. Das arme Tier, es konnte ja nichts dafür. Seine Verwandten kann man sich nun mal nicht aussuchen.

Doch dieser Fuchs sollte nicht das letzte Tier meiner Schullaufbahn sein. Woher kommt nur diese Lust an allem Animalischen in der Pädagogik? In gefühlt jedem Schulbuch, das nach dem Mauerfall gedruckt worden ist, sind irgendwelche lustigen, kleinen, bunten Tierchen abgebildet, die den Lernstoff auflockern sollen. Schön und gut, dass man zumindest in manchen Fächern die staubtrockenen, schwarzweiß und engbedruckten Lehrbücher aus der Zeit Napoleons abgeschafft hat, aber muss jetzt an jeder Aufgabe so ein psychopathisches «Ich mach dir das Lernen leichter und führe dich durch dieses Buch»-Tier hocken?!

Ich möchte, wenn ich mein Mathebuch aufschlage, einfach nicht von *Rudi, dem Rechenfuchs*, oder *Manni, dem Mathemonster*, belästigt werden! Wenn ich ein Mathemonster sehen wollte, dann habe ich zu der Person geschaut, die vorne am Lehrerpult stand.

Schlimm genug, dass diese Viecher in unseren Büchern auftauchen, aber sie begegnen einem auch in zahlreichen Hörverstehensübungen. Denn zu jedem Lehrbuch gibt es mittlerweile eine tolle CD, auf der man sich dann ganz viele Lernübungen anhören kann. Da freut man sich doch, wenn einen in Englisch ein Käfer namens *Barny, the British bug* begrüßt.

Erstens sind Käfer und andere Insekten nicht gerade die mir angenehmsten Wesen des Tierreichs. Zweitens irritiert es mich, wenn ich von einer mir fremden, fiktionalen Figur aus einem CD-Spieler mit «Hey, suckers!» angesprochen werde (kein Scherz!). Und drittens finde ich den «Sendung mit der Maus»-Stil, den diese Erklärfigürchen immer draufhatten, völlig unpassend. Ich meine, hey, «Die Sendung mit der Maus» ist toll. Aber wir waren in der zwölften Klasse!

Da man aber im Rahmen irgendeiner Schulreform wohl beschlossen hatte, dass Schüler mit solchen bunten Wesen besser lernen können, wurden wir die gesamte Schullaufbahn mit ihnen malträtiert. Und wer weiß, wozu sie gut sind? Vielleicht ermuntern sie zu revolutionären neuen Denkansätzen? Möglicherweise war Marx zunächst gar nicht politisch interessiert. Er wurde nur in der Schule derart von *Kalle, dem Kapitalistenschwein*, genervt, das am Rande seiner Bücher herumturnte und bei jeder schweren Aufgabe grunzte: «Oink, oink. Diese Aufgabe ist besonders knifflig! Oink, oink!», dass er geradezu gezwungen war, «Das Kapital» zu verfassen.

ALLES BIO

«Wenn die Mutter gesund ist und der Vater die Bluterkrankheit hat, dann setzt sich das dominante Blutergen gegen das rezessive gesunde Gen durch, und das Kind wird auch Bluter. Das ist so. Aber wenn das so wäre, dann müssten irgendwann ja ganz viele Menschen die Bluterkrankheit haben. Das passiert nicht. Deswegen ist das nicht so.»

An diese Erklärung unseres Biologielehrers Herrn Merovic zu den Gesetzen der Vererbung von körperlichen Eigenschaften und Krankheiten, erinnere ich mich noch sehr genau. Denn dies war der Moment, in dem ich beschloss, Biologie in der Oberstufe abzuwählen. Genau genommen war Bio aber noch nie mein Ding gewesen. Das stellte sich bereits zu Beginn meiner Schulkarriere heraus, als der menschliche Körper Thema des Unterrichts war. Sobald von Blutbahnen, Muskelsträngen, aber vor allem von deren Erkrankungen wie z. B. Venenklappenentzündung und Teilmuskelbündelrissen die Rede war, wurde mir flau im Magen. Wurden dann auch noch blutige Operationen im Bauchbereich oder der Einsatz von leichten und schweren chirurgischen Instrumenten visualisiert, kam ich einer Ohnmacht verdächtig nahe. Warum zeigen Lehrer solche Filme? Rechnen sie mit einem kurz bevorstehenden Krieg, oder wollen sie die Schüler auf brutale Diskoschlägereien vorbereiten? Vielleicht erhoffen sich einige Lehrer auch, den Unterricht für die abgestumpfte Schülerschar durch möglichst viele eklige Filme wieder interessant zu machen. In Zeiten von Live-Videos aus Kriegsgebieten und blutspritzenden Ego-Shooter-Computerspielen reicht eine normale Dokumentation über den menschlichen Körper wohl nicht mehr aus. Da muss schon eine ordentliche Herzklappenoperation her.

Wahrscheinlich sind viele Lehrer und gerade Biolehrer aber auch einfach nur sadistisch veranlagt. Sie freuen sich, wenn Schüler leiden – anders ist so manch langatmiger Vortrag über Gelenkfunktionen und Nervenbahnen nicht zu erklären. Biolehrern sollte man grundsätzlich nicht trauen. Wer so viel und so gerne über das Aufschneiden von Körpern spricht, verspürt doch bestimmt mal die Lust, das Ganze auszuprobieren ...

Im Biounterricht bei Herrn Merovic ging es immer schon bis auf die Knochen. Zunächst rollte er ganz zu Beginn ein künstliches Skelett herein und erzählte uns, es hieße Oskar. An der Schule von Orhans Bruder Ahmed hieß das Skelett Hermann. Ich finde, man sollte einmal über eine Frauenquote für Skelettnamen diskutieren.

So oder so halte ich es für äußerst bedenklich, wenn gestandene Lehrer mit ihren Unterrichtsmaterialien umgehen, als würden sie als Kleinkind mit ihren Kuscheltieren spielen. Zumal sie diesen Figuren im Verlauf einer Unterrichtsstunde mit kindlicher Freude die Knochen und Organe aus dem Leib reißen, um den Körperbau zu demonstrieren. Auch das spricht nicht gerade für psychische Stabilität und erhöht meine Bedenken gegenüber diesen Lehrkräften.

Oskar machte das alles nichts aus. Er hatte schon einiges in seiner Eigenschaft als Schulskelett erlebt: Hunderte Male hatten Biolehrer seinen Schädel und seinen Brustkorb auseinandergenommen, um den Aufbau der Knochen zu erläutern, und ebenso oft hatten dieselben Lehrer es nicht geschafft, ihn wieder korrekt zusammenzubauen, sodass der Brustbereich merkwürdig verzogen war. Ich glaube, die Reihenfolge der Rippen war irgendwann einmal vertauscht und Oskars linke Hand war an den rechten Arm geschraubt worden. So deformiert, wie er da stand, war er wahrscheinlich das Gespött unter den Anschauungsfiguren der Biologiesammlung.

Spannend wurde der Biologieunterricht erst, als Herr Merovic beim Unterrichtsthema «Insekten» auch mal Praxisarbeit anbieten wollte; wahrscheinlich hatte er in irgendeiner Lehrerzeitung von dieser modernen Form des Biounterrichts gelesen. Wir sollten Mehlwürmer züchten. Also verbrachten wir mehrere Wochen damit, genau jenen Tieren das Paradies auf Erden zu schaffen, die man normalerweise auf gar keinen Fall bei sich zu Hause antreffen möchte. Sie gediehen prächtig; es wurden immer mehr, und sie wurden immer größer – und irgendwann standen wir vor dem Problem, was wir mit den ganzen Tieren machen sollten. Überraschenderweise wollte niemand die putzigen, kleinen Würmchen mit nach Hause nehmen. Aber auch dafür hatte Herr Merovic eine Lösung parat: Eine andere Klasse hatte eine seltene australische Spinne gezüchtet, die in einem Terrarium in der Biologiesammlung saß und der die Würmer zum Fraß vorgeworfen werden sollten. Der Plan wurde also in die Tat umgesetzt und einzelne Mehlwürmer in das Terrarium geschmissen. Die Spinne machte sich sofort mit einer bestialischen Brutalität über die kleinen Dinger her und hatte sie in kürzester Zeit in Stücke gehackt und ausgesaugt. Eigentlich hätte man ein Schild an das Terrarium hängen müssen mit der Aufschrift: «Für Kinder unter 18 Jahren nicht geeignet.» Doch Herr Merovic war ganz in seinem Element. Eifrig warf er Mehlwurm um Mehlwurm in das Becken und quietschte jedes Mal vor Vergnügen, wenn die Spinne wieder zuschlug. Fröhlich und mit einem Enthusiasmus, der einem Dr. Frankenstein alle Ehre gemacht hätte, murmelte er die lateinischen Bezeichnungen der einzelnen am Fressvorgang beteiligten Körperteile der Spinne vor sich hin. Auf uns, die wir noch kein Latein konnten, wirkte das Ganze wie unheimliche Zaubersprüche. Als Lehrer ist man eben auch Entertainer, und ein bisschen Verrücktheit, die Herrn Merovic definitiv innewohnte, schadet diesem Berufsbild nicht.

Als die Spinne nicht mehr mit der Menge der Mehlwürmer fertigwurde, schnappte sich Herr Merovic den Behälter mit den restlichen Würmern, trug ihn zum Schulteich und kippte den gesamten Inhalt dort hinein.

«Grausam!» oder «Tiermörder!» werden jetzt einige schreien, denn selbstverständlich hatten wir den Mehlwürmern keine Badehosen und Schwimmflügelchen mitgegeben, sodass sie ertrinken mussten. Aber unser Biolehrer hatte natürlich ausschließlich unsere Weiterbildung im Sinn: Er wollte mit den Würmern die im Teich vorhandenen Fische füttern und während er das tat, gab er sich alle fachliche Mühe, uns über die Reihenfolge der Nahrungskette in Kenntnis zu setzen. Dies war zwar völlig überflüssig, denn wir sahen ja, dass die Fische die Mehlwürmer fraßen, aber Herr Merovic war

nun mal Lehrer, und als solcher hatte er einen Bildungsauf-
trag. Die Fische feierten ein Fest, und die Mehlwürmer ihre
Seebestattung.

Damit war unsere praktische Arbeit im Biounterricht aber
noch lange nicht vorbei. Der Höhepunkt sollte noch folgen:
Wir sezierten Fische. Natürlich nicht die aus dem Schulteich,
sondern eigens dafür angelieferte Forellen, die ausschließlich
eines natürlichen Todes nach einem Leben als freischwim-
mende Wassertiere in ökologischen Paradiesen gestorben
waren. Unsere Schule wollte sich ja nicht des Tiermords und
der Umweltschändung schuldig machen, aber Fische aufzuschneiden stand nun mal auf dem Lehrplan. Ich vermute
ja, dass dieser Lehrplan von Metzgern erstellt worden ist, die
Spaß daran haben, Kinder zu quälen. Das jahrelange Ver-
schenken von Wurstscheiben an der Fleischtheke ist nur Fas-
sade, um vom eigentlichen Ziel der Metzgerlobby abzulen-
ken: Jedes Mal, wenn die Lehrpläne erstellt werden, stehen
die Schlachtervertreter bei den zuständigen Beamten vor dem
Büro und bitten höflichst mit gezücktem Fleischermesser um
die Aufnahme von Sezierungen in das Schulprogramm. Einfach nur, damit die Kinder «mal sehen, wie das ist».

Die Forellen wurden also verteilt, und jeder stand mit
einem Messerchen bewaffnet im weißen Kittel vor seinem
Fisch. Da lag sie nun vor mir, die Forelle. Sie schaute mich
aus ihren starren Kulleraugen traurig an, als wollte sie sagen:
«Es ist okay. Ich starb für eine gute Sache.» Ich wollte der Forelle einen Namen geben und sie taufen, doch da wurde mir
klar, dass ich ja gar nicht wusste, ob Forellen katholisch oder
evangelisch waren. Oder vielleicht sogar etwas ganz anderes.
Außerdem war sie ja schon tot, und da macht taufen wenig
Sinn. Ob die anderen wohl auch so ein komisches Gefühl
hatten? Anscheinend nicht. Orhan hatte seine Forelle an der
Schwanzflosse in die Hand genommen und ließ sie hin und

her baumeln, bis sie ihm entglitt und unter großem Gelächter der Jungen und lautem Gekreische der Mädchen auf dem Boden aufschlug. Herr Merovic ermahnte ihn und forderte mehr Respekt vor den Toten. Ich überlegte, ihn zu fragen, ob es respektvoller sei, Fische aufzuschneiden, kam aber zu dem Schluss, dass das unklug gewesen wäre. Damit hätte ich ja Herrn Merovics Unterricht in Frage gestellt, was man besser unterließ. Merke: Das Zweifeln an der Vorgehensweise des Lehrers gehört nicht zu den brillantesten Schachzügen im Leben eines Schülers.

Als alle Schülerinnen und Schüler gleichzeitig auf Anweisung des Lehrers die Fische fachgerecht zerlegen sollten, schnitt Fabio etwas unwirsch in seinen Fisch hinein, und eine braune Masse quoll daraus hervor, was ihn zu der Bemerkung «Mein Fisch kackt» verleitete. Kurz darauf rief Thomas in die Klasse: «Herr Merovic, hier ist so ein komischer Luftballon. Was sollen wir damit …» Er konnte seinen Satz nicht zu Ende sprechen, denn in diesem Moment hatte Fabio den «Luftballon» schon mit seinem Messer zerstochen. Herr Merovic erklärte, dass dies die Schwimmblase gewesen sei und schmiss Fabio aufgrund von anhaltender Randale an fremden Fischkörpern aus der Klasse. Ich folgte ihm sofort. Nicht, weil auch ich in anderer Leute Fische herumgestochert hatte, sondern weil ich nicht vor aller Augen umkippen wollte. Irgendwie wünschte ich mir in diesem Augenblick die Mehlwürmer zurück und hoffte insgeheim, Skelett Oskar würde hereinmarschieren und dem Sezieren von Tieren im Unterricht ein Ende bereiten.

Herr Merovic war indes der festen Überzeugung, es wäre gut für uns völlig entnaturalisierte Blagen, mal einen Fisch aufzuschneiden. Er hätte es aber wahrscheinlich auch gut gefunden, wenn wir auf Knien und nur mit einem Lendenschurz bekleidet den Himalaya hätten überqueren müssen, solange dies in einem Schulkontext passiert wäre. Dieser Kontext heiligt jedes Mittel.

Will ein Lehrer irgendeine idiotische Aktion im Unterricht durchziehen und zwingt die Schüler, das dafür notwendige Material zu kaufen, kann man ziemlich sicher sein, dass einen der Verkäufer im Laden mit einer Mischung aus Angst und Skepsis fragt: «Wozu brauchst du denn diese komischen Dinge?» – «Für die Schule.» Damit ist alles geklärt. Dem Verkäufer ist schließlich auch klar: In der Schule macht man nicht immer nur Sinnvolles.

Zu diesen unsinnigen Sachen gehört für mich übrigens auch das Aufzwingen einer bestimmten Lernweise, beispielsweise das Führen eines Vokabelhefts anstelle von Karteikarten, oder der Versuch einem Schüler, der eine Matheaufgabe nicht versteht, diese mit völlig aus der Luft gegriffenen Beispielen zu erklären. Eine Aufgabenstellung, die da lautet: «Ein Auto fährt auf der A1 zwei Stunden lang mit 140 km / h. Wie weit fährt es in zwei Stunden?», muss schon daran scheitern, dass auf ebendieser Autobahn alle zwanzig Kilometer eine Baustelle mit Geschwindigkeitsbegrenzung ist. Die korrekte Antwort auf die Frage würde also lauten: «93 km, 8 Strafzettel wegen zu schnellem Fahren und unendlich viele Punkte in Flensburg.»

Gut, es hat ja auch nie jemand behauptet, dass die Schule mit dem realen Leben etwas zu tun hat. Ich habe jedenfalls noch nie einen Mensch am Ende seines Lebens auf dem Sterbebett sagen hören: «Damals, in der Schule, da habe ich die wichtigste Tat meines Lebens vollbracht: Ich habe einen Fisch seziert. Überhaupt bin ich meinem Biolehrer zu großem Dank verpflichtet: Er hat mich mit seinen fiesen Schockerfilmen auf die grausame Realität der Welt vorbereitet.»

Aber auch wenn man die Kunst, mit den Aufgaben der Lehrer fertigzuwerden, im weiteren Lebenslauf nicht direkt

anbringen kann, braucht man sie umso dringender wofür?
Genau. Für die Schule.

KUNST IST, WENN MAN TROTZDEM MALT

Glücklicherweise darf man in der Oberstufe, wenn die Noten
für das Abitur wichtig werden, seine Fächer bis zu einem gewissen Grad selbst wählen. So konnte ich Sport, Biologie und
Kunst endlich loswerden oder es so einrichten, dass sie nicht
in die Abiturwertung eingingen.

Dabei mag ich Kunst eigentlich. Es ist ein angenehmes
Fach, in dem man auch mal mit seinem Sitznachbarn quatschen darf, während man auf seinem Bild herumpinselt oder
mit Ton herummatscht. Kreativ zu sein macht Spaß.

Wenn man es allerdings auf Ansage einer Kunstlehrerin sein *muss*, wird eher das Gegenteil daraus, und jegliche
Kreativität wird im Keim erstickt – zumindest ging es mir so.
Abgesehen davon liegt meine Begabung offensichtlich nicht
im Anmischen von Farben. Leider hatte meine Kunstlehrerin
Frau Mainzer aber ausgerechnet für Wasserfarben ein aus-
geprägtes Faible.

«Malt bitte ein Meer mit Himmel und zeigt durch verschiedene Blautöne die Abstufung des Lichts im Wasser und
in der Luft», war beispielsweise eine ihrer Lieblingsaufgaben.
Diese wurde in etlichen Variationen wiederholt. Es folgten
unter anderem noch «Sandsturm in der Wüste» (braun-
gelb!), «Laubwald von oben» (grün!) und «Schwein im Fla-
mingogehege» (rosa!).

Im Zeitalter von digitaler Fotografie, Bildbearbeitungsprogrammen und Internet eine völlig überflüssige Aufgabenstellung. Wenn Frau Mainzer gerne ein «Meer mit Himmel»-
Bild sehen möchte, dann soll sie ihren Wunsch einfach bei

Facebook posten. Irgendeiner ihrer Kontakte wird ja wohl am Wasser wohnen und kurz mit einer Digitalkamera bewaffnet das genannte Motiv ablichten können. Bei den modernen Kameras gibt es doch sogar spezielle Einstellungen für Landschaftsaufnahmen oder Sonnenuntergänge. Das Ergebnis wird mit Sicherheit tausendmal schöner, als wenn irgendein Schüler das malen würde.

Gut, wahrscheinlich hatte Frau Mainzer einfach keinen Facebook-Account. Dann könnte sie das Motiv einfach googeln. Wenn ich ein Bild von einem Meer mit Himmel haben will, dann gebe ich das bei «Google-Bilder» ein und bekomme 1 080 000 Ergebnisse. Darunter viele Fotos und auch einige Gemälde von «Meer mit Himmel». Es haben also offensichtlich schon sehr viele Menschen ein «Meer mit Himmel» gemalt. Warum um alles in der Welt soll ich jetzt auch noch eines aufs Papier klecksen?! Und das in minderer Qualität? Das ist alles andere als wirtschaftlich. Der Markt für «Meer mit Himmel» ist doch längst gesättigt.

Vielleicht mag der eine oder andere jetzt einwenden, dass man im Kunstunterricht ja auch nur die Grundlagen des Zeichnens lernen soll. Wenn man allerdings die Menge der misslungenen, in den Papierkorb geworfenen Malversuche betrachtet, haben ich und viele andere Schüler wohl eher die Grundlage für Rekordgewinne der Papierindustrie gelegt.

Aber was soll's, wir waren schließlich in der Schule. Also schaute ich in meinem Wasserfarbkasten nach verschiedenen Blautönen und stellte fest, dass ich genau zwei davon hatte. Nämlich Cyanblau und Ultramarinblau. Außerdem war da noch ein ziemlich verdrecktes Dunkelgrün, das wohl auch als Blau durchgehen würde, wenn ich es mit dem anderen Blau verschmieren würde. Ich schielte zu meinen Sitznachbarn, die begannen, mit Weiß und Schwarz zu hantieren, und auf diese Art und Weise verschiedene Abstufungen in ihre

Blautöne brachten. Durch den Einsatz von viel oder wenig Wasser variierten sie die noch einmal. Ich versuchte, es ihnen nachzumachen, nur um festzustellen, dass immer wieder die gleichen Farben entstanden. Als ich daraufhin mehr Wasser nahm, weichte mein Blatt ein und wellte sich, was das Tuschen zusätzlich erschwerte und mir Kritik von Frau Mainzer einbrachte. Mein Argument, das Blatt sei extra so wellig, weil ich ja schließlich das Meer darstellen wollte, wurde durch die zugegebenermaßen ziemlich pfiffige Frage, warum mein Himmel denn auch Wellen hätte, zunichtegemacht.

Frau Mainzer war sich sicher, dass es mir nur deshalb nicht gelang, ein vernünftiges Bild zu malen, weil ich nicht richtig zugehört hatte. Dass ich trotz ihrer göttlichen Gabe, Schülern das Malen beizubringen, versagte, passte nicht in ihr Weltbild und war nur durch Verfehlungen meinerseits zu erklären. Sie hatte das Selbstbewusstsein zu behaupten, jeden noch so untalentierten, farbenblinden künstlerischen Vollidioten zu einem wahren Picasso machen zu können. Um es abzukürzen: Sie konnte es nicht. Entweder litt sie an maßloser Selbstüberschätzung – oder ich war tatsächlich die Ausnahme, die die Regel bestätigte.

Ich war unter ihrer Würde. Schließlich war sie eine große Künstlerin, zu gut für die Klassenzimmer dieses Landes. Sie war zeit ihres Lebens von ihrer ignoranten Umwelt verkannt worden, kein Kurator hatte sich auf das Anspruchsvolle ihres Werkes auch nur ansatzweise einlassen können. Aus rein finanziellen Gründen war sie nach ihrem Kunststudium dazu gezwungen gewesen, sich mit uns Banausen rumzuschlagen. Eine typische Kunstlehrerin eben.

Frau Mainzer wertete mein fehlendes Können außerdem als absolut geschlechtstypisch, denn das passte in ihr Weltbild. Die meisten Jungen wurden von ihr nur beachtet, indem sie ihre Bilder abfällig beurteilte.

Davon kann, glaube ich, jeder Schüler ein Lied singen: Die meisten Lehrer geben dem einen oder dem anderen Geschlecht den Vorzug, auch wenn sie das natürlich strikt von sich weisen würden. Aber es ist tatsächlich so: Ob Junge oder Mädchen, kann im Zweifelsfall den Ausschlag für eine Note rauf oder runter geben.

In der Grundschule war unsere damalige Kunstlehrerin sogar noch von einem längst überkommenen Rollendenken beherrscht. Sie plante eine Unterrichtsreihe mit Stoff und Wolle, also Häkeln, Sticken, Nähen, Stricken und Ähnliches. Allerdings nur für die Mädchen. Die Jungs sollten aus verschiedenen Bauteilen «irgendetwas Kreatives» herstellen. Was, war der Lehrerin eigentlich egal. Hauptsache, die Jungen störten die Mädchen nicht beim Stricken. Orhan, Fabio, Thomas und ich bauten also aus Klopapierrollen und Wolle einen kleinen funktionsfähigen Kran und hatten unseren Spaß, während die Mädchen häkelten und strickten. Als der Kran fertig war und uns die Ideen ausgingen, wollten wir ebenfalls Häkeln lernen, denn die Mädchen hatten teilweise ganze Topflappen oder Kuscheltiere zusammengeklöppelt – das machte natürlich Eindruck. Unserer Kunstlehrerin gefiel unser Ansinnen allerdings gar nicht, und sie ließ sich lediglich breitschlagen, uns zu zeigen, wie man Bänder häkelt. Topflappen oder Ähnliches herzustellen blieb den Mädchen vorbehalten. Das sei nichts für Jungs, und deswegen bräuchten wir das nicht lernen, erklärte sie uns lapidar.

In der Schule habe ich das Häkeln allerdings tatsächlich nie mehr gebraucht. Zum Glück. Denn da hätte ich ja auch ganz schön blöd dagestanden, wenn es in der mündlichen Abiturprüfung geheißen hätte: «Bitte häkele einen Topflappen.» Ich hätte vermutlich angefangen, aus Klopapierrollen einen Kran zu bauen und dann gefragt, ob das nicht auch gelten würde. Verzweiflung macht kreativ.

WEISS EINER VON EUCH, WIE DAS GEHT?

Im Gegensatz zu den vorhandenen Geschlechterklischees war unsere Schule in Sachen Technik stets am Puls der Zeit – was dummerweise oftmals zur kompletten Überforderungen der Lehrer führte, hatten die meisten von ihnen ihre Lehrtätigkeit doch noch mit Tafel und Kreide begonnen. Das Prinzip Tafel ist eben einfach. Der einzig mögliche Hardware-Fehler ist das Fehlen der dazugehörigen Kreide. Ist dies der Fall, wird ein Schüler losgeschickt, um Kreide zu organisieren. Problem gelöst. Alles klar.

Die Bedienung von Tageslichtprojektoren, auch Overhead-Projektoren genannt, wird ebenfalls noch von den meisten Lehrkräften beherrscht. Man legt eine Folie auf den Projektor, schaltet ihn ein und – tata! – das Bild wird an die Leinwand geworfen. An einem kleinen Rad kann man die Schärfe des Bildes einstellen, und je älter der Projektor ist, desto öfter muss man während der Unterrichtsstunde noch mal daran herumdrehen. Das geht ganz ohne Computer oder andere technische Hilfsmittel.

Beim Einsatz eines Kassettenrekorders oder CD-Spielers beginnt dann die eigentliche Misere. Um jüngeren Generationen das Verständnis eines Kassettenrekorders zu ermöglichen, sei kurz erklärt, dass man bei einem solchen Gerät eine rechteckige Festplatte, die als Band auf zwei Spulen aufgewickelt war, in ein Fach legte. In diesem Fach begannen sich die Spulen zu drehen, und man konnte ungefähr vierzig Minuten lang die auf dem Band gespeicherte Musik oder den Text hören. Nach der Hälfte der Zeit musste man den Datenträger allerdings per Hand (!) umdrehen. Ein Weiterschalten zum nächsten «Track» war nur durch Vorspulen des Bandes möglich.

Doch bereits das ist für Lehrer oft schon zu viel. In unserer

Schule war es Herr Löchel, der es immer wieder schaffte, vor der Technik zu kapitulieren. Er legte die Kassette ein, spulte ein wenig vor und drückte auf «Play». Nichts geschah. Er drückte noch einmal. Immer noch nichts. Er drückte auf andere Knöpfe, von denen er nicht wusste, was sie bedeuteten. Der Kassettenrekorder blieb stumm. Herrn Löchels Blick wurde verzweifelter. Er nahm die Kassette heraus, drehte sie ein paar Mal dicht vor seinen Augen, konnte aber keinen baulichen Fehler erkennen und legte sie wieder ein. «Play.» Immer noch kein Ton. Herr Löchel wandte sich an uns, und es fiel der Satz, der immer fällt, wenn ein Lehrer mit der Technik nicht weiterkommt: «Weiß einer von euch, wie das geht?» Natürlich wussten wir es. Und wir hätten es Herrn Löchel auch schon früher sagen können, aber in einem stillen Pakt hatten wir beschlossen, dieses entspannte Verstreichen von Unterrichtszeit nicht abzukürzen. Da ich nun nicht mehr die Schule besuche und Kassettenrekorder auch nur noch selten zum Einsatz kommen, kann ich ja jetzt das Geheimnis lüften: Herr Löchel, lesen Sie die nächsten Zeilen sorgfältig: Es gibt am Rekorder oben einen Schalter, mit dem man zwischen Radio, CD oder Kassette wählen muss. Steht der Schalter auf CD, wird die Kassette logischerweise nicht abgespielt. Der fiese Trick der gemeinen Kassettenrekorderhersteller: Sie hatten auf den Schalter nicht Radio, CD und Kassette geschrieben, sondern Tuner, CD und Tape. Wie konnte Herr Löchel da auch wissen, wie wichtig dieser Schalter war? Angesichts der Tatsache, dass viele Lehrer an der Bedienung eines simplen Kassettenrekorders verzweifeln, ist es erstaunlich, wie vielen von ihnen es gelingt, täglich unfallfrei mit ihrem Auto zur Schule zu fahren.

Wir Schüler verhielten uns in solchen Situationen immer freundlich passiv: Zu Hause waren wir zwar in der Lage, die Playstation, den Computer, den iPod und das Handy im

Zweifelsfalle gleichzeitig zu bedienen. Doch in der Schule verließen uns diese Fähigkeiten ominöserweise schon bei einem einfachen DVD-Spieler. Da verhielten wir uns wie die Italiener beim Fußballspielen: hinfallen und Zeit schinden.

Aber in jedem Jahrgang gibt es einen, der sich mit Technik auskennt, so auch bei uns. Gab es ein technisches Problem, wurde Jonas aus der Parallelklasse gerufen, denn Jonas war bereits mit einer Tastatur in der Hand auf die Welt gekommen und kommunizierte eigentlich nur mit Menschen, um herauszufinden, wo der nächste Computer zu finden war. Gerüchten zufolge soll sein erstes gesprochenes Wort nicht «Mama», sondern «Windows» gewesen sein. Fakt war, dass er sich auskannte mit Technik: Der DVD-Spieler ging nicht an, Jonas wurde gerufen. Der Fernseher hatte kein Bild, Jonas musste es richten. Die Computer waren abgestürzt, Jonas löste das Problem.

Ab und zu missbrauchte er aber auch seine technischen Fähigkeiten. So hat er sich einmal in das Schulnetzwerk gehackt, sämtliche Passwörter geknackt und sie an ein paar Freunde verschickt. Die hatten sie ausgedruckt und in der Schule ans Schwarze Brett gehängt. Das war erst mal nicht weiter schlimm, da keine sensiblen Daten oder wichtige Funktionen dadurch gefährdet waren. Es sei denn, man befürchtete, Jonas würde das Referat über die südafrikanische Gelbbauchkröte, das man auf dem Server der Schule gespeichert hatte, löschen.

Schlechter lief der Fall für unseren Englischlehrer. Herrn Lottenbach wurde schon jahrelang eine Affäre mit Frau Mainzer oder zumindest ein gesteigertes persönliches Interesse an ihrer Person nachgesagt, was er aber immer von sich wies, wenn einmal das Thema darauf kam. Sein nun veröffentlichtes Passwort trug nicht gerade dazu bei, die Gerüchte zum Schweigen zu bringen. Es lautete «Mainzer» …

Jonas flog aber dennoch nicht von der Schule, vermutlich, weil man befürchtete, dann gar nicht mehr mit der Schultechnik fertigzuwerden. Gerade Herr Löchel muss außerordentlich froh über die Entscheidung des Direktors gewesen sein, denn er versuchte – trotz seiner Unfähigkeit in diesem Bereich – immer wieder, den Unterricht mit technischen Errungenschaften zu verbessern. Jonas hatte jedes Mal viel zu tun – ich frage mich, wie viel er eigentlich vom regulären Unterricht in seiner Klasse mitbekam.

Eines Tages wollte Herr Löchel einen Film nicht im Fernseher, sondern über einen neuen Beamer auf der Leinwand zeigen. Er hatte sich vorher von Jonas alles ganz genau erklären lassen, und es war ihm auch gelungen, den Beamer zu starten und an den dazugehörigen Laptop anzuschließen. Doch schon leuchtete die erste Fehlermeldung auf: «Luftfilter muss gereinigt werden.» Herr Löchel erstarrte. Da hatte er sich so gut vorbereitet, und jetzt sollte ihm ein einfacher Luftfilter seinen schönen Unterrichtsplan zerstören. Der Beamer zeigte zwei Optionen an: «Fortfahren» oder «Abbrechen». Herr Löchel klickte auf «Fortfahren». Ein zweites Fenster erschien, und Herr Löchel klickte, ohne zu lesen, auf «Weiter». In seiner sich anbahnenden Verzweiflung hätte er wohl auch «Weiter» geklickt, wenn er sich damit zum Kauf einer Waschmaschine verpflichtet oder den Start einer Atombombe ausgelöst hätte. Ein Feld mit der Aufschrift «Fertig» erschien. Herr Löchel klickte es an, und der Beamer zeigte ein Testbild. Es sah gut aus. Doch dann erschien erneut eine Fehlermeldung und noch eine. Herr Löchel klickte und tippte, doch nichts Gutes passierte. Es sei denn, man wertet die Anzeige «Achtung: Beamer überhitzt!» als etwas Gutes.

Die Optionen «Ok» oder «Abbrechen» boten sich an. Herr Löchel brach ab und dann zusammen. «Weiß einer von euch, wie das geht?»

Wir beschlossen Jonas zu holen, der das Problem in kurzer Zeit durch ein paar Einstellungen löste, sodass der Beamer anschließend hervorragend einen Erdkundefilm über Landwirtschaft abspielte. Allein: Aus den Lautsprechern kam kein Ton. In einem kurzen Moment technischer Genialität kam Herr Löchel auf die Idee, am Laptop auf «Ton an» zu klicken und siehe da, eine ruhige Erzählerstimme erfüllte den Raum. Was er nicht beachtet hatte: Der Ton kam nicht von dem Erdkundefilm, den er als Datei auf dem Laptop abgerufen hatte, sondern von einer DVD, die noch im Laufwerk des Notebooks steckte und nun ihre Tonspur abspielte. Wir bemerkten dies aber erst, als ein Bauer auf seinem Feld ein paar Weizenhalme abrupfte und der Erzähler unter Begleitung von dramatischer Hintergrundmusik verlauten ließ: «Dies ist Otto von Bismarck. Durch geschickte politische Schachzüge hatte er die Position als Ministerpräsident unter König Wilhelm I. erlangt. Nun wollte er durch Kriege gegen europäische Nachbarstaaten die deutsche Einigung erreichen.» Die Stimme verkündete einen Angriff auf Dänemark 1864, der Beamer zeigte, wie ein Traktor über ein Feld fuhr und Weizen erntete. Der Erzähler berichtete vom Deutsch-Französischen Krieg, auf der Leinwand wurden fünfzig Kühe von drei jungen Männern mit Stöcken in einen Stall getrieben. Ich bezweifle, dass es damals so abgelaufen ist. Aber wer weiß? Ich war ja nicht dabei.

Herr Löchel bemühte sich um Ruhe und versuchte, den Technikfehler zu beheben, doch das absurde Spiel lief weiter. Als der Erzähler dann nach einiger Zeit auf den Nationalsozialismus zu sprechen kam und Adolf Hitler als Anführer dieses braunen Irrglaubens nannte, brach das Gelächter endgültig aus. Auf der Leinwand war in Großaufnahme ein dickes, dreckiges rosa Schwein zu sehen.

Das bunte Treiben wurde dann jedoch durch den Schulgong unterbrochen, Herr Löchel verfluchte die moderne Technik und begann mit dem Ausschalten der Gerätschaften.

Der Höhepunkt des technischen Scheiterns einer Lehrkraft stand aber noch aus. In irgendeinem Geldtopf der Stadt oder des Landes war wohl noch eine kleine Summe übrig geblieben, und man beschloss, Smartboards anzuschaffen. Smartboards sind elektronische Tafeln, die an einen Computer angeschlossen werden. Schreibt man auf dem Computer einen Text, wird dieser auf der elektronischen Tafel sichtbar. Ebenso funktioniert das mit Präsentationen, Internetseiten und Filmen. Man kann aber auch mit speziellen Stiften auf das Smartboard selber schreiben, und der so geschriebene Text erscheint dann auf dem Bildschirm. Man merkt schon: Da steckt viel Technik drin – und damit auch unendlich viele Möglichkeiten, an ihr zu scheitern. Diese Smartboards mussten von Schülern entwickelt worden sein, denn mit keinem technischen Gerät wurde jemals so viel Unterrichtszeit vergeudet wie mit ihnen …

Herr Löchel verstand sich darauf besonders gut. Startet man das Smartboard, muss man es kalibrieren, d. h. man muss den Bildschirm korrekt einstellen. Dafür zeigt das Smartboard jeweils in den Ecken einen Kreis an, in den man mit dem speziellen Stift tippen musste. Dann weiß der Computer: «Ah, dat sind die Ecken. Dazwischen muss ick dat Bild anzeigen. Wird jemacht.»

Herr Löchel war aber wohl entweder von dem Wort «kalibrieren» oder von der plötzlichen Aufforderung des Geräts so überrascht, dass er, ohne die Anweisungen des Smartboards zu befolgen, mehrfach auf den Bildschirm tippte – natürlich nicht in die dafür vorgesehenen Felder. Das konnte der Computer ja aber nicht wissen, und so dachte der sich wie immer: «Zwischen den Punkten, wo der Herr Löchel druff jetippt hat, muss ick dat Bild machen.» Und so sah es dann auch aus. Ein circa zehn mal zehn Zentimeter großes, völlig verzerrtes, farbiges Etwas überzog den Bildschirm – Herr Löchel kapitulierte sofort. Ein letztes «Weiß einer von euch, wie das geht?» brachte er noch hervor, dann sackte er auf seinem Stuhl zusammen. Ihm reichte es. Wahrscheinlich beschloss er in diesem Moment, nach Brasilien auszuwandern und dort als Holzfäller auf einer Gummibaumplantage zu arbeiten.

Wir jedenfalls wussten auch nicht mehr weiter. Das verzerrte Bild ließ keinerlei Steuerungsmöglichkeit mehr zu, und ausschalten durfte man das Gerät nicht einfach, geschweige denn den Stecker ziehen, da sonst ein irreparabler Schaden entstanden wäre. So hatte man uns das bei der Einführung der Smartboards eingebläut. Es kam, wie es kommen musste: Wir riefen Jonas. Der kam, schaute sich die Bescherung an und – zog den Stecker!

Herr Löchels keuchend vorgetragene Bedenken bezüglich der irreparablen Schäden kommentierte er nur kurz mit: «Das Ding haben Sie eh schon ruiniert. Das müssen wir komplett neu programmieren.» Herr Löchel war den Tränen nahe, stammelte: «Ich bin zu alt für diese ganze Technik!», und die brasilianische Gummibaumplantage wurde für ihn wahrscheinlich zur echten Alternative.

Dabei steht die Technikentwicklung doch vermutlich erst ganz am Anfang. Glaubt man so manchen Bildungspolitikern und ihren Fördermaßnahmen, dann wird die Technik schon bald den Unterricht übernehmen. Dann werden alle Probleme, die es in Schulen jemals gab, gelöst sein, ein virtueller John F. Kennedy wird in Berlin erscheinen und verkünden: «Ich bin ein Computer!» Statt in die Ausbildung von Lehrkräften zu investieren oder die Lerngruppen zu verkleinern, denkt man in Ministeriums- und Verwaltungskreisen wohl, solange mindestens *ein* digitales Hilfsmittel im Spiel ist, könne man die Lehrinhalte selbst vernachlässigen.

In Zukunft wird wahrscheinlich jeder Fingerzeig des Lehrers technisch kontrolliert. Damit alle Lernstandards eingehalten werden, wird es in jedem Klassenraum Überwachungskameras geben, die den Unterricht aufzeichnen.

Auch die Schüler werden von dieser Technik beeinflusst werden. Und zwar nicht nur, dass jeder Schüler einen in den Schultisch integrierbaren Laptop bekommt. Nein, das ist doch technischer Kindergarten. Den Schülern der Zukunft werden zu Beginn ihrer Schullaufbahn kleine, elektronische Chips und mehrere Sensoren unter die Haut integriert. Betritt ein Schüler dann einen Klassenraum, so weiß der Lehrer sofort, wer anwesend ist und wer nicht. Das hätte den wahnsinnig überzeugenden Vorteil, dass sich kein Lehrer mehr mit diesem schrecklich schweren Klassenbuch abschleppen müsste. Und es dauerte bestimmt auch nur knapp dreißig Jahre, bis die Ausgaben für die Technisierung der Schule durch die Ersparnisse im Papierkostenbereich wieder hereingeholt sind.

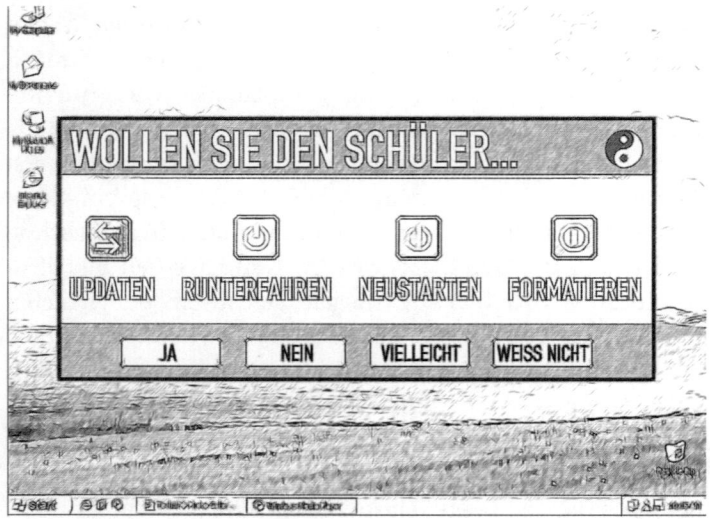

Die implantierten Sensoren haben darüber hinaus noch weitere unschlagbare Vorteile: Sie messen den Aktivitäts- und Stresspegel des Kindes und können so ermitteln, ob der betreffende Schüler seine Hausaufgaben gemacht hat oder nicht. Ist dies nicht der Fall, macht der Chip automatisch eine Meldung an den zentralen Computer, der wiederum den Schüler in ein digitales Klassenbuch einträgt.

Im Unterricht kann der Schüler dann, ohne zu sprechen, sondern nur durch Denken einer richtigen Antwort, am Unterrichtsgespräch teilnehmen. Was wäre das für eine Ruhe! Die Traumvorstellung eines jeden Lehrers. Tinnitus, Hörsturz und Stimmbandreizung gehören der Vergangenheit an. Und nicht nur das: Falsche Gedanken werden von einer speziellen Software automatisch herausgefiltert, und der entsprechende Schüler wird mit einem kleinen Stromschlag bestraft. Denkt ein Schüler an etwas, das nichts mit dem Unterricht zu tun hat, werden die Stromschläge intensiviert. Aus der vom Computer gemessenen Zeit des Mitdenkens und der Abgelenktheit wird dann im Verhältnis zu den richtigen und falschen Antworten die Mitarbeitsnote ermittelt. Der Lehrer spart sich so die anstrengende Notengebung samt Feilschen mit unzufriedenen Schülern und meckernden Eltern. Herrlich! Ist die errechnete Note dann zu schlecht, werden gewisse Gehirnzellen mit elektromagnetischen Impulsen stimuliert, sodass der Schüler Lust bekommt zu lernen – eine völlig widernatürliche Manipulation!

Hilft dies alles nichts, können auch ganze Speicherkarten mit Lernstoff in das Gehirn integriert werden. Heißt es heute noch auf dem Schulhof: «Ich hab jetzt Englisch. Boah, voll langweilig, wir machen grad Globalisierung», wird dann zu hören sein: «Ich bekomme gleich meinen Wortschatz-Chip Wirtschaftsenglisch implantiert.» Welch paradiesische Zukunftsvision! Nie wieder könnte ein Schüler mit der Ausrede, er habe die Vokabeln leider nicht lernen können, weil er sein Vokabelheft in der Schule vergessen habe, die Nerven seiner Lehrer belasten.

Im Krankheitsfall könnten Roboter die Lehrer vertreten, so ginge keine wertvolle Lernzeit verloren. Natürlich müssten es sehr wirklichkeitsnahe Roboter sein, mit allen Eigenschaften, die ein Lehrer im Alltag so braucht: Schülerhass, Selbstverliebtheit und Schizophrenie.

Diese Roboterlehrer hätten den entscheidenden Vorteil, dass sie neben dem Unterrichten auch noch gleichzeitig Fenster putzen und das Mensaessen kochen könnten. So spart man die Reinigungskräfte und versorgt die gesamte Schülerschaft mit einer warmen Mahlzeit am Tag. Jeder Finanzpolitiker bekommt wahrscheinlich angesichts dieses Szenarios feuchte Augen vor Rührung: Wie viel Geld für Personal man da einsparen könnte! Und wie gut sich solche technischen Neuerungen in der Öffentlichkeit als bedeutender Fortschritt verkaufen ließen!

Wozu dann überhaupt noch zur Schule gehen? Jeder bekommt einen eigenen Lernroboter, und dann wird zu Hause gelernt. Soziales Miteinander? Welch ein Quatsch, man trifft ja eh überall nur noch auf Computer.

Und am Ende dieser Hundert-Prozent-Technisierung stuft ein Computerprogramm die Menschheit als rückständig und unmodern ein und verfügt selbständig deren Abschaffung. Daraufhin werden alle Menschen komplett digitalisiert, per Mausklick in den Papierkorb verschoben und endgültig gelöscht. Steuerung-Alt-Entfernen, Task beenden. Herunterfahren. Aus.

AUTOGENES RECHERCHIEREN

Die einfachste Form, moderne Technik im Unterricht zu nutzen, ist die Internetrecherche mit anschließender Präsentation. Man denke sich mehrere Aufgaben aus, verteile diese auf verschiedene Gruppen, setze ein Zeitlimit und schicke die Schüler an die PCs. Anschließend kann sich der Lehrer einen Kaffee machen oder nach Hause gehen, denn die Schüler sind ja beschäftigt oder tun zumindest so, als hätten sie etwas zu erledigen. Als geübte Internetnutzer hatten wir schnell die Wikipedia-Seite zu unserem Thema aufgerufen und die Informationen herauskopiert. Die wichtigsten Worte waren meist ja schon markiert, und für einen mündlichen Vortrag in der Klasse reichte dies immer aus. Zwar stellten viele Lehrer die Bedingung, dass man Wikipedia nicht benutzen dürfe, aber dann nahm man halt den Text aus Wikipedia, googelte die wichtigsten Stichworte noch einmal und schrieb sich die dann angezeigten Internetseiten als Quellen auf. Schon war der getarnte Wikipedia-Artikel im Unterricht verwendbar geworden. Kein Lehrer bemerkte das, wahrscheinlich, weil auch kein Lehrer Interesse an einer Auseinandersetzung hatte. Jede Lehrperson weiß, dass sie mitunter noch Wochen und Jahre in der Schule aushalten muss, und da heißt es Energie sparen, möglichst viel Arbeit auf die Schüler abwälzen und die Schulstunden nutzen, um sich vom Rest des Lebens zu erholen.

Wir verbrachten derweil die Recherchezeit mit kleinen Online-Spielen. Als diese Internetseiten im Rahmen einer allgemeinen Sicherung des Schulnetzes gesperrt wurden, surften wir halt einfach so ein bisschen herum oder langweilten uns.

Es hatte schon etwas von autogenem Training, wie wir da vor unseren Computern saßen. Unsere Augen wurden müde und schwer. Die Arme wurden müde und schwer, und es hätte nur noch gefehlt, dass uns jemand eine Phantasiereise vorlas.

Fazit: Wir hätten nie so viel Zeit gebraucht, wie die Lehrer uns eingeräumt haben. Klar, der Lehrer hatte noch die Zeit zum Absprechen in der Gruppe und zum Vorbereiten des eigentlichen Vortrags mit eingerechnet, aber das machten wir alle mehr oder weniger spontan. Wozu anstrengen, wenn die Lösungen oft schon im Internet stehen?

Dabei hätten uns die Lehrer durch einen einzigen kleinen Trick ans Arbeiten bekommen können: Sie hätten uns nicht zur Recherche an die Computer, sondern in die Bibliothek schicken müssen. Aber das haben sie sich nicht getraut. Wahrscheinlich vermuteten sie, dass wir mit einer Bibliothek komplett überfordert gewesen wären. In der Vorstellung der Lehrer wären viele Schüler vermutlich schon am Eingang völlig verwirrt stehen geblieben, weil sie noch nie so viel Papier auf einmal in so vielen Regalen gesehen hatten. Die alphabetische Sortierung nach Autorennamen wäre zur unlösbaren Falle geworden, da sich bei einem schulischen Arbeitsauftrag nie jemand die genaue Formulierung der Aufgabe notierte und somit keiner den genauen Namen des Autors gewusst hätte.

So, wie unsere Lehrer sich das ausmalten, hätten wir wohl da gestanden und verzweifelt vor uns hin gestammelt: «Irgendwas mir ‹G›. Gröte oder so was. Vielleicht auch Göthä oder so ähnlich. Das Buch heißt ‹Hand›, nee ‹Faust›. Ach, was weiß ich denn. Wo ist denn hier die Google-Suchzeile?»

Vielleicht hatten die Lehrer auch Angst, dass wir zu einer Bibliothekarin gegangen wären, ihr einen Zettel mit der Aufschrift «Göthä» hingehalten und uns dann lautstark über die mangelnde User-Freundlichkeit beschwert hätten, wenn die Dame nicht wie Google nachgefragt hätte: «Meinten Sie Goethe?»

Jedenfalls wollte keiner unserer Lehrer riskieren, uns nach

einer Stunde aus den Regalreihen ziehen und mit Kreislauf-spritzen wieder in Form bringen zu müssen, während ein Kamerateam von RTL eine völlig ausgelaugte und hysterische Schülerin befragt hätte, die mit fassungslosem Gesichtsaus-druck in das Mikrophon stotterte: «Ich weiß gar nicht mehr, was los war. Es ging alles so schnell. Ich hab einfach keinen Bildschirm gefunden. Irgendwann stand ich nur noch mit zwei Freundinnen da, und wir haben Steuerung-Alt-Entfer-nen gerufen, aber es ist nichts passiert. Totaler Absturz! Wir hätten niemals gedacht, dass so etwas hier passieren könnte. Woanders, ja. Das hat man ja schon mal im Fernsehen gese-hen, aber doch nicht hier bei uns. Es war doch alles immer so normal und friedlich!» Der Reporter hätte daraufhin mit betroffenem Blick in die Kamera geschaut und gesagt, welche «dramatischen Szenen sich hier abgespielt» und «die Kinder gerade eben nochmal Glück gehabt» hätten. Dann hätte er zurück ins Studio gegeben, wo anschließend ein Bericht über neumodische Dackelfrisuren dem Drama den passenden Rahmen gegeben hätte.

Ohne Internet, so die herrschende Meinung unter Leh-rern, ist die heutige Schülerschaft aufgeschmissen. Lehrern ist klar: Das logische Denken von Schülern hört da auf, wo das der Lehrer beginnt.

Zum Glück gibt es aber ja das Internet, und so sind es wohl eher die Lehrer, die vor einem Computer sitzend ver-zweifeln, weswegen sie uns Schülern die Recherchearbeiten gerne überlassen.

War die Internetverbindung bei uns in der Schule mal ge-stört, beschloss die Schülerschaft, dass eine Recherche nun ja nicht möglich wäre, und kehrte in die Klasse zurück. Wenn der Lehrer dann im Stoff weiter vorangehen wollte, wurde er mit Einwänden wie «Nee, ohne die Recherche wäre das doch jetzt auch echt voll sinnlos. Ehrlich jetzt» davon abgebracht.

Jene Lehrer, die trotzdem versuchten, im Unterricht vorwärtszukommen, mussten bald merken, dass auch der beste Lehrer der Welt – und als solcher fühlt sich wohl jeder Lehrer – es nicht schafft, eine Klasse, die im «Recherche»-Modus ist, wieder zum Arbeiten zu bewegen.

Funktionierte das Internet und waren alle Recherchen abgeschlossen, kehrten wir Schüler mindestens fünf bis zehn Minuten nach Ende des Zeitlimits wieder in den Klassenraum zurück. Komischerweise hat sich nie ein Lehrer darüber gewundert, einige Schüler mit Kaffee in Plastikbechern und belegten Brötchen und Süßigkeiten in den Händen zu sehen. Aber die geballte Berufserfahrung als Lehrer hatte sie wahrscheinlich gelehrt, wie sinnlos ein Zur-Rede-Stellen war – oder die Lehrer fühlten sich ertappt, weil auch sie in der Zwischenzeit mal eben kurz in der Einkaufspassage nebenan ihr zweites Frühstück eingenommen hatten. Das musste ja keiner mitkriegen.

Der Unterschied zwischen Lehrern und Schülern besteht eben manchmal nur in der Tatsache, auf welcher Seite vom Lehrerpult man steht.

DER WEG IST DAS ZIEL

An einem Wochenende trafen Orhan, Fabio, Thomas und ich uns bei Fabio zu Hause, was den ungeheuren Vorteil hatte, dass Fabios Mutter sich verpflichtet fühlte, uns fürstlich mit Speisen aus ihrem Heimatland zu versorgen. Wir saßen also in Fabios Zimmer, Thomas und Fabio spielten auf der Playstation ein Fußballspiel gegeneinander, und Orhan und ich schauten zu. Fabio hatte durch ausdauerndes Üben einen neuen Hackentrick beim Playstation-Fußball gelernt und zog

Thomas daher hoffnungslos ab. Dieser konnte dem nichts entgegensetzen und fiel immer wieder auf den gleichen Trick herein. Triumphierend urteilte Fabio: «Du musst mit Taktik spielen. Du spielst immer nur so drauflos, völlig ohne Methode.»

«Ey, sag nicht mehr Methode. Kann isch nicht mehr hören, das Wort, Alter!», rief Orhan.

Verwundert sahen wir uns zu ihm um, und Thomas nutzte den Moment der Verwirrung, um den 1:5-Anschlusstreffer zu erzielen. Orhan erklärte: «Alle Lehrer machen immer nur methodischen Unterricht. Nix mehr einfach so, der Lehrer steht vorne und redet, und die Schüler hören zu und schreiben von der Tafel ab. Immer nur Methode, isch schwör. Immer nur Teamarbeit, Brainstorming und so was. Ein bisschen Abwechslung is ja okay, aber doch nicht immer nur so 'n Scheiß.»

Wir konnten Orhan sehr gut verstehen. Irgendwann hatte ein Ministerium wahrscheinlich mal herausgefunden, wie schlecht Frontalunterricht ist und die Vorgabe gemacht, in Zukunft bitte nur noch in verschiedensten Unterrichtsmethoden zu lehren.

Das führte dazu, dass wir irgendwann nur noch in Gruppen arbeiteten, jede zweite Stunde irgendwelche Thesenpapiere erstellten und diese dann per E-Mail-Verteiler an alle anderen Klassenmitglieder schickten. In der Folge beherrschte man zwar sein eigenes Thema gut, die anderen Themen aber noch nicht mal ansatzweise. Wichtiger noch: Es nervte! Nie hatten wir mal ganz normalen Unterricht, in dem wir z. B. einfach ein paar Vokabeln von der Tafel abschreiben mussten.

Lehrer glauben immer, sie würden mit ihren Methoden etwas total Ausgefallenes machen und können Schüler damit mehr vom Unterricht begeistern. In Wirklichkeit machen sie genau das, was ihre Kollegen auch tun, und so müssen wir

Schüler jede Stunde wieder irgendeine ganz besonders neue und tolle Methode über uns ergehen lassen.

Dass Orhan sich jetzt darüber aufregte, konnte ich nachvollziehen. Aber er war noch nicht fertig: «Und jetzt reicht es auch nicht mehr, dass wir Teamarbeit machen. Jetzt machen wir in Philosophie so 'n Scheiß wie Thinktank oder Fishbowl, voll krank, ehrlich!»

«Also Thinktank kenn ich auch, aber was bitte ist ein Fishbowl?», fragte ich nach, denn wir saßen im Religionsunterricht, während Orhan als Ersatz Philosophie hatte.

«Fishbowl ist so 'ne dumme Methode, wo die Klasse in zwei Gruppen geteilt wird. Die eine Hälfte informiert sich dann über ein Thema und die andere über ein anderes, dann bildet man einen Stuhlkreis in der Mitte des Raumes, wo die Stühle nach außen zeigen, und jedem Stuhl gegenüber stellt man außen einen weiteren Stuhl hin.»

«Das klingt ja nach sehr viel Aufbauarbeit», warf Thomas ein. «Ist doch gut, dann verschwendet ihr ein bisschen Unterrichtszeit.»

Orhan war nicht ganz so begeistert: «Aber dann setzt sich die eine Gruppe auf den inneren Stuhlkreis und die andere auf den äußeren, und dann erzählt man sich gegenseitig das, was man recherchiert hat. Nach kurzer Zeit rutschen dann alle auf dem äußeren Ring einen Stuhl weiter, und dann muss man den gleichen Scheiß nochmal erzählen. Voll sinnlos.»

Orhan unterbrach seinen Redefluss, weil Thomas und ich das Gesicht verzogen, als hätte uns ein Stromschlag getroffen. «Was ist?», wollte Orhan wissen. «Ey, was habt ihr? Verarscht mich nicht, Alter! Was ist los?»

Thomas klärte ihn auf: «Du wärst soeben von unserem Religionslehrer erschossen worden, wenn du das zu ihm gesagt hättest.»

«Häh??»

«Weil du ‹erzählen› gesagt hast. Das ist bei uns absolut verboten. Man erzählt in der Schule nicht, man berichtet oder referiert. Erzählen tut man nur Märchen. Das ist dem Typen gaaanz wichtig.»

Ja, so schlimm ist es manchmal. Eigentlich kenne ich keinen Lehrer, der nicht die Macke hat, bestimmte Worte zu verdammen. Hat man einmal herausgefunden, welche das sind, so ist man als Schüler gut beraten, diese nicht im Unterricht zu verwenden.

Nicht auszudenken, was passiert wäre, wenn bei uns ein Referent in seinem Vortrag «erzählen» verwendet hätte. Dann hätten wir anderen vielleicht am Ende eines Referats den Vortragenden gefragt, wo denn der große böse Wolf und das Rotkäppchen in dem Vortragsmärchen gewesen seien und ob die im Vortrag erwähnte Person nicht vielleicht ein verwunschener Königssohn sei.

Orhan war von dieser Lehrereigenart jedenfalls beeindruckt: «Krass! So ein Vollpfosten.»

Der Vollpfosten war aber nun mal unser Lehrer, und der war noch lange nicht am Ende seiner Methoden angekommen. Seine Lieblingsvorgehensweise wechselte allerdings immer wieder. Mal pinnte er bunte Papptäfelchen an die Wand und meinte, das würde dem Gehirn in Sachen Merkfähigkeit entgegenkommen, mal ließ er uns in einem Rollenspiel den Unterrichtsstoff erarbeiten.

Letzteres setzte auch unser Klassenlehrer Herr Löchel gerne ein. Meist dann, wenn er uns aus Gründen des Lehrermangels vertretungsweise auch in Geschichte übernahm. Die von ihm initiierten Rollenspiele waren besonders qualvoll.

Einmal bekamen Orhan, Thomas, Ramira und ein paar andere den Auftrag, ein Rollenspiel über die Französische Revolution zu entwickeln. Die Vorführung wurde zum Spektakel. Orhan begann: «Ich, ein armer Handwerker, werde mich der Revolution anschließen. Gar große Heldentaten werden meiner gewahr werden. Auf in neue Gestade!» Kichern erfüllte die Klasse. Orhan fühlte sich dadurch bestätigt und fuhr fort: «Schließet euch uns an. O Bauern. Wir werden siegreich triumphieren!»

Und Thomas antwortete: «Der Sieg ist unser. Der König ist gestürzt!» Ramira verdrehte die Augen: «Nein, Thomas. Erst müssen wir die Bastille stürmen und Paris einnehmen, dann erst darfst du den König stürzen.»

Thomas korrigierte sich: «Ach, ja richtig. Wir schließen uns euch an.»

Und Orhan machte weiter: «Auf zur Bastille. Noch heute werden wir den König verjagen!»

«Es lebe die Republik!», schrie Thomas inbrünstig. «Welche Republik?», unterbrach Herr Löchel. «So weit seid ihr doch noch gar nicht. Oder habt ihr da was falsch verstanden?» Nein, hatten sie nicht. Nur Thomas war wieder mal etwas vorschnell.

So ging es dann das ganze Rollenspiel weiter, und wir lernten – nichts. Außer vielleicht, dass die Französische Revolution wohl gescheitert wäre, hätte Thomas damals daran teilgenommen.

Dessen ungeachtet erfreute sich Herr Löchel immer wieder aufs neue an den von ihm ausgedachten Rollenspielen. Das weckte bei ihm wohl das Kind im Mann.

Von der besten Methode, die ein Lehrer wohl jemals angewandt hatte, wusste aber wieder Orhan aus seinem Philosophiekurs zu berichten: TZI, die Themenzentrierte Interaktion. Ein toller Name. Und interessante Namen sind in unserem Bildungssystem wichtig. Die PISA-Studie hätte als Castrop-Rauxel-Studie vielleicht überhaupt keine Beachtung gefunden. Und TZI klang wahrlich vielversprechend. Das konnte nur eine ganz großartige Methode sein. Offensichtlich ging es bei dieser Methode um ein Thema. Das war ja ganz was Neues! Und dieses Thema stand im Mittelpunkt des Unterrichts, denn dieser war themenzentriert! Dazu kam dann noch die Interaktion, also der Austausch.

In solchen Momenten überkam uns große Dankbarkeit. Dankbarkeit, Teil eines solchen Schulsystems sein zu dürfen. Eines Schulsystems, in dem man im Unterricht gemeinsam über ein bestimmtes Thema redet. Wir schwiegen eine Weile andächtig.

Bis Orhan wieder das Wort ergriff und uns erklärte, bei TZI handle es sich eher um ein Treffen einer psychiatrischen Selbsthilfegruppe als um Unterricht. Er erzählte: «Am Anfang setzen sich alle in einen Stuhlkreis. Der wird Blitzlicht genannt.» (Merke: Der Stuhlkreis ist eine elementare Form der pädagogischen Unterrichtsgestaltung, auch weit über die Grundschule hinaus.) «Und dann sagt jeder der Reihe nach, wie es ihm geht und was er von der Stunde erwartet. Zwei oder drei Leuten fällt dann auch was Gutes ein, und danach sagen alle nur noch so'n Kram wie: ‹Es geht mir gut, aber ich bin noch etwas müde. Es ist ja die erste Stunde.› Oder: ‹Das Wetter ist auch nicht so toll. Mir ist kalt.› Oder: ‹Von der Stunde erwarte ich, dass wir vielleicht was lernen und dass es nicht langweilig ist.› Und das wiederholen dann die restlichen fünfundzwanzig Schüler.» Eine Hoffnung war damit wohl schon mal nicht erfüllt worden: Dass es nicht langweilig werden würde …

Anschließend wurde in Gruppen – wen wundert es – ein Thema erarbeitet. «Und zwischendurch immer diese Blitzscheiße!», fluchte Orhan. «Immer wieder mussten wir sagen, wie es uns geht, das geht die doch nix an. Blitzlicht! Und am Ende der Stunde das Gleiche nochmal wie am Anfang.» «Quasi ein Abschlussgewitter», schlug Thomas vor und fügte mit verklärter Stimme hinzu: «Jaaa, mir geht es immer noch gut. Das Wetter ist immer noch schlecht, und ich fand den Unterricht eigentlich ganz interessant, aber dieses Blitzlichtzeug hat genervt.» Wir mussten lachen.

Methoden sind anscheinend Lieblingshobby und Droge zugleich für Lehrer. Wahrscheinlich treffen sie sich am Wochenende abends in zwielichtigen Stadtvierteln in dunklen Ecken und suchen den Methodendealer auf. Der raunt dann: «Hey, ich hab 'ne neue Methode. Willste mal sehen? Total heißer Stoff. Garantiert neu auf dem Markt, zieht voll rein. Komm, probier's mal aus.»

«Ist die denn mit Teambuilding und Methodenvariation?» «Na, klar,» antwortet dann der Dealer. «Das ist das neueste Zeug, was wir haben. Hab ich gerade frisch aus Finnland hierher geschmuggelt.»

Erst wenn diesem Methodenschmugglerring das Handwerk gelegt wird, haben zukünftige Schülergenerationen wohl ihre Ruhe.

ATMEN IST ERLAUBT, ABER BITTE NUR LEISE

Die Unterrichtsstunde ist im vollen Gange, die Luft trocken, der Hals auch. Ein Griff in die Schultasche, leise wird eine Trinkflasche hervorgezogen und langsam geöffnet. Dies alles geschieht mit einer stillen Präzision und unter angestrengter Spannung, als handele es sich um eine gefesselte Geisel, die versucht, sich unbemerkt in eine bequemere Sitzposition zu bringen. Aber es ist nur ein Schüler, der sich im Unterricht dem strengen Trinkverbot zu widersetzen versucht. Doch der Lehrer – extra für diese speziellen Extremsituationen ausgebildet – bemerkt es und unterbindet den Versuch, dem Durst Linderung zu verschaffen.

So geschah es täglich bei uns in der Klasse, seitdem die Schule ein ausnahmsloses Trinkverbot im Unterricht verhängt hatte. Zuvor war Wasser noch erlaubt gewesen, nur klebrige Getränke wie Cola oder Apfelsaft nicht, doch aus irgendeinem Grunde wurde auch Wasser bald auf die Abschussliste gesetzt. Vielleicht einfach nur deshalb, weil auf jeder Lehrerkonferenz irgendetwas verboten werden musste, bevor die Versammlung beendet werden durfte. Unsere Lehrer hatten außer der Begründung, dass man durch umstürzende Wasserflaschen eine große Sauerei anrichten könnte, nur die simple Erklärung «Ist halt nicht erlaubt» parat. Als wenn es irgendwen gestört hätte, wenn man mal kurz einen Schluck Wasser zu sich genommen hätte! Aber all unsere Versuche, auf Menschenrechte und Grundbedürfnisse zu pochen, halfen nichts. Es blieb verboten.

Genauso verboten waren Handys im Unterricht. Verständlich, denn ein klingelndes Handy stört den Unterricht. Außerdem hatten unsere Lehrer eine weitere geschickte, weil nicht überprüfbare Verbotsbegründung: die Strahlung! Die Handystrahlung würde sich im Betongebäude besonders bündeln und uns das Hirn wegbrezeln. Also: totales Handyverbot.

Nichtsdestotrotz, der Lautlos-Funktion sei Dank, ließen viele ihre Handys an. Mal gucken, ob es Spätfolgen geben wird. Haben unsere Lehrer wirklich geglaubt, dass wir die Handys ausschalten würden? Das wiederum konnten wir kaum glauben.

Ein weiteres Verbot kam mit der Verbreitung von MP3-Playern und anderen elektronischen Musikabspielgeräten hinzu: das Musikverbot. Im Unterricht eigentlich ja verständlich, aber warum musste man MP3-Player auch auf dem Schulhof in den Pausen verbieten? Kurz bei der Schulleitung nachgefragt, und selbstverständlich gab es eine Begründung, und zwar eine auf höchstem pädagogischem Niveau: Musik-hören mit Kopfhörern in der Pause vermindere die Kommunikativität. Wir sollten miteinander reden, anstatt Musik zu hören. Das viele zusammen Musik hörten und gerade dieses Gehörte oft Teil des Gesprächsstoffs war, wurde ignoriert. Also durfte der asoziale Justin aus der 9c nicht mehr Musik hören, weil das seiner Kommunikativität schadete. Er ging aufgrund der daraus resultierenden Langeweile dann ganz kommunikativ auf die Fünftklässler zu und schlug diese ganz kommunikativ zusammen, um ihnen anschließend ganz kommunikativ das Geld für den Schulkiosk aus der Tasche zu ziehen. Langeweile schafft Aggressionen und Kriminalität.

Doch das Musikverbot war zum Scheitern verurteilt. Es wäre einfacher gewesen, im Irak FKK-Baden im Tigris anzubieten oder Politikern das Schuldenmachen zu untersagen, als ein Musikverbot unter Schülern durchzusetzen. Als sich die zur Strafe eingesammelten Abspielgeräte beim Schuldirektor sammelten und dieser von der Polizei bereits mit einer zu der Zeit aktuellen Einbruchserie in Elektronikläden in Verbindung gebracht wurde, wurde das Verbot irgendwann stillschweigend und heimlich aufgehoben. Es hatte sich sowieso keiner daran gehalten.

Ein weiteres, besonders schönes Verbot wurde im Winter per Lautsprecherdurchsage eingeführt: «Schneebälle werfen: nein. Schneemänner: ja», hieß die Ansage unseres Schulleiters, und ungefähr tausend Ohrenpaare, die dieses Verbot vernahmen, leiteten diese Information an ungefähr tausend mehr oder weniger arbeitende Gehirne weiter, und in ungefähr tausend Gehirnen offenbarte sich eine kleine, aber feine Lücke in der Schneeballverbannung. Wenn man es genau nahm, bedeutete «Schneebälle werfen: nein. Schneemänner: ja» nichts anderes, als dass man zwar keine Schneebälle, wohl aber Schneemänner werfen durfte. Stolz, einer Aufforderung des Schulleiters endlich einmal nachkommen zu können, bauten viele Leute in den folgenden Pausen kleine Schneemänner und bewarfen sich damit.

Unser Schulleiter reagierte mit Humor und verkündete am nächsten Tag abermals in einer Durchsage: «Schneebälle werfen: nein. Schneemänner bauen: ja. Schneemänner werfen: Ein deutliches Nein! Schnee, egal in welcher Form, werfen: nein! Und wo wir gerade dabei sind: Auf das Eis des zugefrorenen Schulteichs dürft ihr natürlich auch nicht gehen.» Man meinte, ein «Ätschbätsch» mitklingen zu hören.

Einige ihres letzten interpretatorischen Schlupflochs beraubten Schüler bauten in der nächsten langen Mittagspause einen Schneemann vor dem Büro des Schulleiters. Einen sehr großen und sehr gut geformten Schneemann mit fein herausgearbeitetem Gesicht und ausgestreckten Armen. Ein Schneemann, der geradewegs ins Schulleiterbüro lachte und der dem Rektor den Mittelfinger zeigte.

Bis heute hängt ein Foto von ihm im Büro des Schulleiters. Nur der Mittelfinger wurde mit einem Computerbearbeitungsprogramm nachträglich wegretuschiert.

SAFETY FIRST

Sicherheit geht vor. Das würde auch in Bezug auf Schule und Unterricht jeder unterschreiben. Dennoch hört man immer wieder von Lehrern, die ihre Schüler mit leicht entzündlichen Flüssigkeiten die Experimentiertische reinigen lassen oder die – wie bei uns in der Schule – monatelang über brüchige Treppengeländer im dritten Stock hinwegsehen.

Damit wenigstens im Unterricht kein Unglück passierte, bekamen wir bei jeder Gelegenheit die Sicherheitsregeln vorgelesen, vor allem in Chemie. Zugegeben, das war vielleicht sogar ganz sinnvoll, denn immer wieder wollten Schüler die gerade eben erhitzten Reagenzgläser mit Wasser kühlen und wunderten sich dann, wenn diese in tausend Splitter zersprangen.

Im Laufe meiner Schullaufbahn hatte ich aber eher den Eindruck, als gehe die Gefahr nicht unbedingt von den Schülern aus. Denn die experimentieren ja nur mit harmlosen Stoffen, die im Zweifelsfall ein paar Flecken auf der Kleidung hinterlassen. Die wirklich gefährlichen Experimente führt der Lehrer am Lehrerexperimentierpult durch – dort geschehen die eigentlich riskanten Dinge.

Einmal wollte unser Physik- und Chemielehrer Herr Nüth uns eigentlich nur zeigen, wie man durch Erhitzen die Inhaltsstoffe einer Flüssigkeit voneinander trennen kann. Er nahm also ein Becherglas zur Hand, hielt es kurz gegen das Licht und murmelte: «... komischer gelber Rand ... hat irgendwer wohl nicht richtig sauber gemacht.» Da das Experimentiermaterial aufgrund von Etatkürzungen sehr begrenzt war, beschloss er, das Gefäß dennoch zu benutzen.

Er füllte also irgendeine mir nicht näher bekannte Chemikalie ein und begann, sie mit einem Bunsenbrenner zu erhitzen. «Das dauert jetzt ein bisschen», sagte er, «ich hole in der Zwischenzeit schon mal das Material für den nächsten Versuch.» Er verließ also den Klassenraum und gerade, als er die Tür hinter sich geschlossen hatte, ertönte ein enormer Knall. Herr Nüth riss die Tür wieder auf und kam gerade noch rechtzeitig, um einen zweiten Knall zu erleben, der zur Folge hatte, dass das Becherglas zersprang und der Bunsenbrenner von der Kraft der Explosion gegen die Tafel geschleudert wurde, die einen tiefen Riss bekam. Der Brenner indes zündelte fröhlich an der Projektionsleinwand herum, die zwar feuerfest war, aber dennoch ankokelte und vom Ruß komplett schwarz wurde. Bevor der Feueralarm ausgelöst werden konnte, hatte Herr Nüth die Lage allerdings wieder unter Kontrolle. Schön, wenn Lehrer ihren Unterricht durch kleine Katastrophenszenarien ein bisschen auflockern – da kann keine noch so ausgefeilte Methode mithalten.

Ein anderes Mal hätten wir fast die Atomaufsichtsbehörde auf den Plan gerufen. Es gab bei uns im Lager der Physik und Chemie einen Kasten an der Wand, in dem besonders gefährliche Dinge gelagert wurden. Ich habe mich immer schon gefragt, warum man alle schädlichen Substanzen zusammen in einem Schrank aufbewahrte und damit die Gefahr noch erhöhte – aber wahrscheinlich war die Erklärung ganz einfach: Weil die Anschaffung mehrerer Schränke zu teuer gewesen wäre.

Als wir im Physikunterricht dann den Aufbau eines Geigerzählers besprachen, wunderten wir uns über das andauernde Piepen dieses Geräts, das ja eigentlich atomare Strahlung messen sollte. Herr Nüth überprüfte die Einstellungen des Geigerzählers und bewegte ihn im Raum etwas hin und her, um festzustellen, ob das Piepen sich veränderte. Es blieb gleich. Er sagte: «Also entweder ist das Gerät kaputt, oder ich hab irgendwas in den Nachrichten verpasst.» Er holte den zweiten Geigerzähler, den die Schule besaß. Auch der piepte. Herr Nüth versuchte uns zu beruhigen: «Das ist die ganz normale kosmische Strahlung, auf die der Zähler reagiert.»

«Für kosmische Strahlung piept es aber ganz schön stark», warf Fabio ein. Herr Nüth ignorierte diesen Einwand und wollte die Geigerzähler wieder wegbringen. Das Piepen wurde schneller. Herr Nüth blieb stehen, ging ein wenig vor und zurück, und wieder wurde das Piepen schneller. Er näherte sich dem Schrank mit den gefährlichen Substanzen. Der Geigerzähler konnte sich gar nicht mehr beruhigen. Herr Nüth blieb locker und erklärte, das Gerät sei so eingestellt, dass die Strahlung selbst bei vollem Ausschlag des Messgerätes noch lange nicht im schädlichen Bereich liegen würde. Er las die Liste auf dem Wandschrank, die Auskunft über dessen Inhalt gab, öffnete die Schranktür und nahm ein kleines silbernes Kästchen heraus. Das brachte er zum Experimentierpult, öffnete es und fand darin ein Röhrchen mit einer kleinen Öffnung. Herr Nüth hielt den Geigerzähler an diese Öffnung und tatsächlich: Dies war die Quelle der Strahlung. Er verschloss die Box mit dem Röhrchen wieder und hielt den Geigerzähler daran. Es piepte unvermindert. Herr Nüth las vor, was auf der Box stand: Vorsicht: Strahlendes Material. Inhalt: Radium.

Da diskutierten Menschen in ganz Deutschland über die Sicherheit von Atomkraftwerken oder Atommüllendlager und bei uns in der Schule lag ein kleines, aber munter vor sich hin strahlendes Stück Radium in einem Schrank in einer Box, die ihren Zweck, nämlich die Strahlung abzuschirmen, anscheinend überhaupt nicht erfüllte. Klar, es handelte sich um eine geringe Menge und auch nur um schwach strahlendes Material, das extra für Experimente in der Schule vorgesehen war – aber nichtsdestotrotz ließ uns der nicht gerade gewissenhafte Umgang damit erschauern. Wer jetzt allerdings denkt, das Radium wurde entfernt oder anders gesichert, der hat noch nie eine deutsche Schule besucht. Es geschah nämlich: nichts. Herr Nüth legte das Radium einfach wieder in den Wandschrank. Daneben hing ja gleich der Erste-Hilfe-Koffer – auf dem ein strahlender Smiley klebte.

DIE DDR LEBT

«Der Bundeskanzler der Bundesrepublik Deutschland Helmut Schmidt appellierte gestern in einer Ansprache erneut an den Staatschef der DDR, Erich Honecker, die Selbstschussanlagen an der deutsch-deutschen Grenze zu entfernen. Honecker

lehnte dies ab, da ‹der Schutz der Grenze vor faschistisch-im-
perialistischen Eindringlingen strengste Priorität› hätte.» So
lautete ein Zeitungsartikel, der in unserem Politikbuch unter
der Rubrik «Aktuelles Weltgeschehen» abgedruckt war. Er
stammte aus dem Frühjahr 1980. Wir schrieben inzwischen
das Jahr 2008.

Veraltete Bücher waren kein Einzelfall. Erst 2010 bekamen
wir aktuelle Ausgaben in vielen Fächern bewilligt. Bis dahin
lasen wir von der Existenz der Berliner Mauer, und der Kalte
Krieg lief auf Hochtouren. Als diese Bücher gedruckt wurden,
gab es die Partei der Grünen gerade mal ein halbes Jahr, und
eine gewisse Angela Merkel träumte allenfalls davon, einmal
Bundeskanzlerin der Bundesrepublik Deutschland zu werden.

Es spricht für unsere Demokratie, dass die Kapitel über
das Grundgesetz und über die Funktionsweise der Wahlen
im Großen und Ganzen noch Gültigkeit besaßen. Es spricht
aber gegen unseren Bildungshaushalt, dass unser Politikbuch
mindestens zehn Jahre älter war als wir selbst und ein Erdkundebuch aus dem Jahr 1992 prognostiziert, der Traum vom
mobilen Telefonieren und die Verbreitung des sogenannten
Internets müsse sich noch gegen viele Bedenken auf Seiten
der Bevölkerung und der Behörden durchsetzen.

Unsere Lehrmaterialien waren nicht nur absolut veraltet, oft war auch der Zustand des Gebäudes und der Räume
miserabel. Hier fehlten ein paar Schrauben in einem Stuhl,
da konnte man die Tafel nicht mehr aufklappen, und jedes
einzelne unserer Handys hatte eine höhere Rechenleistung als
sämtliche Computer unserer Schule zusammen. Diese Teile
waren so langsam, dass wir oft eine komplette Unterrichtsstunde brauchten, um sie hochzufahren. Gerne stürzten sie
auch mitten in der Arbeit ab und waren danach nie wieder
zu gebrauchen.

Eine weitere Überraschung erlebten wir, als Herr Löchel mit uns die Landkarten aus dem Kartenlager der Erdkundesammlung sortieren wollte.

Wer sich jetzt wundert: Ab und zu, wenn am Ende eines Schuljahres noch Zeit ist, werden Schulklassen schon mal dazu eingesetzt, irgendwelche Dinge in Ordnung zu bringen, Karteikarten zu sortieren, Blumen umzupflanzen oder eben Landkarten neu zu ordnen.

Wir sollten alle Karten aus dem Lager in den Innenhof bringen, dort ausrollen, nachsehen, um welche Karte es sich handelte, sie wieder einrollen und von außen beschriften. Dann brachten wir Herrn Löchel die Karten wieder zurück, und er stellte sie nach Weltregionen geordnet in den Lagerraum. Offensichtlich war man all die Jahre zuvor ohne eine Beschriftung ausgekommen. Man sollte meinen, dass eine Karte ohne Bezeichnung eigentlich total unpraktisch ist, weil man sie dann jedesmal vor der Benutzung aufrollen muss, aber wahrscheinlich hat jeder Lehrer gedacht: «Och, das machen meine Kollegen bestimmt irgendwann mal.» Und so blieb es letztlich an uns Schülern hängen.

Zunächst verlief alles ohne Zwischenfälle, und bald sammelten sich Karten mit den Aufschriften «Weltkarte» oder «Süddeutschland, topographisch» im Lager. Als Thomas aber mit einer Karte, auf der «Deutsche Kolonien» stand, ankam, wurde Herr Löchel misstrauisch. Er fragte ihn, ob er ihn verarschen wolle und was das solle, die Karten mit solchen unsinnigen und falschen Beschriftungen zu versauen. Thomas beteuerte aber seine Unschuld und meinte, er hätte nur hingeschrieben, was auf der Karte zu sehen war. Herr Löchel öffnete die Karte, und tatsächlich war dort eine Weltkarte abgebildet, auf der die Stellen in Afrika und Asien markiert waren, wo das kaiserliche Deutschland um 1900 herum seine Kolonien hatte. Herstellungsdatum der Karte: 10. August

1901. Lizenz: Verlag der Krone des Deutschen Kaiserreiches und des Königreichs Preußen.

Jetzt wird der ein oder andere sagen: «Na und? Die Karten kann man doch im Geschichtsunterricht noch wunderbar benutzen. Außerdem sind die historisch wertvoll.»

Das mag stimmen. Das Problem bestand aber darin, dass wir teilweise keine aktuelleren Karten hatten. Eine andere Weltkarte war vorhanden, deswegen war dieses uralte Stück so lange unentdeckt geblieben. Aber es gab z. B. keine einzige Europakarte, auf der die DDR, die Sowjetunion und Jugoslawien nicht in den alten Grenzen zu sehen waren.

Den Kartenmangel erfuhr ein Referendar schmerzlich am eigenen Leib: Er hatte unsere Klasse für ein paar Wochen übernommen und sollte bei uns seine Lehrprobe abhalten, die benotet wurde. Es war offensichtlich, dass Herr Löchel den Referendar nicht leiden konnte, und deswegen half er dem jungen Mann wenig und nur widerwillig.

Als es auf die Lehrprobe zuging, traute sich der Referendar schon gar nicht mehr, Herrn Löchel um Hilfe zu bitten, und so nahm er sich einfach eine Karte aus dem Lager, auf der die Beschriftung «Deutschland» zu lesen war. Diese hing er zu Beginn der Lehrprobe auf den Kartenständer, entrollte sie aber noch nicht. Und das war sein großer Fehler.

Während der Stunde, die eigentlich ganz gut verlief, verkündete er dann: «Wir schauen uns jetzt, nachdem wir etwas über die Entstehung der Mittelgebirge gelesen haben, mal an, wo die denn auf der Deutschlandkarte zu finden sind.» Während er das sagte, öffnete er die Karte. Wir, Herr Löchel und die Prüfer des Referendars schauten erst verblüfft, dann machte sich Getuschel breit, und schließlich lachte die ganze Klasse. Der Referendar war völlig irritiert, kam aber nicht auf die Idee, sich zur Karte umzudrehen, sondern dachte, er hätte irgendetwas anderes falsch gemacht. Erst nach einer gefühlten Ewigkeit schaute er sich um und erblickte direkt rechts über seinem Kopf den großen, schwarzen Adler, der auf die Karte gemalt war und der in seinen Klauen ein Hakenkreuz hielt. Der Rand der Karte war mit ebensolchen Symbolen versehen, und auf der Karte waren detailliert einzelne Gaubezirke eingezeichnet.

Erschrocken las der Referendar die Überschrift der Karte laut vor: «Das Dritte Reich.» Der Kopf des Referendars lief rot an und hatte jetzt die gleiche Farbe wie der große Fleck auf der Karte, der die «Reichshauptstadt» Berlin darstellte.

Der Referendar beeilte sich, die Karte wieder einzurollen und entschuldigte sich vielmals. Dabei konnte er eigentlich gar nichts dafür. Die einzige aktuelle Deutschlandkarte, die es gab, war wohl schon von einem anderen Lehrer geholt worden, und so hatte er zu dieser gegriffen. Und streng genommen wäre diese Karte für die Erkundung der Mittelgebirge auch in Ordnung gewesen. Der politische Kontext war dem Referendar dann wohl aber doch zu brisant.

Die Stunde, die eh auf das Ende zuging, war nun vollends gelaufen, denn eine aufgebrachte, sich vor Lachen krümmende Klasse zu beruhigen und wieder ans Arbeiten zu bekommen, wäre auch einem erfahrenen Lehrer nicht gelungen. Zur allgemeinen Heiterkeit hatte Fabio nämlich außerdem damit begonnen, eine ziemlich perfekte Hitlerparodie vorzutragen, indem er die Namen der Mittelgebirge aus seinem Erdkundebuch vorlas.

Kurze Zeit später bekamen wir eine brandneue Deutschlandkarte. Ohne Kolonien und mit sechzehn Bundesländern. Das ist auch typisch Schule: Es muss immer erst etwas passieren, bevor man die Ausstattung verbessert.

Ein weiteres sehr altes Lehrmaterial mussten wir allerdings weiter benutzen: die Bibel. Bei einem Buch, in dem das aktuellste Kapitel ungefähr 1900 Jahre alt ist, ist es ja auch okay, in Exemplaren von 1975 zu blättern. Also inhaltlich. Da änderte sich ja nichts mehr.

Aber selbst Bibeln – und besonders Schulbibeln – unterliegen einem irdischen Zerfallsprozess. Und so besaßen wir Bibeln, in denen der Schöpfungsprozess noch nicht abgeschlossen war. Da kriechen vermutlich heute noch aus der Genesis so kleine, fiese Krabbelviecher heraus. Zugegeben, die Bücher wurden nicht gerade pfleglich behandelt. Sie lagen meist ganz hinten in irgendwelchen Schulschränken und gammelten vor sich hin. Denn immer, wenn ein Religionslehrer mal sagte: «So, heute brauchen wir die Bibeln», bildete sich ein breiter Widerstand seitens der Schüler: «Och, nö! Nichts mit Bibeln. Können wir nicht was ohne Gott machen?» In den meisten Fällen gab der Lehrer dann auf, und wir machten Religion ohne Gott. Dann redeten wir über Gott und die Welt, aber eben ohne Gott. Also nur über die Welt. Oder wir überredeten den Lehrer, uns eine Geschichte vorzulesen, während wir Mandalas ausmalten. Das war dann fast wieder wie in der Grundschule, und wenn einer, der zu spät zum Unterricht kam, den Klassenraum mit einem lauten «Schuldigung!» betrat, raunte der Rest der Klasse: «Pscht!»

«Wieso ‹pscht›? Was machen wir?»

«Wir machen was ohne Gott.»

Da wusste der Zuspätkömmling Bescheid, setzte sich hin, nahm seine Buntstifte heraus und begann, ebenfalls ein Mandala auszumalen …

PRIVATPAUKER

So entspannt ist Unterricht natürlich nicht immer. Heutzutage muss ja sowieso alles schneller, früher und besser gehen – auch in der Schule. Im Kampf um die besten Zukunftsaussichten wird nicht nur an Unterrichts- sondern auch an Schulformen ständig herumgedoktert. Wo und wie lernen Kinder am besten? Wo hat mein Kind die besten Chancen? Auf einer Privatschule? Einem Internat? Im drei- oder zweigliedrigen Schulsystem? In der Stadtteilschule? Um in der bösen globalisierten Welt mithalten zu können, kehren viele Eltern den staatlichen Schulen den Rücken.

Die Sprösslinge betuchter Eltern werden auf Privatschulen geschickt, damit sie schon in der Grundschule Englisch und Französisch lernen. Chinesisch sprechen sie eh schon, weil sie ein chinesisches Kindermädchen hatten. Mit neun Jahren studieren sie bereits Jura, BWL und Medizin, während sie nebenbei eine erfolgreiche Marketingfirma leiten, Astronautentrainings absolvieren und das Privatvermögen ihrer gesamten Familie verwalten.

Früher, wenn ich mit meiner Oma in der Bäckerei war, hat sie immer zu mir gesagt: «So, und jetzt darfst du dir noch ein Teilchen aussuchen.» Heute würde jedes durch teure Privatschulen gebildete Kind zurückfragen, von welcher Art Teilchen sie denn spreche, schließlich habe man erst kürzlich im Unterricht beim Bau eines Teilchenbeschleunigers ganz viele verschiedene Arten feststellen können, und Oma müsse das jetzt schon ein wenig präzisieren, bitte schön, sonst könne man keine Entscheidung treffen. Am Ende liefe die Oma genervt aus der Bäckerei, weil sie noch nicht mal weiß, wie man bei Schreibprogrammen am Computer diesen nervigen Word-Büroassistenten – meist eine Büroklammer – entfernen kann. (Okay, das weiß ich auch nicht, aber ich war ja auch nicht auf einer Privatschule.) Wir halten also fest: Zu viel Wissen schadet dem Bäckereigewerbe.

Gegen Privatschulen ist ja eigentlich nichts einzuwenden. Es sei denn, diese Schulen vergessen, ihren Schützlingen neben den fachlichen Qualifikationen auch andere wichtige Dinge beizubringen. Zum Beispiel Sozialkompetenz. Ich habe mal bei einer Aktion namens «Model United Nations» mitgemacht. Bei dieser Konferenz treffen sich Jugendliche aus aller Herren Länder und debattieren über die aktuellen Probleme der Welt. Man spielt also eine Woche lang Politiker. Das ist eine interessante und lustige Sache und eine tolle Gelegenheit, mit Jugendlichen vom gesamten Erdball in Kontakt zu treten. Das einzige Problem dabei: die anderen Deutschen. Unsere Schule war nämlich so ziemlich die einzige staatliche Schule, die an dem Projekt teilnahm. Alle anderen deutschen Schüler kamen von internationalen Internaten oder elitären Privatschulen. Und das ließen sie uns auch spüren: «Wie? Ihr geht auf eine öffentliche, staatliche Schule?! Oh Gott, dann habt ihr doch bestimmt noch nicht mal Computer. Und eure Lehrer sind ja nur ganz normale Beamte. Also bei uns unterrichten nur die besten Professoren. Mein Erdkundelehrer zum Beispiel hat in Oxford gelehrt, und mein Englischlehrer ist ein renommierter australischer Sprachforscher. Ach ja, die Schulhofsprache bei uns ist natürlich Englisch oder Französisch, wobei sich auch Mandarin immer mehr durchsetzt.»

Ich habe mich einigermaßen gewundert, dass sich diese Wohlfühl-Elite-Kinderchen nicht die Hände desinfiziert haben, nachdem sie mit uns staatlichen Schülern gesprochen hatten.

Wenn diese Leute unsere zukünftigen Politiker und Wirtschaftsbosse werden, braucht man sich jedenfalls nicht zu wundern, dass Volksnähe und Gemeinschaftssinn nicht die ersten Ziele dieser Guttenberg-glatten Machtpositionsanwärter sind.

Leider gab es auf der Konferenz keine speziellen Räumlichkeiten, in denen ich mich angesichts so viel Angeberei mal kurz übergeben konnte.

Ich verstehe ja, dass bei unserem Schulsystem Alternativen gesucht werden. Aber ich denke, das muss auf allgemeiner und staatlicher Ebene laufen. Es bringt nichts, wenn sich Hunderte kleine Parallelgesellschaften bilden, die alle ihr eigenes Bildungssystem haben.

Manche Eltern beschließen allerdings sogar, ihre Kinder selbst zu Hause zu unterrichten – im sogenannten Home-Schooling. Nicht nur, dass es in Deutschland eine Schulpflicht gibt – meiner Meinung nach unterliegen diese Eltern außerdem einer recht fragwürdigen Selbsteinschätzung. Welcher Erwachsene kann denn von sich behaupten, den gesamten Schulstoff von Klasse 1 bis 12 oder 13 zu beherrschen und diesen seinen Kindern problemlos mit allem pädagogischen Geschick beibringen kann?!

Wenn ich mir vorstelle, dass meine Eltern meine Lehrer gewesen wären. dann scheint mir die Schule im Rückblick doch die angenehmere Alternative gewesen zu sein. Man will seine Lehrer doch auch anständig hassen dürfen und das ist bei Eltern zumindest auf Dauer nicht so richtig durchführbar. Außerdem würde ich meine Schulfreunde nicht missen wollen. Was bringt es, wenn Kinder durch den tollen Unterricht ihrer hyperintelligenten Eltern eine ganz wunderbare Bildung haben, aber alle Personen, die ihnen etwas erklären, mit «Mama» oder «Papa» ansprechen?

Manchmal habe ich das Gefühl, der Staat belässt das Bildungssystem absichtlich in seinem schlechten Zustand. Denn wer dumm bleibt, kann nicht rechnen, und wer nicht rechnen kann, gibt zu viel Geld aus und verschuldet sich. Davon profitieren die Banken. Dann kommt Peter Zwegat und löst die Schuldenprobleme. RTL filmt das Ganze, Millionen Menschen schauen dabei zu, sehen in den Werbepausen ganz viele Produkte, die sie unbedingt kaufen müssen, und weil sie immer noch nicht rechnen können, verschulden sie sich erneut, und dann muss wieder der Zwegat kommen und so weiter. Unsere Dummheit ist also wirtschaftlich von Vorteil. Das fördert die Binnennachfrage. Und wer fordert immer, Deutschland müsse seine Binnennachfrage ankurbeln?

«WENN DER KEKS REDET,
HABEN DIE KRÜMEL PAUSE!»
– DIE LEHRER

HOMO UNTERRICHTENS

Jeder Unterricht hängt vor allem von einer Person ab: dem Lehrer. Dabei wünscht man sich natürlich immer nur die besten Pädagogen, die diese Gesellschaft hervorbringen kann. Aber wie haben sich eigentlich der Berufszweig des Lehrers und unser Bildungssystem entwickelt? Zur Beantwortung dieser Frage muss man tief in die Vergangenheit zurückschauen, bis hin zur Entstehung des Menschen. Nachdem sich der aufrechte Gang bei unseren Vorfahren durchgesetzt hatte und einige Entwicklungsstadien durchlaufen waren, bildete sich neben dem Homo sapiens der sogenannte Homo unterrichtens, der unterrichtende Mensch. Auch dieser nutzte das Gehen auf zwei Beinen, da er so die Arme frei hatte, um mit einem damals noch sehr primitiven Zeigestock den anderen Steinzeitmenschen die Umgebung zu erklären.

Bis heute glauben ja viele, der Neandertaler wurde von unseren Vorfahren, also dem Homo sapiens, verdrängt und verschwand schließlich von der Bildfläche. Die Wahrheit sah vermutlich anders aus. Der Neandertaler verlegte seinen Wohnort in das vom Neandertal nicht sehr weit entfernte Düsseldorf, von wo aus er sich in alle anderen Landeshauptstädte ausbreitete. Dort gründeten die ehemaligen Neandertaler, die schon bald von ihren äußeren Merkmalen her kaum noch von den übrigen Menschen zu unterscheiden waren, die sogenannten Bildungsministerien. Einige Zeit später entwickelte sich innerhalb der Ministerien die Bürokratie, und kurz darauf erfand ein besonders müder Zeitgenosse das Beamtentum und die ersten Schulen. Bis heute hat sich an diesem System nicht viel geändert, und selbst die Sprache der dort beschäftigten Beamten ist zwar komplexer, aber nicht verständlicher geworden.

Ob die Weiterentwicklung des einzelnen Menschleins in

einen Homo unterrichtens einem Genfehler, einer Krankheit oder schlicht der Evolution geschuldet ist, lässt sich nicht eindeutig beantworten. Mit Sicherheit lässt sich aber sagen, dass der unterrichtende Mensch immer derjenige innerhalb einer Menschengruppe war, der den neuartigen Faustkeil zwar nicht entwickelt und auch noch nie benutzt hatte, den anderen aber erklärte, wie und wann man ihn gebrauchte. Einer, der von der Praxis keine Ahnung hatte und vieles nur vom Hörensagen her kannte, darüber aber sehr ausführlich referieren konnte. Ein Lehrer eben.

IHR DÜRFT MICH GOTT NENNEN

Wenn man über die Qualität einer Schule spricht, lautet die erste Frage häufig: «Wie sind denn eure Lehrer so?» Eigentlich ist diese Frage recht sinnlos, weil nicht zu beantworten. Zwar haben sie alle irgendwie den gleichen Beruf gewählt, aber den einen typischen Lehrer gibt es eigentlich nicht. Ein Lehrerkollegium kann man gut mit einem Wurf Hundewelpen vergleichen, bei dem der Vater ein schwarzer und die Mutter ein weißer Hund gewesen ist. Dementsprechend sind manche Welpen ganz weiß, andere ganz schwarz, einige gefleckt, gepunktet, gescheckt oder kariert und mit Blümchenmuster verziert.

Genauso verhält es sich bei Lehrern: Alle sind verschieden, obwohl sie den gleichen Ursprung haben. Bei den Hunden waren es die Eltern, bei den Lehrern der gleiche Studiengang oder zumindest der gleiche Berufswunsch. Oder eben doch die jeweiligen Eltern, wenn diese gesagt hatten: «Unsere Tochter wird Lehrerin.» Das ist keine Seltenheit in diesem Berufsfeld. Ich habe von Klassenkameradinnen gehört, denen man in einer Berufsberatung sagte, Lehrerin sei der ideale

Job für Frauen, weil man da Familie und Beruf besonders gut unter einen Hut bringen könne. Außerdem habe man nie Betreuungsprobleme, weil man, wenn die lieben Kleinen Ferien hätten, ja selber auch frei habe.

Wenn das der ausschlaggebende Punkt bei der Berufswahl war, erklärt sich die fehlende Motivation der einen oder anderen Lehrkraft ganz von selbst. Vermutlich sind diese Lehrerinnen auch von ihren Eltern zwangsverheiratet worden. Das sollte das Bildungsministerium mal überprüfen.

Berufsberatungen sind übrigens völliger Unsinn. Meiner Schwester hat man nach einem beruflichen Einordnungstest mal mitgeteilt, sie hätte die idealen Fähigkeiten, um Winzerin zu werden. Eine gute Idee! Mit einem kleinen Wermutstropfen: Meine Schwester mag keinen Alkohol. Aber das ist ja für diesen Beruf von keiner großen Bedeutung. Persönliche Vorlieben sind bei der Berufswahl ja nun wirklich vernachlässigenswert.

Wie jede andere Gruppe von Menschen waren auch unsere Lehrer sehr unterschiedlich, aber sie teilten eine große Gemeinsamkeit: Sie hatten alle irgendeine Macke. Das scheint eine Grundvoraussetzung zu sein, um als Lehrer zugelassen zu werden.

Am Anfang ihrer Karriere kommen viele Lehrer noch unbedarft und hochmotiviert, mit individuellen Charakterzügen in den Unterricht. Doch früher oder später kann man jeden von ihnen einer der folgenden Kategorien zuordnen:

Der Schwache

Der Schwache legt seine Unsicherheit nie ab und hat sein ganzes Leben lang mit den Schülern zu kämpfen. In einer Dokumentation über Zebraherden in der afrikanischen Savanne würde ein Kommentator mit ruhiger und ernster Stimme sagen: «Dieses Tier ist schwach. Es sondert sich von der Herde ab und wird so leichte Beute für Raubtiere. Es wird den nächsten Winter nicht überleben.»

Zwar überleben auch die schwachen Lehrer, aber sie haben es nicht einfach. Der schwache Lehrer schafft es meist noch nicht einmal für Ruhe zu sorgen, wenn er die Klasse betritt. Er wird einfach nicht ernst genommen. Gelingt es dem Schwachen nicht, die Kontrolle an sich zu reißen, so droht er mit drakonischen Strafen. Zusätzliche Hausaufgaben, Einträge ins Klassenbuch oder Beschwerden beim Klassenlehrer. Allerdings wissen die Schüler, dass der Schwache seine Androhungen selten in die Tat umsetzt. Beschwert er sich tatsächlich mal, so wird er vom Klassenlehrer auch nicht richtig ernst genommen, weil er als zu empfindlich abgestempelt wird. Das sagt der Klassenlehrer zwar nicht offen, aber da Konsequenzen meist ausbleiben, kann man davon ausgehen, dass der Schwache auch im Kollegium kein Gehör findet. Man könnte sagen, es ist dumm, Lehrer zu werden, wenn man so unfähig ist, seinen Willen durchzusetzen, und man Kommunikation so sehr hasst. Dem Schwachen ist dies aber nicht bewusst. Er fühlt sich im Recht und verbucht kleinere Fortschritte als große Erfolge. So glaubt er tatsächlich, er hätte es einem Schüler ordentlich gezeigt, wenn er diesen ins Klassenbuch einträgt.

Der Schwache fällt außerdem dadurch auf, dass er möglichst nicht auffallen will. Als Konsequenz kleidet er sich vorzugsweise in Grau oder Schwarz.

Mir persönlich taten Lehrer dieses Typs immer leid. Aber sie machen auch wirklich alles falsch, was man falsch machen kann. Da helfen auch keine Tipps unter Kollegen oder gelegentliche Präsentationsseminare. Ein klassischer Fall von: Beruf verfehlt.

Im Gegensatz dazu steht der strenge Lehrer.

Der Strenge

Er verschafft sich Autorität durch seine bloße Anwesenheit, weiß, wie er Schüler zum Arbeiten bringen kann und lässt keinen Widerspruch zu. Läuft etwas nicht nach seinem Plan, regnet es Strafarbeiten und Sonderaufgaben. Er spielt seine Macht, die er über die Notengebung besitzt, hemmungslos aus. Manche Exemplare dieser Gattung gehen so weit, dass sie die Klasse zu Beginn des Schuljahres zunächst erst mal die Hausordnung abschreiben lassen. Schüler sollten sich bei Kontakt mit einem strengen Lehrer möglichst still verhalten. Von Sonderwünschen, Rückfragen oder Alleingängen wird abgeraten. Der Strenge zeichnet sich dadurch aus, dass er stets ein kleines Büchlein mit sich führt, in dem er Verfehlungen der Schüler akribisch notieren kann. Eng verwandt mit dem Strengen ist der Tyrann.

Der Tyrann

Er hat die Fähigkeit, mit seinem Schlüsselbund schwätzende Schüler noch in der letzten Reihe durch einen gezielten Wurf zu treffen, bis zur Perfektion verfeinert. Man vermutet, dass der Tyrann häufig seine Bundeswehrgrundausbildung mit dem Referendariat verwechselt und deswegen im Unterricht untergebensten Gehorsam erwartet.

Der Tyrann hätte beim Militär vermutlich eine große Karriere machen können, ist aber aufgrund irgendeines körperlichen Mangels nach dem Wehrdienst ausgemustert worden. Dies ärgert ihn so sehr, dass er, wenn er schon nicht die Weltherrschaft anstreben kann, wenigstens im Klassenzimmer das Sagen haben will. Bei ihm bekommt die Prüfungsform des Diktats eine ganz neue Bedeutung. Eine nicht gemachte Hausaufgabe oder Fehler in einer Klausur werden mit Liegestützen und Kniebeugen bestraft.

Sein Motto lautet: Wenn ein Schüler nicht weint, hat er nichts gelernt.

Meiner Ansicht nach verhelfen überzogene Strenge und militärische Erziehungsmethoden nicht zu einer positiven Autorität, sondern erzeugen eher Angst. Und unter Angst zu lernen, kann nicht wirklich gelingen.

Besser macht das der clevere Lehrer.

Der Clevere

Eine Mischung aus Sympathie und Autorität zu schaffen, ist das Spezialgebiet des Cleveren. Er wird nicht gefürchtet, sondern respektiert. Der Clevere lässt eine Klasse eher an der langen Leine, weiß aber immer, wie er jederzeit Ruhe und Aufmerksamkeit herstellen kann. Zum Beispiel durch das Anwenden einfacher Tricks. Steigt der Lautstärkepegel in einer Klasse an, erhebt ein normaler Lehrer meistens ebenfalls die Stimme. Der Clevere macht es andersherum. Wird die Klasse zu laut, spricht er betont leise weiter, wobei er in dem Moment, wo ihn dann ja keiner hören kann, nur unwichtiges Zeug daherredet. Es ist erstaunlich zu beobachten, wie schnell es dann leiser wird, weil die Neugier der Schüler, zu erfahren, was der Lehrer denn da so leise sagt, größer ist als der Drang zum Quatschen. Wichtig ist dabei nur, die Schüler nicht merken zu lassen, dass man, wenn man leise spricht, nur

Unbedeutendes vor sich hin redet. Kommen die Schüler nämlich dahinter, ist die Neugier zerstört.

Jetzt klingt es fast so, als wäre der Clevere der perfekte Lehrer. Das stimmt leider nicht. Denn eine clevere Veranlagung reicht nicht aus, wenn der Lehrer trotzdem keine Ahnung davon hat, wie man Schülern etwas vermitteln kann. Der cleverste Lehrer kann gleichzeitig auch der größte Langweiler sein. Und wenn der Moment, in dem der Lehrer (erfolgreich) für Ruhe sorgt, schon der Moment im Unterricht ist, wo die Neugier der Schüler am meisten geweckt wird, dann kann irgendetwas im restlichen Unterricht nicht ganz richtig laufen.

Der Kumpel

Meistens recht jung. Will nicht wirklich akzeptieren, dass er nicht mehr zur Schülerschar gehört, sondern mindestens zehn Jahre älter ist. Sein Jugendwahn beginnt schon beim Outfit: Der Kumpel kleidet sich modern und nach den neuesten Trends. Er versucht, sowohl bei der Körperhaltung als auch in der Wortwahl, den Kontakt zur Schülergeneration zu halten, und macht sich dadurch zwar einerseits sympathisch, andererseits beraubt er sich damit jeglicher Autorität. Es besteht für ihn immer die Gefahr, sich bewusst oder unbewusst lächerlich zu machen. Oft merkt der Kumpellehrer dies erst, wenn er von anderen Lehrern für einen Schüler gehalten wird. Etwa, wenn er mit einer Klasse durch das Schulgebäude geht und ein anderer Lehrer die Gruppe anspricht und fragt, wo denn der zugehörige Lehrer sei. Oder, schlimmer noch, wenn dieser andere Lehrer einen erwachsen aussehenden Schüler für den Lehrer hält.

Das Kumpelhafte an einem Lehrer wächst sich allerdings mit der Zeit heraus und kehrt erst im höheren Alter wieder. Lehrer, die in jungen Jahren kumpelhaft waren, bekommen als ältere Lehrer, die kurz vor der Pension stehen, oft großväterliche Züge. Diese sind aber auch bei ehemals strengen Lehrern zu beobachten und stellen wohl eine Form der Altersmilde dar. Diese erkennt man, weil der Lehrer einen plötzlich für seinen leiblichen Nachkommen hält und auch so mit einem redet.

Generell sollte man misstrauisch werden, wenn einen eigentlich fremde Menschen – und da zähle ich auch Lehrer hinzu – mit «mein lieber Enkel» anreden. Meine Eltern haben mir beigebracht, wegzulaufen, falls mich jemand derart vertraulich auf der Straße ansprechen sollte. Im Klassenzimmer war das natürlich nicht möglich. Also habe ich, wie die anderen Schüler auch, milde gelächelt. Keiner von uns hat jemals versucht, dem «Opa» mit einem Gentest zu beweisen, dass dieses vermeintliche Verwandtschaftsverhältnis ein Irrtum war. Es ist aber auch sehr schwer, an vernünftige Gentests heranzukommen.

Ein weiterer Lehrertypus ist der, der die Schüler verachtet. Diese Lehrer halten sich selbst für Götter und äußern dies auch. Erschreckt sich ein Schüler aus irgendeinem Grund im Unterricht und ruft aus: «Oh, mein Gott!», so reagiert der Gottlehrer mit einem kurzen: «Ja, bitte. Was gibt es?» Was man als kleinen Scherz auffassen könnte, meint der Gottlehrer bitterernst. Er verkleidet seine Selbstverherrlichung nur in diesem Witz.

Der Gottlehrer
Dieser Lehrertypus fühlt sich stets zu Höherem berufen und hasst die Schüler, weil sie ihn auf seinem Weg an die Spitze der Gesellschaft aufhalten. Der Gottlehrer wollte eigentlich nie Lehrer werden, sondern hält sich für

einen genialen, verkannten Künstler, ein hochbegabtes Genie oder einfach generell für den Retter der Menschheit. Er ist nur irgendwann einmal dummerweise mit seinem Fahrrad falsch links abgebogen, in den Hörsaal der Universität hineingefahren und hat dann ganz aus Versehen Lehramt studiert.

Im weiteren Berufsleben sitzt der Gottlehrer also an der Schule fest und wünscht sich mehr Anerkennung. Die Schüler sind ihm lästig und behindern ihn auf seinem Weg zur Selbstverwirklichung. Schüler sollten nicht versuchen, den Gottlehrer auf seinen Berufsstand aufmerksam zu machen. Die Anrede «Eure Majestät» wird empfohlen.

Im besten Falle wandert so ein Gottlehrer irgendwann nach Papua-Neuguinea aus, um bei einem Ureinwohnerstamm zu leben und dort Erleuchtung zu erlangen. Manche Menschen haben eben nicht nur eine Macke …

Eine etwas erträglichere Meise hat der faule Lehrer.

Der Faule

Faule Lehrer sind dadurch zu erkennen, dass ihr Unterricht immer gleich verläuft, sie zu Beginn erst mal ins Schulbuch schauen und überlegen, was man denn machen könnte. Der Faule kann gar nicht auf andere Mittel als ebendieses Buch zurückgreifen, weil er zum Unterricht normalerweise überhaupt nichts anderes mitbringt. Selbst wenn er einen Stift braucht, leiht er sich diesen von einem Schüler in der ersten Reihe. Zur Freude der Schüler gibt dieser Lehrer auch selten Hausaufgaben, die über die Beantwortung eines kurzen Multiple-Choice-Fragebogens hinausgehen. Das wäre für ihn sonst viel zu viel Vorbereitungs- und Korrekturarbeit gewesen.

Hier muss man allerdings vorsichtig sein: Es gibt auch faule Lehrer, die extrem viele Hausaufgaben geben und die Schüler mit unzähligen Referaten den Unterricht gestalten lassen, damit sie es selber nicht mehr tun müssen. Der normale Faule allerdings ist dankbar für jede Gelegenheit und jedes Angebot der Schüler zur Zeitverschwendung und im Sommer häufig während der Unterrichtszeit mit seinen Schülern im Eiscafé zu finden. Er ist zudem der einzige Lehrer, der weiß, wie man den Fernseher und den DVD-Player der Schule benutzt, denn sein Unterricht besteht neben von Schüler gehaltenen Referaten und monotonem Vorlesen aus dem Schulbuch nur aus dem Einlegen von Filmen.

Dass diese nicht immer was mit dem unterrichteten Thema zu tun haben mussten, merkte ich, als wir «Das Leben des Brian» guckten, obwohl wir im Unterricht gerade über die Funktionsweise von internationalen Finanzmärkten redeten oder zumindest so taten, als ob. Der Faule hat die Lebensweisheit «Always look on the bright sight of life» aber schon so sehr verinnerlicht, dass er das nicht mehr bemerkte. Kein Wunder, er hat den Film wahrscheinlich auch schon Hunderte Male gesehen.

Ebenfalls nicht verwunderlich: der Faule ist im Gegensatz zum Engagierten bei den Schülern sehr beliebt ist. Hat der Faule dann auch noch immer einen lustigen Spruch auf Lager und langweilt nicht, hat er eh gewonnen.

Der engagierte Lehrer hat es da schwerer, obwohl er sich eigentlich mehr Mühe gibt.

Der Engagierte

Der Engagierte macht hier ein Projekt, da eine Arbeitsgemeinschaft, schlägt Schülern immer unheimlich interessante Unterrichtsreihen vor und liebt seinen Job. Häufig spricht der Engagierte etwas affektiert und hat stets ein Lachen auf dem Gesicht. Gibt es etwas zu organisieren oder eine Möglichkeit, ein Thema auch außerschulisch zu vertiefen – der Engagierte ist dabei. Er findet alles «super wichtig» und «super spannend» und ist immer «busy» – also beschäftigt. Kein Wunder, denn er leitet nicht nur Projekte wie die Rettung des amerikanischen Weißkopfseeadlers, sondern er ist auch privat endlos aktiv, tanzt, schwimmt, kocht, macht Yoga oder isst zumindest regelmäßig Joghurt.

Der Engagierte fällt außerdem dadurch auf, dass er stets versucht, andere für sein Tun zu begeistern.

Und mit dem letzten Punkt haben die Schüler so ihre Probleme: Die meisten wollen nicht begeistert werden. Als Schüler hat man gar nicht die Wahl, ob man an etwas teilnehmen will oder nicht. Der engagierte Lehrer erklärt die zusätzliche Abendveranstaltung bestehend aus einer Vorlesung zur Malerei der urchinesichen Yao-Minderheit zur Pflichtveranstaltung. Ob als Kompensation dann an anderer Stelle Unterricht ausfällt? Unsinn! «Die Schüler wollten doch unbedingt zu diesem Vortrag», behauptet der Engagierte dann, und schon sind die Schüler wieder machtlos. Dem Engagierten geht man also besser aus dem Weg, will man sich nicht gerade für einen zusätzlichen Sprachkurs in einer nordschwedischen Mundart begeistern, die für das weitere Leben natürlich «unglaublich nützlich» und sowieso «super spannend» ist.

Mit der Zeit und einigen Ernüchterungen des Alltags verwandelt sich der Engagierte häufig in den Frustrierten.

Der Frustrierte

Ein Lehrer, der mal große Erwartungen an seinen Beruf hatte, aber bald enttäuscht wurde, wird meist zum Frustrierten. Dieser ist erkennbar an einem niedergeschlagenen Blick, der einem sagen möchte: «Ich hatte doch so viel vor.» Außerdem hat der Frustrierte einen Hang zu depressiven Aufgabenstellungen. Wenn also in Mathe nicht mehr von zwei Autos, die von verschiedenen Orten zu verschiedenen Zeiten losfahren, die Rede ist, sondern gefragt wird, wann zwei Züge, die sich auf demselben Gleis entgegenkommen, ineinanderrasen, dann kann man davon ausgehen, dass der Lehrer die Wandlung zum Frustrierten vollzogen hat.

Fragt er dann in der nächsten Aufgabe nicht, wie lange der Krankenwagen zum Unfallort braucht, sondern welche Zeit ein Leichenwagen für dieselbe Strecke benötigt, so hat der Frustrierte sich in den Resignierten verwandelt.

Der Resignierte

Der Resignierte hat vor seinem Beruf kapituliert. Er schleicht nur noch mit hängenden Schultern und leerem Blick durch die Schule und wartet auf seine Pensionierung – selbst, wenn er erst Mitte dreißig ist.

Zum Resignierten hier nicht mehr, da ich sonst depressiv werde.

Die Untoten

Am schlimmsten sind die Lehrer, die nicht einem bestimmten Typus angehören, sondern einfach nur schrullig sind. Damit meine ich nicht, dass ein Lehrer eine merkwürdige Art an sich hat oder Klamotten trägt, die nicht zueinanderpassen. Ich meine die Lehrer, die man schon von weitem sehen, hören, fühlen, schmecken und riechen kann. Bei diesen pädagogischen Abschreckungs-beispielen wollen selbst die Streber nicht in der ersten Reihe sitzen.

Liebe Lehrer mit Hang zur überdosierten Parfümierung und zu Augenlicht bedrohender Bekleidung: Habt Erbarmen mit nachfolgenden Schülergenerationen!

BROT KANN SCHIMMELN, IHR KÖNNT NIX!

Und noch eine Gemeinsamkeit eint die Lehrerschar: Sie haben alle denselben Feind: die Schüler. Unisono beschweren sie sich dementsprechend über deren flegelhaftes Verhalten, ihren ruppigen Umgangston und zunehmende verbale Unverschämtheiten.

Dabei sind die Lehrer selber oft alles andere als Unschuldslämmer auf dem Gebiet der sprachlichen Entgleisung. Aussagen wie: «Boah, seid ihr so doof, oder tut ihr nur so?» oder «Jedes Mal, wenn ich bei euch Unterricht habe, brauch ich danach mindestens drei Stunden Pause» gehören da zu den eher harmloseren Varianten.

«Aber das ist doch nicht böse gemeint. Bei solchen Sprüchen muss man doch auf den Kontext achten», argumentieren Lehrer dann gerne, wenn man sie darauf hinweist. Das wollen wir bei folgendem Fall mal ausführlich tun:

Es war ein besonders schwieriger, weil unglaublich heißer Schultag im Mai. Ein spätes Frühlingshoch – oder war es ein frühsommerliches? – bescherte uns Sonne pur und blauen Himmel, sorgte aber auch dafür, dass es in der Schule unerträglich warm wurde und die Luft in den Klassenräumen sich zunehmend verschlechterte. Wüstenstämme aus der Sahara trieben ihre Kamele über den Schulhof und errichteten ihre Zelte auf der Wiese neben der Sporthalle. Es war ihnen in ihrer Heimat zu kalt geworden, und sie suchten nach einem warmen Plätzchen. Bei uns wurden sie an diesem Tage fündig.

Natürlich war unsere Schule nicht klimatisiert, und auch nicht das leiseste Lüftchen drang durch die geöffneten Fenster. Wir wagten damals aber nicht, auf hitzefrei zu hoffen, denn wir wussten: unser Schulleiter verkündete dies nur, wenn um sieben Uhr morgens die Temperatur im hintersten Loch im zweiten Untergeschoss des Kellers über 35 °C stieg. Also nie.

Sturmfrei hatten wir schon mal, als das Unwetter Kyrill über Deutschland wütete, und schneefrei gab es auch ab und zu, aber hitzefrei kannten wir nur aus dem Fernsehen. Beziehungsweise von allen anderen Schulen der Stadt um uns herum. Aber bei uns – wo kämen wir denn da hin?

Dementsprechend missmutig saßen wir in der Klasse und schafften es wenigstens, eine Lockerung des sonst geltenden Trinkverbots durchzusetzen. Es lief die sechste Stunde, auf dem Plan stand Erdkunde mit Herrn Löchel. Wobei das eigentlich nicht stimmte. Eigentlich sollten wir Klassenleiterstunde haben, eine Stunde, in der mit dem Klassenleiter organisatorische Dinge geklärt, Unternehmungen wie z.B. ein Wandertag oder ein Klassengrillen geplant oder Streitigkeiten hätten geschlichtet werden sollen. Herr Löchel beschloss aber, dass momentan nichts davon anstand. Unsere Konflikte sollen wir doch bitte selber klären, wir wären schließlich alt genug.

Da es nach Ansicht Herrn Löchels nie etwas zu organisieren gab, machte er einfach immer regulären Unterricht mit uns, und so kam es, dass wir überdurchschnittlich viel Erdkunde hatten. Zu überdurchschnittlichen Leistungen unserer Klasse in diesem Fach hat das zwar nicht geführt, aber nun denn.

Herr Löchel wollte gerade damit beginnen, sein Tafelbild zu erläutern, da wurde er unterbrochen. Ein erschrockener Schrei durchbrach die schwüle Luft. Was war passiert? Fliegeralarm? Die Russen kommen? (Na, die würden wenigsten Ivan verschonen.) Oder ein Erdbeben? Nichts von alldem. Der Grund des Aufruhrs war eine Wespe. Sie hatte sich durch das offene Fenster ins Klassenzimmer verirrt und summte über die Köpfe der Schüler hinweg. Einige erstarrten, andere fuchtelten wild mit den Armen. Herr Löchel versuchte seine Stunde zu retten: «Jetzt lasst doch mal das arme Tier in Ruhe, das tut doch nichts. Ich will jetzt weitermachen. Wir haben alle genug Angst gehabt.»

«Aber Herr Löchel», flehte Daniela, «das ist eine Wespe!»

Herr Löchel zeigte sich nicht gerade beeindruckt: «Das sehe ich. Solange die Wespe den Blick zur Tafel nicht versperrt, ist das aber doch kein Grund panisch zu werden. Sagt mir Bescheid, wenn ein Nashorn auf euren Tischen steht, dann könnt ihr nichts sehen, dann unterbreche ich auch den Unterricht.»

Wenn es warm war, fand er sich selbst offensichtlich noch komischer als sonst, denn er machte noch mehr lahme Witzchen, über die nur er und ein paar sehr engagierte Schüler – man darf sie Schleimer nennen – lachten. Ansonsten waren seine Späße wie immer kaum zu ertragender Lehrerhumor. Sprüche, die wir schon seit Jahren von unseren Vätern kannten. Wenn ein Schüler gähnte und vergaß, sich die Hand vor den Mund zu halten, merkte er belustigt an: «Danke, dass du mich nicht aufgefressen hast.» Als ein Schüler sich in der Pause einmal verletzt hatte und leicht am Finger blutete, schlug er vor, den Hausmeister den Finger amputieren zu lassen oder «besser gleich die ganze Hand». Wirklich wahnsinnig komisch!

Jeder Mensch und jeder Lehrer hat nun mal seinen eigenen Humor. Aber musste Herr Löchel uns seinen immer so aufdrängen? Die Wespe war da etwas rücksichtsvoller, hatte Erbarmen und flog nach draußen. Vielleicht konnte auch sie die Witze unseres Klassenlehrers nicht mehr aushalten.

Herr Löchel nutzte den Augenblick der Erschöpfung auf Seiten der Schülerschaft und setzte den Unterricht fort: «Fabio, wenn das hier an der Tafel Deutschland ist ...» – er zeigte auf eine mit Kreide an die Tafel gemalte Form, in der man mit viel Phantasie Deutschland erkennen konnte – «... wenn das Deutschland ist, und hier ist das Dreiländereck in der Nähe von Aachen, wo wir letztes Jahr unseren Wandertag hin gemacht haben, wie heißen dann die beiden anderen Länder an dem Dreiländereck?»

Fabio zögerte: «Italien und Luxemburg?»

«Fabio! Italien und Luxemburg! So ein Quatsch. Die liegen doch viel weiter südlich. Das solltest du als Italiener eigentlich wissen. Aber ich gebe euch noch einen Tipp: Die beiden Länder sind genau wie Luxemburg Benelux-Länder.» Er schaute gespannt in die Runde.

Ich weiß nicht, ob es die Hitze war, die uns lähmte, aber keiner sagte etwas, obwohl mit ziemlicher Sicherheit fast alle die Antwort kannten.

Fabio versuchte es erneut: «Spanien und Bayern?» Herr Löchel verlor erst das Stück Kreide aus seiner Hand und dann die Geduld: «Spanien und Bayern? Wollt ihr mir wirklich sagen, ihr kennt die richtige Antwort nicht? Das ist doch unmöglich! Natürlich wisst ihr das. Ihr wohnt doch alle hier in Aachen am Dreiländereck. Was soll das? Wollt ihr mich verarschen? Ihr seid so dumm wie ...» Herr Löchel riss sich zusammen. Als Lehrer konnte er sich keine Beschimpfungen der Schülerschaft erlauben. Doch es war zu spät. Ramira fragte nach: «Was sind wir? So dumm wie was?» – «Vielleicht so dumm wie Brot?», schlug Jenny vor. «Nein. Nicht so dumm wie Brot», keuchte Herr Löchel und setzte sich resigniert an das Lehrerpult. Er schloss die Augen, atmete einmal tief durch, seufzte und fügte dann, mit dem Oberkörper völlig entkräftet über dem Tisch hängend, hinzu: «Brot kann schimmeln, ihr könnt nix!»

Das war aber alles gar nichts gegen unseren Biolehrer Herrn Merovic, der ein ausgesprochenes Talent hatte, Schüler zu beleidigen.

Einmal warf er einem Schüler, der wegen der Beerdigung seiner Oma nicht da gewesen war, vor, er hätte geschwänzt, und als der Schüler widersprach, sagte Herr Merovic nur: «Ach komm, sei doch ruhig. Jetzt willst du auch noch recht behalten. Denk ja nicht, dass du gegen mich eine Chance hättest. Ich hab Lebenserfahrung. Du bist ein kleines Würmchen, und die Pubertät vernebelt dir die Sinne!»

Ein anderes Mal schrie er, nachdem er wiederholt Ruhe eingefordert hatte, dass wir ihn alle mal kreuzweise könnten. Solche Worte haben eine magische Wirkung auf Schüler, denn es wurde sofort still. Herrn Merovic machte das noch wütender: «Ach, wenn ich euch beschimpfe, seid ihr ruhig oder was? Ihr seid so was von asozial!»

Wie nett von ihm. Schön, wenn Lehrer immer ein gutes Wort für ihre Schüler übrighaben. Aber was will man von einem Lehrer erwarten, der mit seinen Nerven am Ende und von der Gesichtsfarbe her kurz vor der Selbstentzündung steht? Ich wartete eigentlich nur darauf, dass sich ein grünes Licht um Herrn Merovic herum entfachte und er von Außerirdischen in deren Raumschiff gebeamt und als Versuchskaninchen in ein extraterrestrisches Labor entführt würde. Dort hätte er dann gesessen und gerufen: «Das habt ihr doch alles gewusst, ihr Schüler! Ihr steckt doch mit denen allen unter einer Decke!»

Das geschah aber nicht, und so konnte der alte Merovic weiter seine cholerische Ader an den Schülern ausleben. Beschimpfungen wie «Du bist doch einfach nur blöd!» oder der oft benutzte Reim «Kappe uffm Kopp, gegelte Haare uff der Stirn, heißt große Fresse, schlechte Noten, doch zum Sterben zu viel Hirn» waren an der Tagesordnung.

Einem Mädchen, dem er eine Klassenarbeit mit der Note fünf zurückgegeben hat, hielt er vor, dass sie «weniger kiffen» und sich mehr für die Schule engagieren solle, dann wäre sie auch nicht «so ekelhaft spargeldünn». Was Herr Merovic eigentlich wusste, wohl aber in dem Moment vergessen hatte: Das Mädchen war gerade aus einer Magersuchtbehandlung zurückgekehrt. Herr Merovic erhält von mir im Nachhinein den Sonderpreis des «Taktlosen Arschlochs» in Gold. Herzlichen Glückwunsch!

Gerne beleidigte er Schüler auch, wenn seine Opfer sowieso schon Grund zur schlechten Laune hatten. Eines Tages meinte er zu Orhan, der sich ein Bein beim Fußballspielen gebrochen hatte: «Sieh es positiv! Jetzt kapieren deine osmanischen Bandenfreunde vielleicht auch mal, dass man sich beim Einbrechen auch verletzen kann.» Orhans empörte Antwort, er habe sich das Bein beim Fußball gebrochen, wischte Herr Merovic weg mit der Bemerkung: «Ach was. Das würde ich dann auch sagen. Ihr seid doch alle gleich.»

Im Übrigen war dies das einzige verbale Vergehen, das nicht völlig ohne Folgen blieb. Orhan beschwerte sich über Herrn Merovics Rassismus, und Herr Merovic musste sich entschuldigen.

Da werden Hunderte Talkshows und Tausende Studien über asoziale Jugendliche und Problemkinder abgehalten, man beklagt die mangelnde Kommunikationskultur und den fehlenden Respekt junger Menschen, und dann sitzt man vor solchen Lehrern. Schon mal was von Vorbildfunktion gehört?!

Wer beschimpft wird, der wird auch selber vor Beleidigungen nicht zurückschrecken. Das Gleiche gilt für häusliche Gewalt. Man könnte viel Zeit und Geld für Antiaggressionstrainings und Resozialisierungsprozesse sparen, wenn man die Vorbildfunktion der Erwachsenen – nicht nur die der Lehrer – mal wieder etwas mehr in den Fokus der Aufmerksamkeit rücken würde.

MAL EBEN WAS KOPIEREN

Auch in anderen Bereichen gehen Lehrer nicht immer mit gutem Beispiel voran und dienen ihren Schülern als Vorbild.

Bei uns zeigte sich das an der hohen Raucherquote im Lehrerkollegium. Dumm nur für alle rauchenden Lehrer und Schüler, dass das Rauchen auf dem Schulgelände irgendwann verboten und somit auch der Raucherbereich auf dem Schulhof aufgelöst worden war. Ab diesem Moment mussten alle vor dem Schultor qualmen. Eigentlich nicht weiter schlimm, wenn der Weg bis dahin nicht so weit gewesen wäre und einige Lehrer das Rauchen in den regulären Pausen neben Arbeitsblätterkopieren und Kaffeemachen einfach nicht mehr schafften.

Folglich saßen einige besonders nikotinbedürftige Lehrpersonen mit steigendem Entzugspegel im Unterricht. Aber war man nicht Lehrer geworden, um über das, was getan wird, bestimmen zu können? Also verteilten die von der Sucht des Tabakverbrennens gezeichneten Lehrer Aufgaben für die Schüler und verabschiedeten sich dann mit den Worten aus der Klasse: «Ich geh mal eben was kopieren.»

«Mmmmh, mal eben was kopieren. Nee, ist klar. Natürlich …»

Einen besseren Weg für einen Lehrer, sich lächerlich zu machen, gibt es eigentlich nicht. Zumal, wenn der Lehrer dann ohne kopierte Blätter zurückkehrt.

Rauchende Lehrer, die diese Taktik nicht anwenden, sind allerdings auch nicht gerade angenehm. Exzessiven Kettenrauchern konnten wir immer anmerken, wie nervös sie gegen Ende einer Doppelstunde wurden: Rastlos tigerten sie im Klassenzimmer auf und ab und schauten alle zehn Sekunden betont unauffällig auf die Uhr. Uns hätte es nicht gewundert, wenn die entsprechenden Lehrer gefragt hätten: «Stört's euch beim Aufgabenrechnen, wenn ich rauche?»

Wir hätten dann vorgeschlagen, dass der Lehrer doch einfach kurz mal eben was kopieren gehen sollte, und alle wären zufrieden gewesen.

Doch so richtig unangenehm wurde es mit rauchenden Lehrern erst, wenn diese Lehrer Hausaufgaben einsammelten oder Tests und Klassenarbeiten schrieben. Bekam man sie zurück, stanken sie immer derart nach Rauch, als hätte man die Blätter und Hefte über dem Schornstein eines Kohlekraftwerkes mehrere Wochen ausgehangen, sie anschließend beim Teeren einer Straße als Fächer benutzt und dann noch die Asche einer Müllverbrennungsanlage darübergekippt. Schön war das nicht.

Außerdem kamen einige Schüler in Erklärungsnot, da ihre Eltern sie verdächtigten, heimlich zu rauchen. Zugegebenermaßen hört sich die Entschuldigung: «Das kommt nicht von mir, sondern von meinem Lehrer», nicht gerade sehr glaubwürdig an. Das fanden auch Thomas' Eltern und haben ihn deshalb wochenlang abends nicht mehr auf die Straße gelassen, nachdem er mit einer verqualmten Klassenarbeit nach Hause gekommen war.

Auch wenn einige stark rauchende Lehrer wirklich unglaublich nach Zigaretten riechen, ist dies nicht der einzige Grund, warum es bei manchen Lehrern alles andere als empfehlenswert ist, in der ersten Reihe zu sitzen. Sie erfüllen noch andere Kriterien, die ihre Zuordnung zur Spezies der Untoten nur allzu deutlich zeigen: Etwa eine Alkoholfahne schon in der ersten Unterrichtsstunde, Mundgeruch, muffige Kleidung und eine Antipathie des Lehrers gegen Deodorant.

Zugegeben, wahrscheinlich gibt es in der Schülerschaft wesentlich mehr ungepflegte Jugendliche als ungepflegte Lehrer. Aber diese Jugendlichen sind in der Pubertät und haben keine Ahnung.

Fest steht: Rauchen schadet nicht nur der Gesundheit, sondern auch dem Unterricht. Ich fordere deshalb, dass in den Etatberechnungen für die nächste Bildungsreform eine Dunstabzugshaube für alle qualmenden Lehrkräfte zwecks Enträucherung derselben enthalten sein sollte.

EIN IRRENHAUS

Früher nannte man die Schule auch Lehranstalt. Die Nähe zu «Irrenanstalt» ist dabei meiner Meinung nach kein Zufall. Lehrer und Schüler werden auf engstem Raum eingepfercht und dürfen erst gehen, wenn eine Glocke läutet. Es fehlen nur Gummizelle, Zwangsjacke und Beruhigungsspritzen. Aber ich bin mir sicher, auch das wird es irgendwann mal geben. Schon jetzt wird jedes Kind, das ein Mal zu oft im Unterricht gestört hat, als hyperaktiv gebrandmarkt und mit Ritalin ruhiggestellt.

Aber nicht nur die Schüler, sondern vor allem die Lehrer laufen Gefahr, in der Schule bekloppt zu werden. Bei uns war es zumindest so.

Beispielsweise hatten wir einen Lehrer, der sich bei seiner Unterrichtsgestaltung am Ausgang der Fußballspiele von Alemannia Aachen orientierte. Wenn Aachen gewann, gab es keine Hausaufgaben. Wenn Aachen verlor, umso mehr. Dieses scheinbar ausgeglichene System sorgte leider dafür, dass wir meist sehr viel aufbekamen. Denn Aachen verlor oft. Als es einmal eine 0:5-Schlappe setzte, war dieser fußballverrückte Lehrer sogar so sauer, dass er uns eine Stunde lang einen Text über die Geschichte europäischer Massensportarten abschreiben ließ, den wir danach natürlich nie wieder gebraucht haben. Nach einem gewonnenen Pokalspiel gegen Bayern München hingegen gingen wir dreimal hintereinander mit ihm im Unterricht Eis essen. Und er bezahlte.

Leider hatte ich diesen Lehrer nicht in der einen Aufstiegssaison, die ich zu meiner Schulzeit miterlebte, wohl aber in der darauf folgenden Abstiegssaison. Als der Abstieg feststand, kam er nicht zum Unterricht. So etwas kann sich auch nur ein Lehrer erlauben. Stellen Sie sich mal vor, Sie wären Maurer und nur, weil Sebastian Vettel mal als Zweiter ins Ziel gefahren ist, lassen Sie beim Bauen den Mörtel weg. Oder Sie würden es als Polizist unterlassen, den fliehenden Dieb zu verfolgen, weil Ihnen das Mittagessen so schwer im Magen liegt. Da werden Sie aber ganz schnell entweder gefeuert oder an einen möglichst unwichtigen Arbeitsplatz versetzt, an dem Sie keinen Schaden anrichten können. Lehrer lässt man trotzdem auf Schüler los.

Es gibt auch Lehrer, die mit Schülern und Lehrmaterial nicht gerade zimperlich umgehen. So einen hatten wir leider auch bei uns auf der Schule. Als ich einmal krank war und Orhan und Fabio mir die Hausaufgaben vorbeibrachten, erzählten sie mir, was sich dieser Lehrer wieder geleistet hatte: «Ey, der Typ, der hat richtig einen an der Waffel. Alter, der ist echt gefährlich. Ey, wir haben nichts gemacht heute. Wir haben nur kurz was miteinander geredet, da wirft der mit Kreide.» «Und dann mit seinem Schlüsselbund», fügte Fabio hinzu. «Ja, genau», sagte Orhan, «und dann hat er mit dem großen Lineal, mit dem man an der Tafel malen kann, auf den Tisch geschlagen. Immer ganz knapp vor die Hände von denen, die in der ersten Reihe saßen. Und ich schwör, du kennst den ja, der schlägt nicht gerade schwach. Der haut richtig zu. Der hat ja schon drei Lineale kaputt geschlagen. In der Parallelklasse ist einmal das Lineal abgebrochen, und der abgebrochene Teil ist durch die Klasse geflogen und hat ein Mädchen am Arm getroffen. Alter, die hat geblutet, und der Typ hat nur gelacht.»

Wieder mischte sich Fabio ein: «Vergiss nicht die Klassenbuchgeschichte.» Orhan fuhr fort: «Ja, das war geil. Das hat uns heute Vincent aus der Nachbarklasse erzählt: Es war voll laut in der Klasse, und dann hat der das Klassenbuch genommen und auf den Tisch geschlagen. Dabei ist das Klassenbuch durchgebrochen. Voll krass! Dem war das so peinlich, weil er musste im Sekretariat sagen, was er gemacht hat. Und ein anderes Mal, da ist er auf einen Tisch gesprungen, weil er Ruhe haben wollte, und der Tisch ist durchgebrochen. Echt jetzt!»

Ja, so ein Lehrer kann auch ab und zu ganz schön tollwütig werden. In der siebten Klasse hatten wir einmal ein Deeskalationstraining, in dem wir lernen sollten, Konfliktsituationen friedlich zu lösen. Ein Rat innerhalb des Trainings war es, die Situation zu verlassen, also ihr aus dem Weg zu gehen. Mach das mal im Unterricht, wenn der Lehrer ausflippt! Wenn du da einfach wortlos aus der Klasse schleichst, hast du den Eintrag im Klassenbuch sicher.

Die wenigsten Lehrer sind allerdings so offensichtlich aggressiv. Die meisten ziehen den Psychoterror der körperlichen Gewalt vor. Dazu gehört das Lästern in Anwesenheit der betroffenen Schüler.

128

Kam ein Lehrer zum Beispiel in unseren Klassenraum, weil er noch irgendeine Angelegenheit klären musste, und fragte: «Stör ich?» So antworteten einige unserer Lehrer gerne schon mal: «Stören kannst du gar nicht. Die machen heute eh wieder nicht mit. Hab ich dir ja schon erzählt. Eine Katastrophe, diese Klasse! Die schlimmste Klasse, die ich je hatte!»

Den Spruch, die eigene sei «die schlimmste Klasse», die ein Lehrer je hatte, bekommt wohl jeder Schüler im Laufe seiner Schulzeit zu hören. Es ist schon irgendwie merkwürdig, aber sowohl Orhan und Fabio, Thomas und ich als auch unsere Geschwister und alle anderen Schüler, die wir kennen, waren immer in der «schlimmsten Klasse, die es je gab» und immer in der Klasse, die am lautesten und am anstrengendsten war. Immer waren «die anderen viel lieber», die Parallelklasse wesentlich besser und die Stunden mit uns die nervenaufreibendsten der ganzen Woche.

Anscheinend finden es die Lehrer immer da am furchtbarsten, wo sie gerade sind. Schön, wenn Menschen Spaß an ihrem Beruf haben. Aber wahrscheinlich ist auch diese «Ihr seid grausam, und alle anderen sind ganz toll»-Rhetorik Teil der pädagogischen Werkzeuge unserer Fachkräfte für Schülerbildung. Nur wir Schüler erkennen das mal wieder nicht.

MIT QUECKSILBER SPIELT MAN NICHT

Lehrer dürfen auch Fehler machen. Es gibt aber Lehrer, die machen etwas häufiger Fehler. Bei uns war das Herr Rudolf. Herr Rudolf war Physik- und Chemielehrer, der während unserer Schulzeit in Rente gegangen ist. Angesichts dessen, was er im Unterricht manchmal angerichtet hat, durchaus verwunderlich, dass er überhaupt das Rentenalter erreicht und sich nicht vorher selbst in die Luft gesprengt oder durch einen Stromschlag getötet hatte. Außerdem unerklärlich, wie er jemals die fachliche Eignung erlangen konnte, Chemie und Physik zu unterrichten. Zwei Fächer, die für gefährliche Fehler geradezu prädestiniert waren. Vielleicht war Herr Rudolf in jungen Jahren ja aber auch ein heller Kopf gewesen, und vielleicht hatte erst der tägliche Umgang mit den aus seiner Sicht absolut inkompetenten Schülern für seine nachlassende Umsicht gesorgt.

Viele seiner Missgeschicke geschahen tatsächlich aufgrund von Vergesslichkeit. Mal ließ er einen Bunsenbrenner unter einer chemischen Mixtur an und verwandelte den Klassenraum in eine stinkende Nebellandschaft, mal schmorte er Glühlampen und Kabel in seinen Experimenten durch, weil er versäumt hatte, die Stromstärke richtig einzustellen. Andere Patzer leistete er sich aber auch, weil er einfach nicht wusste, was er tat. Wenn sich zum Beispiel eine hochkonzentrierte Säure in einem Reagenzglas befindet, sollte man kein Wasser in großen Mengen hinzufügen, es sei denn, man möchte, dass das Reagenzglas überschäumt und einem die Finger verätzt. Das sei nur für die gesagt, die ebenfalls planen, Chemie- oder Physiklehrer zu werden. (Im Übrigen der einzige Merkspruch, der mir aus dem Chemieunterricht im Gedächtnis geblieben ist: «Erst das Wasser, dann die Säure, sonst geschieht das Ungeheure!» Wendet man diesen Merkspruch nicht an und opfert so pro Experiment einen Finger, ist die Lehrerkarriere spätestens nach zehn Versuchen vorüber. Warum? Fragen Sie einen Biologielehrer und lassen Sie sich erklären, wie viele Finger Ihre Hände haben.)

Zu Herrn Rudolfs Lieblingsbeschäftigungen – neben Experimente-Versauen – gehörte es, den Schülern zu zeigen, wie verweichlicht sie waren. Er war im Krieg und in der Nachkriegszeit groß geworden und fühlte sich abgehärtet. Uns Schüler schätzte er als völlige Schwächlinge ein. Als ein

Mädchen sich mal eine ungefährliche Chemikalie über die Hand gekippt hatte und wissen wollte, ob das schädlich sei, sagte er nur schroff: «Ach, du leeve Jott. Dat bisschen tut doch nichts. Wir haben früher janz andere Dinge usjehalten. Isch gehör zu der Generation, die noch mit Quecksilber jespielt hat.» Interessant. Es wäre spannend zu wissen, was man mit Quecksilber so alles Lustiges spielen kann.

Und wie kam man da ran? Wenn man heute irgendeine chemische Substanz bestellt, hat man doch ruck, zuck eine Terrorabwehreinheit im Haus. Ging man damals einfach so in einen Tante-Emma-Laden und sagte: «Also ich hätte gerne für zwanzig Pfennig von dem Quecksilber, für zehn Pfennig von dem Uran und für zehn Pfennig Gummibärchen»? (Für jüngere Leserinnen und Leser: Pfennig ist das, womit man früher bezahlt hat. Das müsst ihr aber nicht mehr wissen. Das war noch vorm Krieg …)

Spielte man mit dem Quecksilber dann so lustige Spielchen wie «Wer am meisten Quecksilber verschlucken kann, ohne sich zu übergeben» oder «Wer am meisten Ameisen mit einer Ladung Quecksilber verätzen kann, hat gewonnen»? Diese Spiele würden zumindest Herrn Rudolfs rustikale Art erklären.

Einen Referendar, der bei einem Experiment eine Flüssigkeit verschüttete, weil er sich erschreckt hatte, da ein Auto vor der Schule mit quietschenden Reifen gebremst hatte, herrschte er einmal an: «Mein Jott, Sie Waschlappen. Setzen Se sisch erst mal in 'nen Keller in Kölle als Fünfjähriger 1942 und lassen Se die Bomberstaffeln über sich wechsausen. Da können Se sisch erschrecken!»

Ich hoffe doch, dass der Referendar zu diesem Selbstversuch niemals Gelegenheit haben wird.

Erzählte Herr Rudolf aber nicht irgendwelche autobiographischen Geschichten, sondern wandte sich seinem Beruf zu, dann war er es, der die Fehler machte. In einer der unteren Klassen wollte er beim Thema Wärmelehre – «Isch sach eusch, wie warm et is, wenn dir nebendran die Bude wechbrennt von die janze Bombardements!» – ein Thermometer eichen, d.h. auf einem Thermometer, auf dem noch keine Skala eingezeichnet war, dieselbige durch ein Experiment erstellen. Eventuell lag es an seinen traumatischen Erfahrungen mit extremen Temperaturen oder doch an seiner physikalischen Verpeiltheit, auf jeden Fall hatte er keine Ahnung, was er machte. Dabei war sein Ansatz ja gar nicht so schlecht. Er wollte das Thermometer erst in zuvor vorbereitetes Eiswasser tauchen, um einzeichnen zu können, wo ungefähr null Grad zu finden war. Dann wollte er ein anderes Gefäß mit Wasser so lange erhitzen, bis es kochte, um die Einhundert-Grad-Markierung zu erstellen. Dann konnte man durch gleichmäßig verteilte Striche die restliche Skala zwischen null und hundert Grad einzeichnen. Bis zu dem Moment, wo er das Thermometer in das kochende Wasser halten wollte, ging alles glatt. Die null Grad waren erfolgreich eingetragen, das Wasser für die hundert Grad ordnungsgemäß zum Kochen gebracht. Dann aber überraschte Herr Rudolf mit dem Satz: «Nee, da könne mer jetzt nischt dat Thermometer reinhängen, dat is zu warm. Da könnte man sisch verletzten. Wir warten, bis dat abjekühlt is.» Gesagt, getan. Nachdem das Wasser längere Zeit nicht mehr kochte, hielt er das Thermometer in das Wasser und markierte den Thermometerstand. Neben den Skalastrich schrieb er: 100 °C.

Er bemerkte seinen Fehler erst, als er die restliche Skala eintrug und das Thermometer bei ganz normaler Raumtemperatur laut seiner Eichung fünfzig Grad anzeigte. Herr Rudolf wurde rot, versuchte aber so zu tun, als sei alles richtig. Er hoffte wohl, dass wir uns durch seine natürliche Autorität davon überzeugen ließen, fünfzig Grad als realistische Raumtemperatur anzuerkennen. Als ein Schüler dennoch nachfragte, ob es nicht sinnlos gewesen wäre, das Wasser abkühlen zu lassen, erwiderte Herr Rudolf nur: «Jung, de Sinn kütt später!» Wir warten bis heute darauf.

Den nächsten kapitalen Bock leistete er sich wieder im Chemieunterricht. Er hatte eine Blechdose mit der Öffnung nach unten auf den Experimentiertisch gestellt und von oben einen Nagel durch die verschlossene Seite der Dose geschlagen. Dann schob er mit spektakulärer Geste die Schutzscheibe des Experimentiertisches hoch, die die Schüler vor Auswirkungen von gefährlichen Experimenten bewahren sollte: «Dat kann eigentlich nich schiefjehn.» Mir fielen zwar mindestens fünfhundert Gründe ein, warum es gründlich schiefgehen musste, aber das interessierte den alten Rudolf nicht.

Das Experiment startend, füllte er gasförmigen Wasserstoff von unten in die Dose. Er erklärte: «De Wasserstoff steigt auf, sammelt sisch in der Dose un will nach oben russ. Da is aber numal der Deckel druff. Aber da hab isch ja ne Loch reinjeschlagen, wo der Nagel drinne is. Jetzt strömt de Wasserstoff gleischmäßich aus dem Loch um den Nagel aus. Da kann isch dat jetzt anzünden und dann verbrennt dat langsam, aber sischer.»

Sicher war das Stichwort. Er entzündete ein Streichholz und hielt es an die Stelle, wo das Gas herauskommen sollte. Und er sollte recht behalten, dort strömte Gas aus. Nur verbrannte es nicht in einer gleichmäßigen Flamme, sondern es gab einen lauten Knall, die Dose hob wie eine Rakete ab, prallte gegen die Schutzscheibe und schleuderte auf Herrn Rudolf zu, der sie gerade noch mit dem rechten Arm abwehren konnte. Die Dose flog auf den Boden und zischte dort noch ein wenig hin und her, bis der gesamte Wasserstoff verbrannt war. Herr Rudolf hatte eine kleine Rakete gebaut.

Thomas rief damals schlagfertig: «Herr Rudolf, alles klar? Fast wie im Krieg, oder?» Herr Rudolf lächelte nur. Komisch, normalerweise hätte er Thomas wegen dieses Scherzes zur Sau gemacht. Irgendwas musste ihn besänftigt haben. Vielleicht hatte er zu viel Wasserstoff eingeatmet oder die Dose doch gegen den Kopf bekommen. Der eigentliche Grund für seine Gelassenheit wird mir erst heute in der Rückschau klar: Das misslungene Experiment hatte ihm offensichtlich Spaß gemacht.

IN DER RUHE LIEGT DIE KRAFT

Fledermäuse haben ein unglaublich feines Gehör, das sie mittels Echoortung auch zur Jagd einsetzen. Einer Fledermaus macht man im Dunkeln so schnell nichts vor. Genauso wenig unserer Französischlehrerin Frau Dreyer. Zwar kenne ich keinen, der ihr jemals im Dunkeln begegnet ist, und auch keinen, der das jemals wollte, aber eines steht fest: Frau Dreyer hat einen geradezu übermenschlichen Gehörsinn. Ob sie damit einer Fledermaus gleich auf Insektenjagd geht, wurde nie bewiesen, aber es ist durchaus vorstellbar. Vielleicht ist sie aber auch in der Lage, Schallwellen zu sehen. Denn bei jedem noch so kleinen Geräusch in unserer Klasse zuckte sie zusammen. Bei ihr musste immer alles ganz leise sein, am besten: geräuschlos. Die Ruhe war ihr Territorium, und wer bei ihr in der Klasse saß, hatte das gefälligst zu akzeptieren.

Wäre sie zu Besuch in einem Kloster mit Schweigegelübde gewesen, hätte sie sich wahrscheinlich noch darüber beschwert, dass die Mönche und Nonnen zu laut schwiegen. Frau Dreyer hörte einfach alles, obwohl sie doch am liebsten nichts hören wollte.

Im Unterricht lief dies darauf hinaus, dass sie jeden, der es wagte, auch nur ein klein wenig zu laut zu atmen, sofort ins Klassenbuch eintrug oder der Klasse verwies. Sie hatte sich wahrscheinlich am Anfang ihrer Lehrerlaufbahn vorgenommen, niemals den für Lehrer im Laufe ihres Lebens typischen Hörsturz oder eine Reizung der Stimmbänder durch andauerndes zu lautes Sprechen zu erleiden. Diesen Vorsatz verteidigte sie bis aufs Letzte.

Auch das zunehmende Alter schadete ihrem Gehör nicht. Im Gegenteil, sie schien mit der Zeit noch empfindlicher zu werden. Gruppenarbeit, selbständiges Lernen und andere freie Unterrichtsformen gab es bei ihr nicht. Sie waren ihr zu laut. Am liebsten ließ sie Texte abschreiben und auch das nur mit ganz weichen Bleistiften, damit kein Kratzgeräusch entstand. Die Tatsache, dass man eine Fremdsprache frei und laut sprechen muss, um sie zu erlernen, ignorierte sie. Also sprachen wir in ihrem Unterricht nur äußerst selten französisch – in der Schriftform waren wir allerdings bald tipptopp.

Auch ihre Kollegen waren vor ihr nicht sicher. Vor allem nicht die jüngeren. Man konnte durchaus sagen, sie hasste alle jungen Lehrer, genauso wie sie ihre Schüler verabscheute. Denn diese jungen Lehrer machten Unterricht, in dem doch tatsächlich gesprochen wurde. In dem sogar mehrere Leute gleichzeitig sprechen durften, in Gruppen- oder in Partnerarbeit. Diese jungen Lehrer erdreisteten sich ja sogar, die Schüler auf dem Flur vor der Klassentüre von Frau Dreyer ihre Rollenspiele und Präsentationen üben zu lassen! Eine solche Provokation ließ Frau Dreyer natürlich nicht auf sich sitzen. Und sie hatte Unterstützung von allen Lehrern, die ebenfalls in ihrem Alter waren. So entwickelte sich in unserer Schule ein wahrer Generationenkonflikt: old teachers vs. young teachers.

Als ein junger Lehrer einmal eine Klasse zur Auflockerung

im Unterricht Gymnastikübungen machen ließ, bei denen man unter anderem mit den Füßen auf den Boden trampeln musste, war das Fass zum Überlaufen gebracht. Im Lehrerzimmer herrschte in der nächsten Pause Bürgerkrieg, dessen Augenzeuge ich zufällig wurde, weil ich von einem nichtsahnenden Lehrer dorthin geschickt wurde, um irgendwelche Arbeitsblätter abzuliefern.

Die jüngeren Lehrer beklagten starre Strukturen und mangelnde Toleranz gegenüber neuen Lernmethoden auf Seiten der Alteingesessenen. Die wiederum fanden, dass die jüngeren Lehrer viel zu locker mit den Schülern umgingen und für geringe Leistungen schon viel zu gute Noten gaben. Es ging um Prinzipien, um unumstößliche Lebens- und Berufsgrundsätze. Da war keine Einigung in Sicht.

Bis sich ein älterer Lehrer, der bisher kaum etwas gesagt, aber ein unglaublich präzises Gespür für einen peinlichen Auftritt zum falschen Zeitpunkt hatte, erhob und zu einer Rede ansetzte: «Liebe Kollegen», begann er und wurde sofort von einer jungen Lehrerin unterbrochen: «… und Kolleginnen, wenn ich bitten darf!»

«Also liebe Kolleginnen und Kollegen», fuhr der Redner fort, «lassen Sie uns doch nicht untereinander streiten. Wir haben doch alle die gleichen Ziele. Mehr noch: Wir haben alle den gleichen Feind, die Schüler!» Einige Lehrer lachten, andere schüttelten verächtlich den Kopf. Nur Frau Dreyer reagierte nicht. Sie saß schon die ganze Zeit etwas abseits in einer Ecke und hielt sich die Ohren zu.

Der ältere Lehrer erfreute sich an seiner eigenen Rhetorik und merkte nicht, dass die anderen Lehrer die Schüler durchaus nicht als Feinde ansahen. Erst dann bemerkte er mich. Seine Miene erstarrte. Gleich würde er bestimmt rufen: «Da ist einer von den Würmern! Schnappt ihn euch, bevor er entkommt!» Aber er schaute mich nur verunsichert an. Offensichtlich war ihm die Peinlichkeit seines Auftritts erst jetzt bewusst geworden. Die Blicke der Lehrer wanderten erst zu ihm und dann zu mir. Am liebsten hätte ich ihm einen Vogel gezeigt und wäre wieder gegangen. Mir war es egal, worüber die Lehrer sich stritten, aber der Rest des Kollegiums erwartete anscheinend eine Reaktion von mir. Ich sagte: «Na, dann machen Sie doch zusammen Unterricht. Jeweils ein jüngerer und ein älterer Lehrer entwickeln gemeinsam eine Unterrichtsreihe und gut ist. Dann können beide Seiten was vom andern lernen.» Ich war mir sicher, dass mein Vorschlag so überzeugend und bestechend einfach umzusetzen war, dass man mir noch am selben Tag eine Statue zu meinem Gedenken auf dem Schulhof errichten würde mit der Inschrift: «Es währe die Feindschaft nur, bis Vertrauen und Zusammenhalt sie überwinde.»

Doch nichts geschah. Keine Begeisterungsstürme, kein anerkennendes Gemurmel und erst recht keine Statue. Stattdessen blickte mich das gesamte Kollegium, junge und alte Lehrer, entgeistert mit offenen Mündern an. Vereinzelt lösten sich Wortfetzen aus der Stille des Entsetzens: «Zusammen?» – «Voneinander lernen …» – «Unmöglich!» – «Er hat ja keine Ahnung.» – «Was erlaubt der sich eigentlich? Will uns was vorschreiben!» – «*Wir* sind doch die Lehrer!» Da hielten sie also wieder zusammen. Wie konnte ein Schüler es wagen, Lehrern etwas vorzuschlagen? Das geht nicht, da waren sich alle einig.

Ich beschloss, die mitgebrachten Arbeitsblätter auf den Tisch des Adressaten zu legen und das Lehrerzimmer lieber wieder zu verlassen. Während sich die Tür langsam hinter mir schloss, entbrannte aufgeregtes Gegacker. Als wenn eine Ente in einem Hühnerkäfig ein Ei gelegt hätte. Es war einfach zu absurd.

Immerhin wurde die Feindschaft zwischen den beiden

Lehrergruppen halbwegs beigelegt, und Frau Dreyer soll sogar einmal beobachtet worden sein, wie sie mit einem jungen Lehrer über Unterrichtsmethoden sprach. Aber natürlich nur ganz, ganz leise …

DIE HÖHLE DES LÖWEN

Es gibt einen Ort in jeder Schule, der von einem Geheimnis umgeben ist. Ein Ort, an den man nur gelangen kann, wenn man für seltene Aufgaben auserwählt wird. Einen Ort, den nur wenige, die dort hineingingen, jemals wieder dauerhaft verlassen. Dieser Ort schlägt die dort wandelnden Menschen in seinen Bann, er verschlingt sie und lässt sie nie wieder los. Dieser Ort ist das Lehrerzimmer!

Bei uns erhielten Schüler dort nur für seltene Botendienste oder als Bücherträger Zugang, und von außen war er lediglich durch ein paar kleine Fenster, die mit Vorhängen verdeckt waren, einzusehen. So rankten sich allerlei Mythen und Geschichten um dieses Zimmer, in dem die Lehrer ihre Pausen und Freistunden verbrachten. Niemand wusste genau, was sie dort taten. Als ich dort wie gerade beschrieben Arbeitsblätter abliefern sollte und den merkwürdigen Streit des Kollegiums miterlebte, war ich nur in das Vorzimmer eingelassen worden. Dort saßen die meisten Lehrer in den Pausen, denn dort standen sowohl ein Kühlschrank mit Getränken als auch der für die Unterrichtsvorbereitung so wichtige Kopierer. Im hinteren Bereich dieses Raumes befand sich jedoch eine besser als die britischen Kronjuwelen bewachte Tür, eine Tür, die zum Hauptteil des Lehrerzimmers führte. Zu diesem Raum hätte man wahrscheinlich noch nicht mal eine UN-Delegation vorgelassen, wenn diese in der Schule ein geheimes Arsenal von Atomwaffen vermutet hätte. Was hielt man dort versteckt? War dort ein Luftschutzbunker, das Bernsteinzimmer oder einfach nur ein Umschlagplatz für illegal importierte Glühbirnen? Planten die Lehrer dort die Übernahme der Weltherrschaft? Oder standen dort einfach nur ein paar Tische und Stühle in der Gegend herum, auf denen sich ungefähr fünfzig schon in der ersten Pause völlig erschöpfte Lehrer gegenseitig zusicherten, die nächste Doppelstunde mit der 7 b nicht zu überleben?

Das Mysterium Lehrerzimmer lässt Raum für Spekulationen und Verschwörungstheorien. Bei uns waren sich einige Schüler sicher, die CIA leite dort einen Stützpunkt, und alle unsere Lehrer seien in Wahrheit Agenten, die uns nur zur Tarnung unterrichteten. Andere vermuteten eher die Illuminaten und Freimaurer oder Scientology hinter der Verschlossenheit dieses Areals. Manche folgten der Ansicht, Außerirdische wären in unserem Lehrerzimmer gelandet. Da sie aber aufgrund ihres Erscheinungsbildes und einer extraterrestrischen Strahlung, die sie absonderten, tödlich auf normale Menschen wirkten, würden sie sich nur Lehrern zeigen und den Rest der Menschheit durch diese Lehrer lenken.

Was immer es war, es musste eine Angelegenheit von höchster Sicherheitsstufe sein, denn das Lehrerzimmer war der letzte Ort, an den sich kein Schüler je traute. Man blieb, wie von einer unsichtbaren Kraft gebremst, in einem Halbkreis vor der Tür des Lehrerzimmers stehen und ging auch nicht hinein, wenn man einen Lehrer etwas fragen wollte.

Brauchte man einen Lehrer sehr dringend und hatte ihn auf dem restlichen Schulgelände nicht finden können, so sprach man einen anderen Lehrer an, der auf dem Weg in das Lehrerzimmer war, und ließ ihn die Botschaft ausrichten. Erfahrene Schüler machten dies in einem gespielt lockeren Tonfall und verbargen die eigene Unsicherheit angesichts des sich in der Nähe befindlichen Lehrerzimmers.

Lehrer spüren es, wenn ein Schüler Schwäche zeigt. Und wenn es nur ein falsches Wort ist, das der Schüler verwendet. Anfänger begehen zum Beispiel häufig den Fehler und fragen einen Lehrer, ob er mal die Frau Soundso heraus«schicken» könnte. Ist der Lehrer gut gelaunt, übergeht er diesen Fauxpas. Ist er aber gereizt, muss man durchaus mit einem unwirschen: «Ich ‹schicke› schon mal gar keinen!» rechnen. «Ich kann die Frau Soundso heraus*bitten*! Wir sind nicht eure Laufburschen!» Zurück bleibt ein eingeschüchterter Schüler.

Manchmal stand ich die gesamte Pause bangend vor der Tür und wartete, dass der Lehrer, nach dem ich gefragt hatte, endlich herauskommen würde. Bis ich feststellte: Der mit der Suche beauftragte Lehrer hatte seinen Auftrag schlichtweg vergessen. Vielleicht waren aber auch beide Lehrer durch das Tor zur Unterwelt, das sich im Lehrerzimmer mit Sicherheit auftat, verschwunden.

Im Zweifelsfall drückte man das Blatt, das man dem gesuchten Lehrer noch geben wollte, irgendeinem anderen Lehrer in die Hand und fragte: «Können Sie das bitte dem Herrn XY ins Fach legen?» Die meisten Lehrer taten dies erstaunlich bereitwillig. Was immer dieses mysteriöse Fach war, es konnte kein großer Aufwand sein, dorthin zu gelangen. Denn sonst hätte nie auch nur ein Lehrer diesen Auftrag angenommen. Außerdem müssen diese Fächer der Lehrer unglaublich groß gewesen sein, denn wir ließen ständig Dinge ins Fach legen. Oft ganze Stapel von Heftern, die der Lehrer am Vortag hatte einsammeln wollen, die aber natürlich keiner dabeigehabt hatte und die dann mit der Frist des Folgetages doch bitte ins Fach gelegt werden sollten. Gerade in praktischen Fächern wie Kunst wurden schon mal ganze Skulpturen in diese ominösen Fächer befördert. Wahrscheinlich handelte es sich um verzauberte Schubladen, die unendlich groß waren. War es wie bei Harry Potter, und unsere Lehrer waren alles

Zauberer oder sogar Todesser und wir Schüler Muggel, also keine Zauberer, und wussten davon nichts? War das Lehrerzimmer womöglich die Kammer des Schreckens? Trug unser Schulleiter nicht auch eine Halbmondbrille, einen langen weißen Bart und einen weiten Umhang?

Das Lehrerzimmer war, ist und bleibt für jeden Schüler ein Mysterium. Sollte jemals jemand das Geheimnis dieses Ortes lüften, möge er sich bitte an mich wenden.

HEUL DOCH!

Was macht ein Lehrer, wenn Schüler sich danebenbenehmen und er kein anderes Mittel mehr sieht, um Ordnung herzustellen? Richtig. Er trägt die Schüler in das Klassenbuch ein. Das Klassenbuch, die schwarze Liste des Schulapparates. Über dieses Medium kommunizieren Lehrer untereinander die Verfehlungen der Schüler. Und das gnadenlos.

Manche Einträge sind dabei durchaus verständlich, wie zum Beispiel «Justin schlägt wiederholt seine Mitschülerinnen mit einem Lineal auf den Hinterkopf», «Justin hat die Hausaufgaben seines Sitznachbarn angezündet» oder «Justin entkleidet sich während des Unterrichts bis auf die Unterhose. Nach Ermahnungen durch die Lehrkraft, sich wieder anzuziehen, pinkelt er in die Yuccapalme».

Justin ist übrigens nach weiteren Vergehen (Drogenkonsum auf der Schultoilette, sexuelle Belästigung von Fünftklässlerinnen und Diebstahl von Schuleigentum) von der Schule verwiesen worden. Er strebt nun eine steile Karriere als Anführer einer Straßengang an, die momentan nur dadurch aufgehalten wird, dass er wohl noch einige Zeit im Knast sitzen wird, weil selbst bei Anwendung des Jugendstrafrechts noch eine Haftstrafe herausgekommen ist. Dazu kommen eine negative Sozialprognose und sein fehlendes Schuldgefühl. Justin ist ein Beispiel für das Versagen der Gesellschaft, der Eltern und der Schule, einen jungen Menschen auf die richtige Bahn zu leiten. Vielleicht ist er aber auch einfach nur ein riesengroßes Arschloch. Für Justin war der Klassenbucheintrag «Justin: zwanzigmal ohne Hausaufgaben» ein Kompliment.

Andere Klassenbucheinträge waren dann doch eher lächerlich. Neben den Standardformulierungen über fehlende Hausaufgaben und Mitarbeitsverweigerung fanden auch einige Kommentare ihren Weg in das Buch der Bücher, wegen denen sich die Lehrer im Nachhinein wahrscheinlich auch vor ihren Kollegen geschämt haben. Mimosenhafte Anmerkungen, als würde sich ein Huhn darüber beschweren, dass es Eier legen muss. Einträge jener Lehrer, die bei ihrer Berufsbeschreibung den Absatz «Schüler – Zwischen Zielgruppe und Störfaktor» einfach überlesen hatten.

So fand man nicht selten Bemerkungen, wie zum Beispiel: «Daniela gibt eine unverschämte Antwort auf die Frage des Lehrers. Nach einer Ermahnung antwortet sie diesmal sogar schnippisch und frech. Ein ungehöriges Verhalten.» Ein Eintrag, den man am liebsten mit einem langgezogenen und lauten «Oooooooooohhh!» kommentieren möchte. Die armen Lehrer! Das hätte aber auch mal einer sagen können, dass die Schüler nicht immer lieb sind, dem Lehrer die Tasche tragen und jeden Morgen ein Willkommensliedchen trällern. Konnte ja keiner ahnen, dass diese pubertierenden Hormonaggregate auch mal schlechte Laune haben. Und das montags in der ersten Stunde!

Ich hoffe, Lehrer, die Eintragungen wie «Fabio schreibt zu laut», «Ramira kleidet sich zu aufreizend» oder «Thomas schaut aus dem Fenster» zu verantworten haben, an ihren freien Nachmittagen zu einer Selbsthilfegruppe gehen, die sich mit dem Thema «Heul doch! – Wie du deine Empfindlichkeit ablegen kannst» beschäftigt.

Auch über den Kommentar «Alle Schüler ohne Hausaufgaben» sollte man sich als Lehrer Gedanken machen. Ist man nicht vielleicht besser beraten, so etwas nicht in das Klassenbuch zu schreiben? Wie steht man denn da vor den anderen Lehrkräften, wenn man es nicht schafft, die Schüler dazu zu bringen, die Aufgaben zu erledigen? Wenn eine gesamte Klasse inklusive Strebern und anderen fleißigen Bienchen die Anweisungen des Lehrers nicht befolgt, ist es dann nicht eigentlich der Lehrer, der nachsitzen müsste?

Man muss ja auch an den armen Klassenlehrer denken, der aus diesen Einträgen bei wiederholten Verfehlungen einen Brief an die Eltern schreiben muss. Soll er etwa schreiben «Ihr Kind guckt anstatt den Lehrer lieber den großzügig gewählten Ausschnitt Ramiras an. Außerdem hat es wiederholt zu laut geschrieben»?

Jedes halbwegs vernünftige Elternteil würde doch antworten: «Sehr geehrter Herr Lehrer! Was den ersten Punkt angeht, freue ich mich, dass mein Sohn an biologischen Einzelheiten des menschlichen Körpers interessiert ist. Zum zweiten Punkt: Ich bitte Sie und Ihre Kollegen im Unterricht demnächst etwas langsamer zu diktieren, da mein Sohn ab sofort nur noch mit Pinsel und Wasserfarben schreiben wird, um unnötige Geräuschbelästigungen zu umgehen.»

Doch bei manchen Schülern halfen auch wiederholte Klassenbucheinträge nichts. Nun konnte man ja nicht jeden direkt von der Schule werfen so wie Justin, also musste ein anderes Strafsystem her. Unser Schuldirektor dachte sich damals ein raffiniertes Punktesystem aus, bei dem die Erfinder der Bonusmeilen, Payback-Punkte und Treueherzen dieser Welt neidisch geworden wären. Bei drei Klassenbucheinträgen gab es eine schriftliche Rüge, die die Eltern unterschreiben mussten. Drei Rügen wiederum entsprachen einem Tadel. Und bei drei Tadeln wurde eine Konferenz mit Lehrern, Eltern und dem betroffenen Schüler einberufen. Kam es wiederholt zu solchen Konferenzen, konnte der Schulverweis erfolgen. In besonders schweren Fällen auch früher. Meistens jedoch beteuerte der Schüler bei einer solchen Konferenz glaubhaft zerknirscht, sich bessern zu wollen, die Eltern versprachen hoch und heilig, sich intensiver mit dem Kind zu beschäftigen, und die Lehrer kamen zu der Meinung, dass jeder noch eine zweite oder gerne auch eine dritte oder vierte Chance verdient hätte. So bleibt für dieses Strafsystem eigentlich nur der folgende Eintrag ins Klassenbuch der ineffektiven Beschulungsmaßnahmen: «Trotz detaillierter Ausarbeitung des Systems gelang es den Lehrkräften wiederholt nicht, die Strafen in die Tat umzusetzen und Konsequenz zu zeigen.»

DIE LEHRPLANVERSCHWÖRUNG

Wenn im Unterricht mal wieder ein besonders unliebsames Thema durchgenommen wird, kommt bei Schülern nicht selten die Frage auf, warum sie das alles überhaupt lernen müssen. Großteile des Stoffes braucht man nie wieder im weiteren Leben und lernt ihn nur, weil man ihn für das Bestehen der nächsten Klassenarbeit braucht. Danach hört man nie wieder davon und das Gelernte fällt dem Vergessen anheim. Im Volksmund nennt man das Allgemeinbildung.

Lehrer argumentieren dann schon mal gerne mit der Vorbereitung auf das spätere Berufsleben, den Grundlagen, die in der Schule vermittelt würden, und mit der besonders stichhaltigen Aussage, man werde noch früh genug merken, wozu das alles gut sei. Ich hege allerdings leise Zweifel, ob man sich als Zahnarzt oder Fleischfachverkäufer noch einmal dezidiert mit dem aerodynamischen Körperbau des europäischen Flughörnchens auseinandersetzen muss.

Als sich einmal in meiner Klasse einige Mitschüler über eine Hausaufgabe beschwerten (wir sollten die Kanzler der Bundesrepublik Deutschland auswendig lernen), gab ein Lehrer die beste Begründung für die Sinnhaftigkeit des Schulunterrichts meiner Schullaufbahn: «Das lernt ihr jetzt, damit ihr später bei ‹Wer wird Millionär?› die Auswahlfrage richtig beantworten könnt.» Endlich erschloss sich mir der tiefere Sinn meines schulischen Werdegangs: Die Schule bereitete mich darauf vor, bei «Wer wird Millionär?» die Auswahlfrage zu schaffen!

Nicht jeder Lehrer war so kreativ bei der Suche nach dem tieferen Sinn des Lernens: «Das müssen wir machen, weil das im Lehrplan steht.» Lehrer sagen solche Sätze stets mit einer Ehrfurcht in der Stimme, als hätten sie sich gerade nicht auf eine Leitlinie des Bildungsministeriums berufen, sondern auf das Grundgesetz, die UN-Charta und die Bibel gleichzeitig geschworen: «Bei meinem Leben und meinem roten Korrekturstift! Ich schwöre, dass ich kraft meines Amtes Schülern das beibringen werde, was man mir aufträgt, ihnen beizubringen. Meine ewige Treue bis zur Pensionierung gilt dem alles überragenden Lehrplan, in der ersten wie auch in der achten Stunde. Möge dieser stets gefüllt mit Lernstoff sein. Auf dass die Schüler darben bis zum letzten Schulgong! Dies gelobe ich feierlich. So wahr mir die Tafel helfe.»

Der Lehrplan ist allwissend. Einst, als Moses vom Berg Sinai mit den Zehn Geboten zurückkehrte, da verbarg er aus Furcht vor der lernunwilligen Masse das elfte Gebot: «Du sollst nicht vom Lehrplan abweichen!» Als Gott diese Verfehlung Moses' bemerkte, schickte er den Menschen einen Qualitätsprüfer des Bildungsministeriums namens Jesus. Der ließ sich aber von allerlei Wunderheilungen und Wasserüberquerungen ohne Boot von seiner eigentlichen Mission ablenken. Der Lehrplan wurde dann erst viel später den Menschen übergeben, galt dann aber als eisernes Gesetz – zumindest für diejenigen, die hinter dem Lehrerpult standen.

Nicht die kleinste Abweichung wird geduldet, und sollte eine Klasse mit dem Stoff in Verzug geraten, dann wird mit dem Hinweis auf die restlichen Punkte des Lehrplans, die man noch alle abarbeiten müsse, Druck aufgebaut. Selbstverständlich liegt es immer an den Schülern, dass man dem Pensum hinterherhinkt. Niemals kann der Lehrer daran schuld sein. Das ist unmöglich!

So ist der Lehrer der einzige Mensch auf dieser Welt, der den Lehrplan anzweifeln darf. Dies tut er allerdings nur, um sich bei den Schülern beliebt zu machen, indem er zeigt, wie wenig Lust auch er auf das Zeug hat, das er vermitteln soll. Letztlich folgt der Lehrer aber dennoch dem Lehrplan, denn irgendein Sinn muss ja dahinterstecken, selbst wenn Schüler, Eltern und Lehrer ihn nicht so recht erkennen mögen. Flexibilität im System? Wo kämen wir denn dann hin?

Ohnehin würde das die meisten Lehrer vollkommen überfordern. Selbst wenn man herausfinden würde, dass in unseren Adern kein Blut, sondern Tomatensaft fließt, $1 + 1$ nicht gleich 2, sondern gleich 43,758 ist und der Mond aus Tiramisu besteht – nichts würde sich ändern. Da könnte der Kölner Dom durch ein Erdbeben zerstört und das Brandenburger Tor in ein McDonald's Drive-in umgewandelt werden, wir müssten trotzdem noch lernen, wie hoch die beiden Gebäude jeweils sind. Solange es im Lehrplan steht, wird es auch gelehrt. Basta.

Manche, inzwischen reichlich überholte Dinge bleiben so Jahrhunderte lang Teil des Lehrplans. Nur so kann ich mir die immer noch vorhandene Präsenz des Fachs Latein erklären.

Der letzte römische Bildungspolitiker hat einfach kurz vor seinem Tod vergessen, Latein darin durchzustreichen. Na, schönen Dank auch!

DEN HORIZONT ERWEITERN

Schrieben wir eine Klassenarbeit, so dauerte dies je nach Altersstufe zwischen einer und fünf Stunden. Eine lange Zeit, wenn man sich durch die Aufgaben quält, eine viel zu kurze Zeit, wenn man die Arbeit abgeben muss und erst kurz vorher bemerkt, dass das Aufgabenblatt ja auch noch eine Rückseite hat. (Der Autor denkt hierbei schmerzhaft an eine Matheklausur zurück, die er bis fünf Minuten vor Abgabe für sehr einfach, weil sehr kurz, hielt, bis er den angesprochenen Fehler erkannte.)

Legen wir den Schwerpunkt hierbei aber mal nicht auf die vor Aufgaben schwitzende Schülerschaft, sondern auf die anwesenden Lehrkräfte. Offiziell sind diese als Aufsicht eingeteilt, inoffiziell halten sie ihr zweites oder drittes Frühstück ab. Gerne mit streng riechenden Brotaufstrichen, laut knurpsenden Äpfeln, krachenden Keksen und heißen Kaffeegetränken. Das alles wird schmatzend, schlürfend beim Lesen der mitgebrachten Zeitung zu sich genommen. Schön, wenn man sich dabei als Schüler in der ersten Reihe auf die Klassenarbeit konzentrieren will: «Die Summe der – schlürf – Innenwinkel – schlürf – im Dreieck – schmatz – beträgt 180 – knister – Grad. Die Summe – knacks – der Kathetenquadrate – schmatz – ist gleich – hust, hust, schmatz – dem Quadrat über der – schlürf, seufz – Hypotenuse.» Es fehlt nur noch, dass die Lehrer anfangen zu singen oder zu pfeifen.

Schreibt man über mehrere Stunden hinweg, werden die Aufsichtslehrer irgendwann abgelöst. Das geht aber nicht mal eben schnell und leise vonstatten, nein. Da müssen sich die beiden Lehrer noch ausführlich und in ungedämpfter Lautstärke über die schlechte Luft im Raum und über den schon wieder defekten Kopierer unterhalten. Man sieht sich ja sonst so selten.

Wer denkt, das sei schon der Höhepunkt der lehrerbedingten Störungen gewesen, irrt. Fünfzehn Minuten vor Ende der Klassenarbeit fühlen sich die meisten Lehrer dazu berufen, alle dreißig Sekunden die verbleibende Zeit durchzugeben, oft mit dem Zusatz: «Seht zu, dass ihr zum Ende kommt.» Ja, wie denn???!!! Wie soll man denn als Schüler in einer Phase, in der man eh schon genug Stress hat und über die Maßen erschöpft ist, noch einen klaren Kopf und die nötige Konzentration bewahren, wenn der Lehrer die ganze Zeit dazwischenquatscht, wie wahnsinnig wenig Zeit man nur noch hat?! Liebe Lehrer, lasst das! Eine Ansage bei fünfzehn Minuten und eine bei fünf reichen vollkommen aus.

Aber wahrscheinlich ist den meisten Lehrern am Ende einer Klausur einfach langweilig, denn sie haben dann ja nichts mehr zu essen und müssen sich folglich irgendwie ablenken. Es gibt Tiere im Zoo, die entwickeln Verhaltensstörungen, weil sie nicht genug Platz und Beschäftigungsmöglichkeiten haben. Diese Tiere wackeln mit dem Kopf hin und her, tapsen von einem Bein auf das andere oder laufen gereizt im Gehege auf und ab. Lehrer rufen halt die verbleibende Zeit in den Raum. Das ist wohl ihre Art, mit dieser Situation fertigzuwerden.

Aber wer kann sich dabei noch konzentrieren? Lehrer stört es doch zu Hause mit Sicherheit auch, wenn sie bei der Klausurkorrektur sitzen und dauernd jemand hereinkommt. Da hat es sich der Lehrer gerade gemütlich gemacht, Kaffee und Kekse stehen bereit, die Hefte liegen auf dem Tisch. Gerade als er anfangen will, kommt seine kleine Tochter mit einem blutenden Knie hereingestürmt. «Ein triftiger Störungsgrund», notiert sich der Lehrer in Gedanken und kümmert sich um das schluchzende Kind. Kaum ist er wieder an seinen Schreibtisch zurückgekehrt, klingelt das Telefon. Die Frau des Lehrers will wissen, ob er denn schon einkaufen war, was dieser verneinen muss. Kurz darauf steht er im Supermarkt an der Kasse und hat noch immer keine einzige Klassenarbeit korrigiert. Wieder zu Hause, ist der Kaffee natürlich kalt und muss neu aufgebrüht werden. Dann endlich kann die Klausurenkorrektur beginnen. Nach einer halben Seite stupst den Lehrer etwas in die Seite. Der Hund möchte Gassi gehen und zeigt winselnd an, dass es dringend ist. Also los. Erst nach dem Abendbrot kommt der Lehrer wieder dazu, weiterzuarbeiten, schaut dabei allerdings den Tatort, weshalb er sämtliche Klausuren am nächsten Tag nochmal durchgehen muss, weil er zu unaufmerksam war.

Wahrscheinlich läuft die Korrektur genau so. Sonst wären die Lehrer ja schneller damit fertig. Oft warteten wir Wochen auf unsere Arbeiten. In Englisch haben wir sogar mal auf dem Halbjahreszeugnis keine Note gehabt, weil es unser Englischlehrer nicht geschafft hatte, die Klassenarbeiten vor der Notenkonferenz zu korrigieren. Folgen? Natürlich keine.

Jeder Angestellte, egal welcher Firma, hätte zumindest eine Abmahnung, wenn nicht die Kündigung bekommen, wenn er derart mit seiner Arbeit in Verzug gewesen wäre. Aber in der Schule ist das alles etwas anders.

Wäre die Schule ein System der freien Marktwirtschaft, die Angebotsseite müsste einiges ändern, damit die Nachfrage nicht in den Keller geht. Als Erstes würde ein Unternehmensberater wohl empfehlen, Korrekturen von Klassenarbeiten oder Tests zügig zu Ende zu bringen.

Aber so mancher Lehrer reizte die Schülergeduld lieber bis aufs äußerste. In der DDR wartete man von der Bestellung eines Trabis bis zu dessen Lieferung nicht so lange wie wir auf unsere Klausuren. Und nachzufragen half überhaupt nicht. Als wir in der fünften Klasse waren, bekamen wir immer die Antwort: «Die Klausuren der Schüler der Stufe dreizehn müssen zuerst korrigiert werden, weil die kurz vor dem Abitur stehen.» In der Stufe dreizehn erklärte man uns dann, dass die Klassenarbeiten der Fünftklässler vorgingen, weil die doch noch so klein wären und nicht so lange warten könnten. Irgendwann haben wir da wohl etwas verpasst.

Bekam man die Arbeiten nach gefühlten Jahren zurück, war man nicht selten erstaunt über die Beurteilungskriterien und das Ergebnis selber. Denn ab einem bestimmten Zeitpunkt gab es die sogenannten Erwartungshorizonte. Darin war vermerkt, was der Schüler – im Erwartungshorizont «Prüfling» genannt – alles hätte schreiben müssen. Für jedes Kriterium gab es eine bestimmte Anzahl von Leistungspunkten. Das sollte objektiv und neutral wirken. Der Effekt: Früher las ein Deutschlehrer eine Arbeit und bestimmte die Note nach Gefühl und Sympathie. Heute liest der gleiche Deutschlehrer eine Arbeit, bestimmt eine Note nach Gefühl und Sympathie und schaut dann, wie er das im Erwartungshorizont unterbringen kann.

Das ist nicht nur eine Vermutung meinerseits – das habe ich genau so von einer Lehrerin und von unabhängigen Quellen beglaubigt gehört. Sie sagte damals: «Früher habe ich die Noten immer geschätzt. Das hatte man so im Gefühl, was zum Beispiel eine 2 ist. Heute arbeite ich die Kriterien des Erwartungshorizonts durch und streiche mal hier und mal da ein paar Leistungspunkte weg. Meistens kommt dann da, wo ich nach dem Lesen gefühlt eine 2 gegeben hätte, dann auch eine 2– oder 3+ heraus.» Es ist doch schön zu wissen, dass es objektive Bewertungskriterien gibt.

Und die gab es in jedem Fach. Auch in Fächern, bei denen

man bisher dachte, es existiere nur richtig und falsch. Im Erwartungshorizont für Mathe standen dann Sachen wie: «Der Prüfling löst die Aufgabe korrekt unter Berücksichtigung der im Unterricht erlernten Grundregeln der Mathematik.» Ja, was bitte schön soll man in einer Mathearbeit sonst machen? Die Buchstaben der Aufgabenstellungen in verschiedenen Farben anmalen oder was?! (Okay, das hätte mal Spaß gemacht.) Ohne den Erwartungshorizont wären unsere Lehrer bei der Korrektur ja nie draufgekommen, dass wir die Aufgaben richtig rechnen sollen!

Eine weitere Schwachstelle: Wenn man in einer Klassenarbeit, etwa in Deutsch, besonders viel geschrieben hat, worauf der, der den Erwartungshorizont erstellt hatte, aber gar nicht gekommen war, oder man einen anderen, aber gut begründeten Interpretationsschwerpunkt ausgemacht hat als dieser, dann bekommt man dafür keine Punkte.

«Halt!», wird da der ein oder andere Lehrer vielleicht sagen. «Dafür gibt es doch die Punkte für ‹weitere aufgabenbezogene Kriterien›.» Ja, herzlichen Glückwunsch! Davon gibt es genau vier Stück. Selbst wenn man die alle von einem gnädigen Lehrer für eine geniale, aber von der Vorgabe abweichende Lösung bekommt, so wiegt das nicht die acht Punkte auf, die man bei der vermeintlich «richtigen» Interpretation verloren hat. Wobei das Wort Interpretation doch eigentlich schon zeigen sollte, dass es keine eindeutige Lösung geben kann. Wenn es die gäbe, müsste man schließlich nicht mehr interpretieren! Die Reklamation ist aber meist sinnlos. Der durchschnittliche Lehrer antwortet dann gerne: «Da kann ich nichts dafür, das steht so im Erwartungshorizont.»

«Wer hat den Erwartungshorizont denn erstellt? Das Ministerium?», habe ich mal nachgefragt.

Die Antwort des Lehrers war so einfach wie verblüffend: «Nein, den hab ich selbst erstellt.»

Der Lehrer kann also nichts für den von ihm selbst erstellten Erwartungshorizont. Und nur, weil dem Lehrer beispielsweise das unheimlich wichtige Stilmittel in der dritten Strophe eines zu analysierenden Gedichts nicht aufgefallen ist, sondern er den Schwerpunkt seiner Beurteilung auf das Reimschema der ersten Strophe gelegt hat, bekommt man dann eine schlechtere Note.

Da konnte man nur hoffen, dass man einen Lehrer hatte, dem die gleichen Dinge auffielen wie einem selbst, oder dass man mit der Zeit lernte, was der Lehrer in einer Klausur hören wollte. In dem Fall hat das gar nichts mit Einschleimen zu tun, wenn man dem Lehrer nach dem Mund schreibt. Es ist einfach nur Taktik. Und die weitere Ausbreitung von standardisierten Vorgaben und Erwartungstabellen lässt diese Taktik leider wichtiger werden als Kreativität und kritische Gedanken. So geht es trotz eines bekannten Liedes hinterm (Erwartungs-)Horizont eben doch nicht weiter. Denn dafür gibt es keine Leistungspunkte.

ALLER ANFANG IST SCHWER

Referendare – ein gefundenes Fressen für jeden Schüler. Ein nur wenige Jahre älterer und lediglich ein Lehramtsstudium entfernter Junglehrer, der völlig verunsichert und planlos vor der Klasse steht, muss ja geradezu zum Opfer von Störungen, Lustlosigkeit und Abwesenheit seitens der Schüler werden. Aber da immer noch der so sehr gefürchtete Lehrermangel herrscht, werden diese Frischabsolventen völlig unvorbereitet in den harten Schulalltag geworfen. Das nennt sich dann EVU – also Eigenverantwortlicher Unterricht. Man könnte einen Pandabären auf die A1 stellen, er wäre wahrscheinlich weniger hilflos als so mancher Referendar.

Paradebeispiel dafür und Gewinner der Auszeichnung «Angeschossener Pinguin», die für das ungeschickteste und hilfloseste Verhalten eines Lehrers jährlich vergeben wird, war bei uns Herr Weitzel. Er durchlief innerhalb kürzester Zeit die typischen Phasen einer Lehrkraft am Anfang ihres Berufsweges. Es begann mit Phase 1. Der Referendar, also Herr Weitzel, hatte noch keine Ahnung von der Schule – zumindest nicht davon, was es hieß, auf der anderen Seite des Lehrerpults zu stehen. Komischerweise schien er sich an seine eigene Schulzeit, die noch gar nicht so lange her sein konnte, nicht mehr richtig zu erinnern. Vielleicht eine Art Verdrängungsprozess, ohne den er es niemals fertiggebracht hätte, Lehrer zu werden. Die Erinnerung an die eigene Schule und die damit verbundenen Qualen legt jeder Lehramtsstudent wohl (vielleicht in einem eigens dafür entwickelten Seminar?) während des Studiums ab und sieht die Schule plötzlich als den Ort seiner zukünftigen Selbstverwirklichung an. So auch Herr Weitzel. Er hatte sein Studium mit einer einigermaßen guten Note bestanden und schwankte zwischen Selbstvertrauen und Verunsicherung. Wahrscheinlich nahm er sich am Abend vor seinem ersten Schultag als Lehrer vor, ein besonders guter und konsequenter Lehrer zu sein. Mit diesem Vorsatz startet aber wohl jeder Lehrer in seine Berufslaufbahn. Daran ist ja auch nichts auszusetzen, allerdings trägt dieser Vorsatz einen fast unüberwindbares Dilemma in sich: Er ist nur sehr schwer umsetzbar. Sollte man eher der Kumpeltyp sein, der mit seinen Schülern auf Augenhöhe steht? Oder ist die Rolle als strenger Pauker die bessere? Dieser innere Konflikt war es vermutlich, der Herr Weitzel am ersten Unterrichtstag mit Baseball-Kappe, Sonnenbrille (obwohl es regnete), einem locker sitzenden, gelben T-Shirt mit dem vielsagendem Aufdruck «Mr. Cool» und einer hellbraunen Cordhose erscheinen ließ. Außerdem hatte er sich eine lederne Aktentasche zugelegt, und die Art, wie er sie trug, zeigte, wie sehr er sich immer schon gewünscht hatte, eine solche Tasche als Lehrer zu besitzen.

So, wie er den Klassenraum betrat, so unterrichtete Herr Weitzel auch: wirr und unverständlich – wenn auch ohne Sonnenbrille. Er stolperte von einem Versprecher zum nächsten und dann auch noch über seine Aktentasche. Zwischendurch warf er immer wieder verzweifelte Blicke auf seinen Unterrichtsplan, den er sorgfältig auf dem Lehrerpult ausgebreitet hatte. Doch seine geplante Struktur war mit seiner Sonnenbrille anscheinend in seiner Tasche verschwunden. Wie eine Ente, der man ein Stück Brot zuwirft, hetzte er von Unterrichtsminute zu Unterrichtsminute und war schon nach wenigen Augenblicken schweißgebadet. «Mr. Cool» war nun alles andere als das und sehnte ziemlich offensichtlich das Ende der Stunde herbei.

Die erste Phase der Lehrerentwicklung dauert bei jedem Lehrer genau diese eine erste Stunde.

In den darauf folgenden Stunden, die die zweite Phase charakterisieren, merkt der Lehrer dann meist schnell, dass er alles, was er auf der Uni gelernt hat, ohne Gewissensbisse sofort vergessen darf. Herr Weitzel probierte in dieser Zeit alle möglichen Methoden aus und verfiel letztlich doch auf das beste und altbewährte Mittel, um die Schüler zur Mitarbeit zu bewegen. Er versprach uns: «Wenn ihr bei meiner Lehrprobe gut mitmacht, dann bringe ich danach Süßigkeiten mit.»

Die erste Lektion hatte er also schon gelernt. Die Schüler bestechen, solange sie einem etwas anhaben können. So eine Lehrprobe ist für Referendare verdammt wichtig, und als Schüler hat man dort die eine oder andere Gelegenheit, den weiteren Werdegang des Prüflings zu versauen. Und ja, das wird ausgenutzt. Später, wenn der Lehrer einmal im Job ist, hat er alle Macht der Welt über die Schüler, da muss man sich eben dann, wenn es noch geht, zur Wehr setzen.

Wir versprachen also, in der Lehrprobe ganz lieb zu sein oder zumindest relativ pünktlich zu erscheinen. Der Tag der Lehrprobe rückte näher. Phase 3 der Lehrerentstehung nahm ihren Lauf: die alles entscheidende Prüfung. Während meiner gesamten Schullaufbahn gab es übrigens keinen einzigen Lehrer, der diese Prüfung nicht bestanden hätte. Alle kamen irgendwie durch, und bei manchen fragte ich mich dann doch im Nachhinein: Hätte ich das nicht verhindern müssen?! Allein schon aus Solidarität gegenüber den zukünftigen Schülern dieses Lehrers?

Herr Weitzel begann seine Lehrprobe mit einer kurzen Filmsequenz. Ein positiver Eindruck zu Beginn, repräsentiert durch den Einsatz verschiedener Medien, das war wichtig, und das wusste Herr Weitzel. Er hätte aber vielleicht doch vor dem Filmstart wenigstens mal «Guten Morgen» sagen oder zumindest so lange warten können, bis seine Prüfer überhaupt da waren. Die waren nämlich auch am Ende der Filmsequenz immer noch nicht erschienen. Da fiel es Herrn Weitzel siedend heiß ein: «Scheiße, verdammte Kacke, so ein Mist – das habt ihr jetzt mal nicht gehört, Leute. Ich sollte die Prüfer ja vom Lehrerzimmer abholen. Du heiliger Affenhintern.»

Er hetzte also aus der Klasse und kehrte wenig später mit hochrotem Kopf und in Begleitung dreier streng dreinblickender Prüfer zurück. Nun vollends verunsichert, setzte er den Unterricht fort und zeigte die Filmsequenz nach einem kurzen Kampf mit dem DVD-Player ein zweites Mal. Danach gelang es ihm gerade noch, eine Folie auf den Tageslichtprojektor zu legen und einige dahingestotterte Fragen zu stellen, die er so unverständlich vor sich her nuschelte, dass kein Schüler auch nur die Chance hatte, sich zu melden. Schließlich wagte es Ramira, ihre Hand zu heben. Herr Weitzels Augen strahlten sie hoffnungsvoll an. Sollte dies der erste sinnbringende Wortbeitrag der Stunde werden? «Äh, ja, Rafaela, bitte. Äh, Frage beantworten? Du? Äh, gerne, du hast, äh, das, äh, Wort.»

Und Ramira antwortete selbstsicher: «Also erst mal heiße ich Ramira und nicht Rafaela.» – Herr Weitzels Gesicht wurde noch röter, als es ohnehin schon war. – «Zweitens habe ich keine ihrer Fragen verstanden.» – Herr Weitzels Gesicht wurde nun weiß. – «Und drittens wollte ich eigentlich nur fragen, ob ich mal auf Klo gehen könnte?» – Herr Weitzel wurde grün und nickte matt.

Kaum hatte Ramira den Raum verlassen, gongte es zum Ende der Stunde, wir Schüler sprangen erleichtert auf und liefen zur Tür, Herr Weitzel warf uns noch verzweifelt einen Stapel Arbeitsblätter mit den Hausaufgaben hinterher, wobei er sich an der Birne des Projektors die Hand verbrannte. Er bewahrte einigermaßen Haltung vor den noch anwesenden Prüfern, was sich schlagartig änderte, als Daniela noch einmal zurückkam, die Prüfer und Herrn Weitzel anschaute und sagte: «Sie denken aber an die versprochenen Süßigkeiten nächste Stunde, oder!?» Herr Weitzel war sich in diesem Moment wohl nicht so sicher, ob es noch eine nächste Stunde geben würde und schien der Ohnmacht näherzustehen als ein Patient unter Vollnarkose auf einem OP-Tisch im Krankenhaus.

Das Ergebnis der Prüfung erreichte uns Schüler so schnell wie überraschend: Herr Weitzel hatte bestanden. Mit einer 3-. Was bitte muss man anstellen, um durchzufallen? Lehrer werden anscheinend doch dringender gesucht als eine Lösung im Nahostkonflikt, denn Herr Weitzel war durchaus kein Einzelfall. Aber was soll man schon tun, wenn Lehrermangel herrscht und man keine Alternativen hat?! Da muss man halt alle nehmen, die sich für diesen Job bereit erklären, und selbst dann gibt es immer noch nicht genug.

Deshalb ist irgendein schlauer Kopf auf eine geradezu geniale Idee gekommen: Quereinsteiger. Quereinsteiger sind Leute wie du und ich, die eigentlich einen anderen Beruf als den des Lehrers gelernt haben, zum Teil auch schon lange darin arbeiten und die entweder aus purem Spaß an der Sache, aus mangelndem Erfolg oder sonst welchen Gründen beschließen, dass Lehrer plötzlich doch ihr Traumberuf sein muss. Diese Menschen sperrt man dann drei Monate in einen Raum mit ein paar Pädagogen und heraus kommen: perfekte Lehrer. Ohne lästiges Studium oder Referendarzeit. Diese Leute kommen ja schließlich aus dem Leben und haben Berufserfahrung. Wer als Chemiker in der Pharmaindustrie malocht hat, der kann doch auch mit Schülern umgehen. Der hat zwar unter Umständen noch nie etwas anderes als seinen Labortisch gesehen und nimmt wahrscheinlich aus Solidarität mit seinen Laborratten die gleichen Testmedikamente wie jene ein, aber was soll's? Der weiß doch bestimmt trotzdem, wie man ein Thema präsentiert und es für Schüler interessant und verständlich aufbereitet. Dann unterrichtet er eben Chemie, das kann er ja, und zusätzlich unterrichtet er noch Deutsch, weil das schließlich seine Muttersprache ist, und die wird er wohl beherrschen. Außerdem fehlen gerade Deutschlehrer.

Nach dieser Logik könnte man eigentlich auch einen Blinden engagieren, um das Endspiel der Fußballweltmeisterschaft zu pfeifen. (Okay, Letzteres ist vielleicht tatsächlich schon mal passiert.)

Selbstverständlich kann dieses Quereinsteigersystem nicht gutgehen. Denn die meisten Quereinsteiger wissen nicht, dass man mit Schülern sprechen muss, damit sie antworten, oder sie glauben, dass Präsentationstechniken und Einbindung der

Schüler nur auf der Waldorfschule praktiziert werden, und sind ganz verwundert, wenn die erste Klassenarbeit schlecht ausfällt. Vielen ist nicht bewusst: Sie halten nicht mehr die Quartalszahlen eines Autohauses oder die Zusammensetzung eines neuartigen, schlaffördernden Medikaments in einer Excel-Tabelle fest, sondern stehen vor leibhaftig anwesenden Schülern – und werden selber zur Schlaftablette. Auch wenn wenige Ausnahmen mit Sicherheit die Regel bestätigen, so verdrehen die meisten Schüler und auch die Kollegen mit Lehramtsstudium angesichts dieser Didaktikallergiker doch eher die Augen und wünschen sich, sie bald wieder loswerden und durch geeignetere Lehrkräfte ersetzen zu können – zum Beispiel Papageien, die sprechen oder Pferde, die durch Hufscharren Rechenaufgaben lösen können. Alles, was irgendwie besser ist als diese ungelernten Quereinsteiger.

HILFE, MEINE LEHRERIN IST EINE STALKERIN!

Ich sah sie während meiner Schulzeit jeden Tag, außer am Wochenende. Wenn ich zur Schule ging, war sie da. Wenn ich nicht dorthin ging, sondern – natürlich ausnahmsweise – mal schwänzte, dann begegnete ich ihr ebenfalls und wurde von ihr daran erinnert, wo ich eigentlich gerade sein sollte. Aufgrund meiner unglaublich geringen Fähigkeiten, zu schwänzen, ließ ich es nach wenigen Versuchen ganz bleiben. Es ging auch gar nicht. Ich wohnte fast neben der Schule und wenn ich nicht im Unterricht war, traf ich nachmittags garantiert irgendeinen meiner Lehrer, wenn ich gerade den Müll rausbrachte, der mir peinliche Fragen stellte.

Meist handelte es sich dann um die schon angesprochene Dame, die van der Held hieß und meine Politiklehrerin war. Zwar bezweifle ich, dass sie mich systematisch verfolgte, aber sie war eindeutig etwas überengagiert in der Kontaktaufnahme mit ihren Schülern. Es gab eine Zeit, in der fuhr sie zu jedem kranken Schüler persönlich hin und brachte ihm die verpassten Aufgaben vorbei. Sehr zur Freude des jeweiligen Schülers, wie man sich denken kann.

Doch irgendwann war das nicht mehr nötig, denn sie entdeckte das Internet und damit den E-Mail-Verteiler für sich und ihre Zwecke. Ab diesem Moment machte sie alles, aber auch wirklich alles über diesen Verteiler. Jedes Tafelbild wurde abfotografiert und per Mail verschickt, jedes Arbeitsblatt erreichte uns elektronisch, und auch die Ergebnisse von Klassenarbeiten sendete sie über das Internet. Selbst wenn ihr am Nachmittag noch eine Hausaufgabe einfiel, schrieb sie uns eine E-Mail und erwartete, dass wir diese am nächsten Tag bearbeitet hatten. Ich habe sie nie gezählt, aber ich glaube, zwei Drittel meiner Mails kamen von Frau van der Held. Ihrem Nachnamen alle Ehre machend nervte sie uns so wie ein holländischer Wohnwagen im Urlaubsreiseverkehr mit 65 km/h auf der linken Spur.

Und ihre E-Mails kamen nicht nur zu normalen Bürozeiten. Nein! Auch nachts um drei oder morgens um halb fünf erreichte einen die ein oder andere hochwichtige Nachricht. Und wehe, man hatte die am nächsten Tag noch nicht gelesen oder irgendwelche mitgeschickten Blätter nicht ausgedruckt!

Leider entdeckten immer mehr Lehrer diese Kommunikationsmöglichkeit und ließen ihre Kopierkosten zulasten unserer Druckerkosten sinken. «Sollen doch die Schüler den Kram ausdrucken, dann muss ich mich nicht mehr mit dem Kopierer herumschlagen», haben sich die Lehrer wahrscheinlich gedacht.

Einerseits bieten sich durch diese Verteiler mit Sicherheit auch viele positive Möglichkeiten, wenn man aber irgendwann – wahrscheinlich nachts um Viertel vor vier – eine

E-Mail bekommt, in der für alle einsehbar die Noten der letzten Klassenarbeit stehen, und man mehr Mails von einer Lehrerin als Werbemails für Billigurlaube und fadenscheinige Erbschaften in Ostafrika bekommt, dann bereut man den Augenblick, in dem man den Lehrern seine E-Mail-Adresse gegeben hat, und überlegt, die Lehrermails automatisch in den Spamordner verschieben zu lassen.

Als Schüler möchte man doch nicht immer und überall für den Lehrer erreichbar sein und dauernd per E-Mail mehr Aufgaben geschickt bekommen!

Doch all dies sollte nur der Anfang einer größeren Katastrophe werden. Am 26. Oktober 2010 um 23:57 Uhr (ich erinnere mich noch sehr genau, denn es war ein traumatisches Ereignis) öffnete ich meinen Facebook-Account und las eine Benachrichtigung, die mein Leben verändern sollte: «Angelika van der Held hat dir eine Freundschaftsanfrage geschickt.»

Da saß ich nun. Ich konnte doch nicht meine Politiklehrerin als Freundin bei Facebook hinzufügen! Klar, Facebook-Freunde und richtige Freunde sind nicht das Gleiche, aber dann könnte sie ja alles sehen, was ich schreibe, und noch schlimmer: Ich könnte lesen, was sie so von sich gibt.

Darauf wollte ich gerne verzichten. Ich hatte keine Lust auf Nachrichten wie «Angelika van der Held gefällt *Polittalk – Das Magazin*» oder «Angelika van der Held hat den Unterricht für morgen fertig vorbereitet und backt nun mit ihrer Tochter einen Schokokuchen».

Es ist ja schön und gut, wenn Lehrer sich mit moderner Technik auseinandersetzen und diese auch benutzen, aber bitte, es gibt Grenzen! Ein Klempner schreibt ja auch nicht seinen Kunden auf Facebook, wie erfolgreich er gerade eine Eckmuffe im Badezimmer von Familie Meier ausgetauscht hat! Und ich habe auch noch nie davon gehört, dass ein Gas- und Wasserinstallateur seine Kundendatei dazu nutzt, auf

Facebook zur Veranstaltung «Wasserschaden in der Karl-Marx-Allee» einzuladen.

Aber so mancher Lehrer fühlt sich eben berufen, auch außerhalb der Schule Kontakt zu seinen Schülern aufzubauen. Vielleicht ist das alles aber auch nur ein Teil der Taktik der Schulmafia und der Lehrer-Stasi, die die Schüler mürbe machen soll, damit sie gar nicht erst auf dumme Gedanken kommen. Immer frei nach dem Motto: Wer im Unterricht stört, dem schickt der Lehrer am Nachmittag mindestens zehn Facebook-Spieleinladungen.

Da sind mir dann ehrlich gesagt diejenigen Lehrer lieber, die von alldem keine Ahnung haben und allein beim Wort Facebook zusammenzucken und peinlich berührt eingestehen, dass sie das nicht verstehen, weil sie kein Französisch sprechen.

Besonders unser Computerfreak Jonas mochte Lehrer, die elektronische Medien großflächig nutzten und beherrschten, nicht. Wahrscheinlich weil er es vermissen würde, zu Rate gezogen zu werden, wenn ein Lehrer, der ausnahmsweise mal auf Technik zurückgreift, wieder mal nicht klarkommt. Er äußerte sogar mal, dass er am liebsten Frau van der Helds Computer hacken würde und ihre E-Mail- und Facebook-Accounts löschen wollte.

Wenige Tage später kam Frau van der Held völlig verzweifelt in die Klasse und berichtete, ihr Computer habe einen Virus, und nichts gehe mehr. Das *kann* Zufall sein …

DER LEHREROLYMP

Die alten Griechen glaubten an ihnen sehr ähnliche Göttergestalten, die mit allzu menschlichen Lastern ihre Freizeit verbrachten und den Menschen dennoch überlegen waren.

Zog man in den Krieg, stand eine wichtige politische Entscheidung an oder hoffte man auf eine gute Ernte, so war man von der Gunst der Götter abhängig und musste nach ihrem Willen leben.

Als die alten Griechen diesen Glauben langsam ablegten, verloren auch die Götter ihre Macht und mussten sich ein anderes Betätigungsfeld suchen. Sie wollten aber ihren Einfluss auf andere und die eigene Unfehlbarkeit nicht aufgeben und beschlossen daher, Lehrer zu werden. Zwar sind die Lehrer der heutigen Zeit schon lange keine unnahbaren Götter mehr – auch wenn manche sich dafür halten –, aber das Abhängigkeitsverhältnis blieb bis heute bestehen.

Die meisten Lehrer befürworten natürlich einen ehrlichen und kritischen Umgang mit den Schülern, bei dem auch die Schüler mal dem Lehrer ihre Meinung sagen dürfen. Theoretisch. Passiert dies dann aber in der Praxis, reagiert die Mehrheit der Lehrer verschnupft. Die Konsequenzen für den Schüler werden bald sichtbar: Die Sympathie des Lehrers sinkt, der Schüler wird seltener im Unterricht drangenommen und bekommt ergo schlechtere Noten. Wer da als Schüler nicht schnell ein Brandopfer auf dem Schulaltar darbringt, hat verloren, denn den Zorn der Lehrer will man normalerweise nicht auf sich lenken. Besonders gefährlich ist Kritik am Lehrer übrigens genau in einem Moment: Wenn sie berechtigt ist. Und vor allen Dingen, wenn der Lehrer das auch weiß. In einem solchen Augenblick würde jeder Lehrer am liebsten Blitze und Seuchen auf die armseligen Schülerkreaturen werfen. Da er diese aber nicht im Programm hat – im Lehramtsstudium wird Blitzewerfen seit 1975 nicht mehr gelehrt –, bedient er sich Strafarbeiten und schlechter Noten.

Halt! Habe ich Strafarbeiten gesagt? Das ist natürlich falsch! Es gibt ja keine Strafarbeiten mehr in deutschen Schulen; Strafarbeiten wurden offiziell abgeschafft. Was früher einmal Strafarbeit hieß, wird jetzt PÜ, «Pädagogische Übung», genannt. Klingt eleganter, ist aber genau dasselbe.

Lehrer befinden sich eben in intellektuellen und pädagogischen Sphären, in die ein normaler Schüler gar nicht vordringen kann. Beispielsweise benutzen die meisten von ihnen eine eigenartige Hieroglyphenschrift. An der Tafel schwer zu entziffernde Krakeleien, die Schüler abschreiben müssen, sind an der Tagesordnung; manche Lehrer stellen sogar Klassenarbeiten handschriftlich. Da wird beim Abschreiben von Vokabeln von der Tafel schnell mal aus einem unleserlichen «forest» ein «tanerf» oder aus einer «mouse» eine «wonre». Wie soll man da im Vokabeltest jemals volle Punktzahl erreichen!?

Die schwierigste Aufgabe, die uns unser Geschichtslehrer Herr Löchel einmal stellte, bezog sich auf die attische Demokratie. (Ha! Schon wieder das antike Griechenland! Das muss doch zusammenhängen!) Herr Löchel schrieb einige Worte in griechischen Buchstaben mit dazugehöriger Übersetzung an die Tafel. Woraufhin sich uns die alles entscheidende, aber unlösbare Frage stellte: Was war Griechisch, was war Deutsch?

Ich habe zwar selbst eine unglaubliche Sauklaue und dürfte mich über das Geschreibsel von Lehrern eigentlich nicht beschweren. Im Gegensatz zu den Lehrern kann ich aber eine Entschuldigung vorbringen, denn eine Lehrerin diagnostizierte mit Blick auf meine Handschrift einmal messerscharf: «Malte, du hast eine feinmotorische Störung.»

Na, danke. Und das sagt dieselbe Dame, die wenig später eine Grammatikregel an die Tafel schreibt, bei der das einzige lesbare Wort ein «und» ist.

Aber was das angeht, sind Lehrer eben nicht anders als Ärzte oder andere Berufsgruppen mit unleserlicher Handschrift. Es gilt stets die Ausrede: «Also *ich* kann das lesen.»

Wenn man das Tafelbild nicht entziffern kann oder im Unterricht mal wieder nur Bahnhof versteht, geht man besser automatisch davon aus, dass man selber der Idiot ist, statt dem Lehrer ein gewisses Erklärungsdefizit zu unterstellen. Denn jeder Lehrer wird einem ganz schnell klarmachen: «Ich nix Defizit. Du kriegst gleich ein Defizit, und dann bleibst du sitzen, kriegst keinen Abschluss, landest auf der Straße, und deine Kinder müssen in der Fußgängerzone Panflöte spielen, weil die Peruaner das schon längst nicht mehr machen wollen. Willst du das?»

Wenn allerdings sämtliche Toleranzgrenzen überschritten worden sind und es wirklich allzu absurd wird, muss man dem Lehrer einfach widersprechen. So ist es wohl für kaum einen Schüler nachvollziehbar, wenn eine Facharbeit vom Lehrer mit den Worten zurückgegeben wird: «Es gab Abzüge. Die Facharbeit ist leider zu wissenschaftlich.» ZU WISSENSCHAFTLICH!!! Das lasse man sich einmal auf der Zunge zergehen. Wahrscheinlich klagt derselbe Lehrer nach einem Schwimmbadbesuch darüber, das Wasser sei zu flüssig gewesen.

Andererseits: Vielleicht ist die Beurteilung «zu wissenschaftlich» gerade in Zeiten von akademischen Plagiatsaffären das offizielle Gütesiegel, um sich als Ghostwriter für Promovierwillige zu empfehlen. Ich werde meine Karrieremöglichkeiten diesbezüglich nochmal überprüfen.

Letztlich kann es den Lehrern aber auch egal sein, ob man ihre Beurteilungen anzweifelt. Das Einzige, was man durch eine offizielle Beanstandung erreicht, ist eine Zweitkorrektur der Arbeit durch einen anderen Lehrer, der seinem Kollegen bestimmt nicht in den Rücken fallen wird. Außerdem muss man bedenken, dass man den Lehrer danach ja auch weiter im Unterricht hat. Also lieber schweigen und akzeptieren: Lehrer sitzen am längeren Hebel. Dafür kann man dann mit anderen Schülern umso besser über diese Lehrkraft lästern. Das ist doch auch schon mal was.

Lehrer haben immer recht, und wer das nicht einsehen will, muss eben den Schulhof fegen. Das war bei uns an der Schule jedenfalls die Strafe für ungehöriges Verhalten oder Verstöße gegen die Hausordnung. Und irgendein Grund findet sich für die Verhängung einer solchen Strafarbeit – Verzeihung, pädagogischen Übung – immer.

«ICH MAG EUCH, WEIL IHR DUMM SEID!» – DIE SCHÜLER

ARBEITSVERMEIDUNG

Lehrer sind ja nur die eine Seite des Unterrichts. Auf der anderen sitzen die Schüler. Ihre Aufgabe ist es aus Sicht der Lehrkräfte, sich als Profischüler zu verhalten. Als Menschen, deren Beruf es ist, zur Schule zu gehen. Frei nach dem Motto: G8 statt Hartz IV. Wir sollen es folglich als unsere Pflicht empfinden, immer pünktlich zu erscheinen, engagiert den Unterricht zu verfolgen, unserem Chef, also dem jeweiligen Lehrer, nach dem Mund zu reden und das Lernen als unsere Hauptbeschäftigung anzusehen.

Meine Frage, ob wir denn auch wie alle anderen normalen Angestellten eine eigene Kaffeeküche bekommen würden, blieb unbeantwortet. Ebenso wie die Nachfrage, warum wir nicht bezahlt würden, wenn Schülersein unser Beruf sei. Und auch einen richtigen Leitfaden, wie man denn ein Profischüler ist, gab uns keiner an die Hand. Es kamen lediglich Tipps, wie z. B. Ratschläge dahingehend, die Zeit richtig einzuteilen und ökonomisch zu arbeiten. Das ist aber gar nicht so einfach. So ein Schüleralltag kann ganz schön hart sein – skizzieren wir doch einmal im Folgenden einen ganz normalen Mittwochnachmittag.

Die Schule ist aus, und der Schüler sitzt in seinem Zimmer. Er will gerade anfangen, seine Hausaufgaben zu machen, da fällt ihm doch glatt auf, dass er noch den Schreibtisch aufräumen müsste – wohin sollte er sonst auch die Aufgabenblätter legen? Er beginnt also mit dem Aufräumen und stößt nach drei weggeräumten Teilen auf eine alte Liste, auf der Sachen notiert sind, die er eigentlich schon vor drei Wochen erledigt haben wollte. Ordentlich, wie er ist, beschließt der Schüler, dass diese Liste noch ergänzt werden müsste, und fügt zu den schon notierten Punkten «Blumen gießen», «Rasen mähen» und «Bleistift kaufen» die Tagesordnungspunkte «Hausaufgaben machen» und «Schreibtisch aufräumen» hinzu. Er schaut auf die Liste und findet sie nun etwas unübersichtlich; außerdem ist sie total zerknittert. Also schreibt er die Liste nochmal systematisch und schön sauber ab. Da sein Schreibtisch immer noch zu voll ist, um die Liste dort zu positionieren, legt er sie auf das Tischchen neben seinem Bett. Neben der Liste landet sein Geschichtsbuch, das auf dem Schreibtisch einfach im Weg lag. Erst dann bemerkt er die Krümel des gestern verzehrten Apfelstreuselkuchens, die nun Liste und Buch mit Fettflecken verziert haben. Der Schüler wischt die Kuchenreste notdürftig ab und ergänzt «Geschichtsbuch sauber machen».

Ein Blick auf die Uhr verrät ihm, dass bereits eine Stunde vergangen ist, seitdem er beschlossen hat, seine Hausaufgaben zu machen. Nun will er aber loslegen.

In diesem Moment fällt ihm der Punkt «Blumen gießen» auf seiner Liste ins Auge. Er beschließt, der Natur – und dazu rechnet er selbstverständlich auch seine Zimmerpflanzen – eine größere Bedeutung als seiner eigenen Bildung beizumessen, selbst wenn ihm schwant: Die wenigstens Lehrer werden wohl Verständnis dafür aufbringen, dass die Pflege einer sauerstoffproduzierenden Pflanze Vorrang vor schulischer Betätigung hat.

Dennoch nimmt er die Gießkanne zur Hand und will zur Tat schreiten, allein, er kann seine geliebte kleine Palme nicht finden. Doch halt, da! In einem Blumentopf befindet sich ein mittlerweile braun und kraftlos herunterhängendes Etwas. Er hätte sie wohl doch schon vor drei Wochen gießen müssen. «So ein Scheiß!», ruft er laut und verschüttet vor lauter Ärger den Inhalt der Gießkanne über seinem Schreibtisch und damit über alle darauf befindlichen Papiere und Bücher.

Die müssten jetzt ja erst mal trocknen, also geht er los, um einen Bleistift zu kaufen, damit er wenigstens einen Punkt von der Liste abhaken kann. Als er mit dem Bleistift zurückkommt, ist es bereits halb sieben. Er streicht den soeben erledigten Punkt von der Liste und setzt sich hin, um mit den Hausaufgaben zu beginnen. Da fällt ihm eine in der Schule gepredigte Arbeitsmethode ein, die empfiehlt, zu Erledigendes nach Themen und Prioritäten zu ordnen. Er zieht also ein neues Papier aus der Schublade und schreibt eine zweite Liste. Ob er die am nächsten Tag in der Schule als Hausaufgabenersatz einreichen kann? Er hat den Gedanken noch nicht zu Ende gedacht, da ruft seine Mutter zum Abendbrot.

Danach bleibt er an einer Quizshow hängen und verdrängt die anstehenden Hausaufgaben mit dem durchaus schlüssigen Argument, dass man auch mal eine Pause von der ganzen anstrengenden Arbeit braucht. Nach der Quizshow schaut er die Nachrichten und eine Dokumentation über Menschen, die ihre Wohnung zumüllen. Wie können Menschen das Aufräumen einer Wohnung immer wieder vor sich herschieben? Man muss doch einfach nur anfangen!

Um halb zwölf beschließt der Schüler, er könne die Hausaufgaben auch noch am nächsten Morgen vor der Schule machen, und geht ins Bett. Welch anstrengender Tag!

Und was bekommt man dann von seinen Lehrern zu hören, wenn der Aufsatz über Karl den Großen, den man eigentlich schreiben sollte, recht, nun ja, knapp ausgefallen ist? «Du musst dir die Zeit einteilen, sonst kommst du zu nichts und stirbst dumm», «Du machst das ja nicht für mich, sondern für dein Leben» oder: «Hausaufgaben sind wichtig für den Lernfortschritt.»

Aber wenn ich mir die Zeit einteile, um zu arbeiten, dann hab ich doch gar nichts von dieser Zeit! Und wenn ich das für das Leben mache, dann kann mir doch der Lernfortschritt egal sein. Wenn ich aber die Hausaufgaben auch nicht für den Lehrer mache und sonst ebenfalls zu nichts komme, dann hab ich ja auch gar nichts, was ich mir einteilen müsste, würde dumm sterben und könnte dann sowieso von keinem Lernfortschritt profitieren.

Das ist mir eindeutig zu kompliziert. Die Schule macht es einem wirklich nicht leicht.

SCHULGUERILLA

Schüler können Lehrern gefährlich werden. Sie provozieren Hörstürze und Burn-out-Syndrome, aber vor allen Dingen Verfolgungswahn. Einige Lehrer entwickeln richtige Paranoia und Angstzustände, parken ihr Auto zwei Straßen von der Schule entfernt, reden nicht über private Themen und würden wohl am liebsten in Verkleidung und unter falschem Namen unterrichten. Hinter jeder schnellen Bewegung eines Schülers wird ein beginnender Amoklauf vermutet, ein harmloser Streich der Schüler als Angriff auf das Lehrpersonal gewertet. Am liebsten wäre es manchen von ihnen, man würde Sicherheitskontrollen wie an US-amerikanischen Flughäfen einführen.

Allein die technischen und finanziellen Mittel fehlen noch, um Ganzkörperuntersuchungen durchführen, Taschen durchleuchten und Nacktscanner installieren zu können. Wäre es möglich, hätten die Lehrer es schon längst umgesetzt. In Zukunft wird es wahrscheinlich auch so sein. Dann betritt man die Schule durch einen langen, stahlverkleideten Gang, der natürlich komplett videoüberwacht ist. Die Schultaschen werden einer Spezialuntersuchung mit Röntgenstrahlen und Drogen- und Sprengstoffhunden unterzogen, die Schüler müssen sich in einem separaten Raum bis auf die Unterwäsche ausziehen und werden von riesenhaften Security-Kolossen auf gefährliche Gegenstände hin untersucht. Dann wird verdächtigen Schülern noch ein Überwachungschip unter die Haut implantiert, um sie jederzeit per GPS orten zu können. Dass alle Lehrkräfte mit Stahlhelm und schussicherer Weste unterrichten, hinter Panzerglas sitzen und ein Maschinengewehr umgeschnallt haben, muss ich wohl nicht erwähnen.

So weit wird es wohl hoffentlich nicht kommen, aber schon heute sieht so mancher Lehrer die Schüler als Klassenfeind des real existierenden Pädagogismus. Ein antischülistischer Schutzwall wäre der Traum von so manchem Lehrerkader, damit die lehrkraftzersetzenden Elemente der Schüler ferngehalten werden. Auch die Gründung eines Schulsicherheitsdienstes, der Schusi, wäre ganz im Sinne einiger Lehrer. Bleibt nur zu hoffen, dass diese Lehrer nicht irgendwann Lehrraum im Osten einfordern.

Denn dann müssten die Schüler erst recht im Untergrund arbeiten, worauf sich viele mit einer gewieften Guerillataktik schon zu meiner Schulzeit vorbereitet haben. Durch kleine und große Streiche wurde stets versucht, die Autorität eines Lehrers zu untergraben. Das fing damit an, dass wir im Unterricht, wenn der Lehrer sich zur Tafel drehte, einen Ball hin und her warfen. Bis dahin nicht sehr bedrohlich, aber irgendwann kam Orhan auf die Idee, mit dem Ball auf eine Stelle an der Tafel neben dem Kopf des Lehrers zu zielen. Nur leider blieb es nicht beim Zielen. Er warf. Der Ball flog mit hoher Geschwindigkeit durch die Luft und landete mit der Präzision eines Marschflugkörpers am Hinterkopf der nichtsahnenden Lehrkraft, die mit der Nase voran der Tafel näher kam, als ihr lieb war.

Die Klasse schwieg, der Lehrer blutete, und Orhan schaute möglichst unschuldig aus dem Fenster, was ihn natürlich sofort verriet. Das gab Ärger, eine Standpauke beim Schulleiter und einen deftigen Brief an die Eltern. Aber in der Schülerschaft war Orhan ein Held. Ein Kämpfer für Freiheit und Ehre aller Schüler gegen die schulbedingte Unterdrückung. Seine Tat war der Auftakt für eine ganze Reihe von Streichen, und ich hätte gerne gewusst, wie viele davon von unternehmungslustigen Eltern, die sich beim gemeinsamen familiären Abendbrot an ihre Schulzeit erinnerten, inspiriert gewesen sind.

Da wurden Papierkügelchen geworfen, Klassenraumtüren mit Schultaschen verbarrikadiert und nasse Tafelschwämme auf Lehrerstühlen platziert. Ein Schüler war sogar auf die Idee gekommen, bei einer Lehrkraft, die immer mit der flachen Hand auf den Tisch haute, um sich Ruhe zu verschaffen, Reißzwecken unter einem Blatt auf diesen Tisch zu legen. Keine gute Idee, wie sich herausstellte …

Wesentlich harmloser und kreativer erwiesen sich Fabio und Thomas, die am Mittwoch vor einem durch einen Feier- und Brückentag verlängerten Wochenende ihren Anschlag vorbereiteten. Sie nutzten einen Moment, als Herr Löchel den Raum verlassen hatte, um etwas zu erledigen, nahmen den Tafelschwamm, machten ihn ordentlich nass und streuten eine ganze Packung Kressesamen auf den Schwamm. Die Kressesamen drückten sie tief in den Schwamm, und so blieben sie unbemerkt.

Am nächsten Montag hatten wir dann in der ersten Stunde mit Herrn Löchel Unterricht. Die Tafel war noch von der letzten Woche voll beschrieben. Herr Löchel, der niemals Schüler die Tafel wischen ließ, weil die das seiner Meinung nach nicht sorgfältig genug machten, nahm ohne groß hinzusehen den Schwamm – und griff in einen kleinen grünen Wald von gerade erst gesprossenen Kressepflanzen. Der Schwamm war nicht mehr zu gebrauchen. Wir hatten unseren Spaß. Herr Löchel aber wollte sich nicht bloßstellen lassen und beschloss, trotzdem mit dem Schwamm die Tafel zu wischen. Warum haben Lehrer manchmal einen so falschen Stolz?

Das Ergebnis war ein erneuter Lacher unsererseits. Die gesamte Tafel war nun mit Kressepflänzchen und noch nicht gesprossenen Samen überzogen, die sich aus dem Schwamm herauslösten. Eine schöne Bescherung.

Damit war der Wettbewerb um die kreativste Streichidee mit Tafelschwämmen aber gerade erst eröffnet. Mein Favorit neben im Schwamm platzierter Farbe und Zucker war das Verstecken von Brausepulver in einem trockenen Schwamm. Wenn der Lehrer ihn dann zwecks Tafelsäuberung nass machte … – ein Spaß für die ganze Familie. Lehrer ausgeschlossen.

Solche Streiche sind natürlich mehr als nur jugendlicher Unsinn. Diese Aktionen sind für Schüler ein Ventil, um ihren Rachegefühlen endlich freien Lauf zu lassen. Nebenbei haben wir dabei wahrscheinlich den Umsatz der Tafelschwammindustrie mal eben verdoppelt.

Außerdem war das unsere Art, unseren Unmut zu zeigen. Wenn Schüler unser Beruf war, dann hatten wir auch das Recht auf gewerkschaftliche Aktivitäten oder einen ordentlich gewählten Betriebsrat. Jeder normale Arbeiter kann streiken. Ohne diese Privilegien werden Schüler es niemals aufgeben, den Kampf um Klassenhoheit und Kreidefreiheit fortzusetzen. Viva la revolución!

BULIMIE-LERNEN

Rund um eine Klassenarbeit oder Klausur entwickeln Schüler ein typisches, wenn auch recht merkwürdiges Verhalten, zu dem es gehört, das eigene Wissen und die tatsächlichen Fähigkeiten so falsch einzuschätzen, dass die Diagnose Schizophrenie noch ein Kompliment wäre.

Die Klausurvorbereitung beginnt mit der Phase der Distanzierung. In diesem Zeitraum wird mit fadenscheinigen Argumenten und falschen Hoffnungen die Zeit zwischen der anstehenden Klausur und der Gegenwart künstlich verlängert. «Da lern ich noch nicht für, das ist doch noch voll lange hin» ist ein in dieser Phase oft gehörter Satz. Dass rechtzeitiges und organisiertes Lernen zu einer erfolgreichen Klassenarbeit führen könnten, erscheint den meisten so unwahrscheinlich wie die Behauptung, der FC Köln könne bald deutscher Meister werden.

In der zweiten Phase, die meist eine bis zwei Wochen vor der Prüfung beginnt, fasst der Schüler den Vorsatz, diesmal aber wirklich ganz viel zu lernen und sich voll reinzuhängen. Diese Zeit ist die Phase der autosuggestiven Irreführung, auf Deutsch: der ordentlichen Selbstverarschung. Gibt es tatsächlich einen Schüler, der glaubt, er würde für die anstehende Arbeit mehr lernen als für die vorangegangenen? Zwar mag es einige Ausnahmen geben, aber die Regel ist doch eher eine Atomkraftwerkmentalität: Die Einsicht in die eigenen Versäumnisse kommt erst, wenn alles zu spät ist.

In diesem Zeitraum beginnen auch die Lehrer mit eingeschobenen Wiederholungsphasen und Übungsblättern die schulische Betriebsamkeit zu erhöhen. Allerdings nur die Betriebsamkeit des Lehrerkopierers, denn von den Schülern kann zu diesem Zeitpunkt nicht erwartet werden, dass sie sich schon mit dem Klausurstoff beschäftigen. Die besonders gewissenhaften unter ihnen heften die Übungsblätter wenigstens in ihre Ordner.

Dieser letzte Schritt wird dann enorm wichtig in der Phase der tatsächlichen Vorbereitung. Denn da können die Schüler, die das Blatt nicht abgeheftet haben, sich ebendieses von ihren ordentlicheren Mitschülern kopieren. Damit endet allerdings die tatsächliche Vorbereitung schon, denn bearbeitet wird das Blatt deswegen noch lange nicht.

Dies passiert erst beim Einsetzen des Bulimie-Lernens. Bei dieser Lernform wird am Vorabend einer Klausur möglichst viel Stoff ins Hirn geprügelt, sodass man mit viel Glück die wichtigsten Sachen am nächsten Tag vielleicht noch weiß und schwallartig von sich geben kann. Anschließend ist das Erlernte schon wieder vergessen. Nachhaltigkeit geht anders, aber für die Schule reicht es – und anders ist die große Menge an Schulstoff ja auch oft gar nicht mehr zu bewältigen. Wenn man in jedem Fach so lernen würde, wie man es sollte, um einen möglichst großen Lerneffekt zu erzielen, bräuchte man eine Zeitmaschine, um einen Tag mehrfach erleben zu können, denn vierundzwanzig Stunden reichen dann nicht mehr aus. In Zukunft wird das mit G8 nicht besser werden. Die kommenden Schülergenerationen werden vermutlich nur noch auf kurzfristiges Lernen und schnelles Vergessen angewiesen sein. Irgendwann wird das die menschliche Gedächtnisleistung überstrapazieren: Ein normales Schülergehirn schaltet einfach auf Standby und verliert sämtliche Merkfähigkeit.

Doch zurück zur Gegenwart: Etwa eine Stunde vor einer Klassenarbeit tritt die Last-Minute-Phase ein. Bei der einen Hälfte der Schülerschaft bedeutet dies, dass sie auf den letzten Drücker noch etwas lernen wollen, bei den anderen steht «Last-Minute» für die kurzfristige Suche nach einer Klausurumgehungsmöglichkeit, entweder durch eine anonyme Flucht ins Ausland oder – weitaus häufiger – in die Arztpraxis des Vertrauens. Natürlich mit dem stolzen Vorsatz, für die Nachschreibeklausur dann ganz viel lernen zu wollen und damit auch frühzeitig anzufangen.

Die Last-Minute-Lerner gehen hingegen direkt in die Panikphase über. Denn natürlich bringt ein Lernen auf den letzten Drücker nicht das Geringste. Bald wird man auf sich allein gestellt sein. Diese Vorstellung löst gerade bei Mädchen schlimme Angstzustände aus. Sie beginnen auf den Nägeln zu kauen, sich die Haare zu richten und immer wieder zu verschiedenen Freundinnen zu laufen, um ihnen wahnsinnig aufschlussreiche Botschaften mitzuteilen. Gerne verwendet werden dabei Sätze wie: «Oh mein Gott! Ich kann gaaaaar nichts, Leute. Ich hab überhaupt nicht gelernt. Das wird mein Untergang. What the fuck! Ey, ich schwör, ich steeeerbeeee.» Dieser interessanten Selbstanalyse folgen dann oft letzte Fragen an Schüler, von denen eine gewisse Vorbereitung erwartet wird. Ob sie dabei nur auf Beruhigung aus sind oder tatsächlich den gesamten Stoff der letzten drei Monate noch mal eben schnell in zwei Sätzen erklärt haben wollen, ist mir bis heute schleierhaft.

Wie dem auch sei, irgendwann gibt es kein Zurück mehr: Die Klausur beginnt. Jeder schleppt sich mehr oder weniger erfolgreich durch die Aufgaben, und alle sind froh, wenn dieses Martyrium wieder vorüber ist. Erschöpfung macht sich breit, und viele resignieren: «Ey, ich hatte so ein Blackout. Ich hab gaaaaaar nichts richtig, Alter. Die Aufgabe drei und vier hab ich nicht, Aufgabe zwei hab ich falsch und Aufgabe eins nur zur Hälfte gemacht. So ein Scheiß! … Aber egal, Hauptsache vorbei.»

Spätestens eine Stunde nach dieser kurzen Zeit der Erleichterung setzt die Phase der gesteigerten Negativprophezeiung ein. Würden alle Schüler immer die Noten bekommen, die sie sich in einer Mischung aus Angst und letzter Hoffnung selbst vor der Rückgabe einer Klausur gegeben haben, dann wären neunzig Prozent jedes Jahrgangs schon in der sechsten Klasse gescheitert. Eine kriminelle Karriere hätten die meisten trotzdem niemals eingeschlagen, denn sie hätten ja immer gedacht: «Och, nee. Den Juwelier können wir nicht überfallen, da werden wir bestimmt geschnappt, und wenn wir was erbeuten, dann ist das wahrscheinlich völlig wertlos.» Immerhin: Systematische Selbstzweifel verhindern Kriminalität, zumindest in diesem Fall.

Die Phase der psychologischen Selbstzerstörung wird ebenfalls gerne von den schon angesprochenen Panikmädchen genutzt. Waren sie vor der Klausur von ihrem Scheitern schon überzeugt, so sind sie sich jetzt erst recht sicher: «Ich hab bestimmt 'ne 5. Voll abgekackt. Ey, ich bin einfach zu doof für diese Welt. Ne 5, verdammte Scheiße!» Begleitet werden diese Panikattacken gerne von zahlreichen Tränen und freundschaftlichen Umarmungen und Tröstversuchen, die in lauten Schluchzern enden.

Dann kommt die Erlösungsphase. Die Klausur wird zurückgegeben, und die Mädchen, die eben noch eine 5 erwartend heulten, bejubeln nun ungläubig eine 2+. Und dafür das ganze Theater. Aber ein bisschen Drama erhöht die Spannung eben ungemein.

Natürlich ist auch der männliche Teil der Schulbevölkerung nicht vor solchen Fehleinschätzungen gefeit. Bei den Jungen vollzieht sich dies allerdings alles etwas ruhiger. Laut wird es erst bei der eigentlichen Klausurrückgabe, wenn dann der Jubel umso stärker ausfällt: «Jaaahahahaaaa! Jawohl, geschafft! Alter, Party!»

«Was hast du denn?»

«Ne 5+, Alter, krass! Ich dachte, ich krieg 'ne 6.»

Zwar würde eine Schule bei durchgehend guten Leistungen nicht pleitegehen, aber man würde bestimmt die Leistungsanforderungen nach oben korrigieren. Denn ein paar Fünfen müssen schon dabei sein, sonst könnten Lehrer Sprüche wie «Tja schade, Fabio, das war schon wieder nichts. Für dich ist der Bildungszug wohl abgefahren!» ja gar nicht mehr anbringen. Das wäre doch ein echter Spaßverlust seitens der Lehrkräfte, und das will ja auch keiner.

Der Durchschnittsschüler indes nimmt seine Klausurnote

zur Kenntnis, schreibt sich den Termin der nächsten Prüfung auf und verfällt anschließend wieder in das gerade beschriebene Verhaltensmuster. Denn bis zur nächsten Klausur ist doch noch soooo viel Zeit …

MIT REFORM ZUR UNIFORM

Immer wieder wird in Deutschland die Einführung der Schuluniform gefordert. Die meisten Lehrer, die ich hatte, waren dafür. Eine solche Uniform soll soziale Unterschiede vergessen machen, das Gemeinschaftsgefühl stärken und die morgendliche Klamottenwahl vereinfachen. Die Frage «Was ziehe ich denn heute an?» wird tatsächlich durch einheitliche Schulkleidung verbannt, denn das ist ja vorgegeben. Die meist weiblichen Opfer der Unentschlossenheit könnten also gerettet werden. Sie müssten sich dann nur noch entscheiden, welche Kette sie heute tragen wollen, welche Frisur, welche Armreifen, welche Haarspangen, welches Zopfgummi, welche Schuhe, welches Make-up, welche Ohrringe; Brille oder Kontaktlinsen, den Uniformrock oder die Uniformhose, Haare färben oder Natur und so weiter und so fort. Was wäre das für eine unglaubliche Vereinfachung, wenn da die eine Frage nach dem passenden Oberteil wegfallen würde.

An der langen Liste der zusätzlichen Accessoires sieht man schon, dass auch der Punkt der sozialen Gleichheit nicht zu erfüllen ist. Es gibt noch so viele offensichtliche andere Dinge, die die finanziellen Unterschiede deutlich zeigen würden. Man müsste diese also entweder komplett verbieten oder allen Schülern die gleichen Uhren, Handys, MP3-Player und den gleichen Schmuck kaufen. Das könnte teuer werden. Und wo wir gerade dabei sind: Kann man nicht auch alle Gesichter operativ angleichen?

In England, wo es die Schuluniform schon lange gibt, sind die sozialen Unterschiede, was das Äußere betrifft, so gut entfernt worden, dass wohl niemand wegen seiner Kleidung in der Schule gemobbt wird. Allerdings: Wenn man soziale Ungleichheiten durch Uniformen kaschieren will, dann besteht die Gefahr, sie zu übersehen und zu vergessen, die Wurzel des Übels zu behandeln. Und das müssen dann wieder Menschen in Uniform ausbaden, nämlich die Polizisten.

Außerdem musste ich bei meinem Schüleraustausch nach England feststellen: Es trugen zwar alle die gleiche Kleidungsstücke, ihr Zustand war aber äußerst unterschiedlich. Es ist eben doch nicht das Gleiche, wenn der eine den verwaschenen, fleckigen und geflickten Pullover seiner Geschwister aufträgt und ein anderer mit einem strahlend blauen, brandneuen Exemplar daherkommt. Ungleichheiten gibt es nun mal immer. Selbst in großen Schwärmen von Pinguinen, die nun wirklich alle gleich aussehen, gibt es Tiere, die ausgeschlossen werden. Okay, im seltensten Fall ist da das Fehlen von Markenkleidung der Grund. Aber der Pinguin an sich kleidet sich sowieso eher stofflos.

Bliebe noch der Punkt des Gemeinschaftsgefühls: «Wenn wir alle gleich aussehen, fühlen wir uns als Einheit.» Und das funktioniert tatsächlich! Ohne Einschränkungen! Schuluniformen führen zu einer stärkeren Identifikation mit der Schule und den eigenen Mitschülern. Die meisten identifizieren sich so stark mit ihrer Schule, dass sie Schülern aus anderen Lehranstalten sehr gerne auch mal ein paar Steine an den Kopf werfen, um zu zeigen, wie sehr sie ihre Schule lieben.

Welcher Lehrer hätte da kein Verständnis? Der Schüler hatte doch nur seine Schule und damit ja auch ihn, den Lehrer, verteidigt, wenn auch mit etwas fragwürdigen Mitteln. Das ist übrigens auch die zentrale Gemeinsamkeit von solchen Schulreformen, die unter anderem Schuluniformen fordern, und dem Irakkrieg. Beide wurden schlecht geplant und mit den falschen Mitteln unter vorgeschobenen Zielen und chaotischsten Zuständen ohne Exit-Strategie durchgeführt. Da soll noch einer schlau draus werden.

Aber irgendwann wird irgendeine Reform die Uniform durchsetzen, und dann kann man nur hoffen, dass irgendjemand auf die Idee gekommen ist, wenigstens in ganz Deutschland die gleiche Berufskleidung für Schüler zentral herauszugeben, damit keine Feindschaften zwischen Schulen entstehen. Dann wird die Schuluniform nur in einzelnen, zertifizierten Bundesstrickereien hergestellt und von dort verschickt. Will man eine haben, muss man einen Antrag auf Schuluniformierung stellen. Die mit einem kopiersicheren Wasserzeichen und elektronischer Ortungstechnik ausgestatteten Kleidungsstücke können dann gegen Vorlage des Personalausweises, der Geburtsurkunde, einer Schulbescheinigung und der letzten Mathehausaufgabe abgeholt werden. Natürlich nur in der Zentrale in Flensburg.

Das wäre ein schöner neuer Bestandteil unseres Bürokratieapparates, der jetzt schon komplex genug ist. Es reicht schon, wenn man mal in der Schule fehlt, um eine Zettelflut größeren Ausmaßes auszulösen. Bei uns jedenfalls war das der Fall: Fehlte man aus Krankheitsgründen – Faulheit zählt in dem Fall dazu –, musste man einen weißen Entschuldigungszettel ausfüllen und sich von allen Lehrern, in deren Unterricht man gefehlt hatte, diesen Zettel unterschreiben lassen.

Welch Fest, wenn man als Junge «Menstruationsprobleme» angab und ein Lehrer erst dann stutzig wurde, nachdem drei seiner Kollegen die Entschuldigung, ohne zu zögern, unterschrieben haben.

Fehlte man krankheitsbedingt ausgerechnet an einem Klausurtag, dann musste man außerdem ein ärztliches Attest mitbringen. War man wegen eines vorhersehbaren Arzt- oder Behördengangs nicht anwesend, musste man diesen mit dem gelben Zettel vorher anmelden und auf dem roten Zettel im Voraus entschuldigen lassen. Anschließend musste man das Attest oder die Behördenbescheinigung natürlich noch nachreichen. Konnte man wegen einer Exkursion oder eines anderen Schulprojektes nicht am regulären Unterricht teilnehmen, so war der grüne Zettel zu wählen. Den bitte in jedem Fall vorher ausfüllen und zur Exkursion mitbringen, sonst durfte man nicht mitfahren, war aber womöglich schon am Exkursionsziel angelangt, also doch dabei und musste anschließend den blauen Zettel zur nachträglichen Beurlaubung ausfüllen. Das ging aber nur höchstens an drei Tagen im Jahr.

Ein herrlicher Papierkramsalat. Ganz nebenbei waren diese Zettel trotz der Farbbezeichnungen übrigens alle weiß, weil die Schule natürlich aus Kostengründen nicht auf buntem Papier drucken wollte. Auch sonst sahen die Zettel komplett gleich aus, abgesehen davon, dass obendrüber eben «Grüner Zettel», «Roter Zettel» usw. gedruckt stand. Ein Durcheinander war vorprogrammiert.

Der Höhepunkt dieser Verwirrung wurde erreicht, als Sven einmal wegen eines vorhersehbaren Behördengangs fehlte (gelber und roter Zettel), nach dem Behördengang aber an einer Exkursion teilnahm (grüner Zettel), den grünen Zettel aber vergessen hatte (nachträglich den blauen Zettel ausfüllen), ihm vor der Exkursion aber noch schlecht wurde (weißer Zettel) und er zwar keine Klausur schrieb, aber trotzdem ein ärztliches Attest wegen der dann verpassten Exkursion brauchte, welches er natürlich nicht hatte, und ihm kein Lehrer die Entschuldigungen unterschreiben wollte, weil die einen glaubten, er wäre auf Exkursion gewesen, der Exkursionslehrer ihn aber als krank eingetragen hatte. Am sinnvollsten war es in solchen Fällen, einfach aufzugeben und ein paar unentschuldigte Fehlstunden zu akzeptieren. Und vielleicht findet irgendwann ja mal eine Entbürokratisierung statt, und man muss nur noch einen Zettel vorlegen – die Farbe ist dann auch nicht mehr wichtig. Auf diesem Zettel steht dann ganz simpel nur noch: «Konnte nicht kommen.» Unterschrift drunter. Fertig.

BITTE HALTUNG ANNEHMEN

Es war ein ganz normaler Schultag. Ich saß im Englischunterricht bei Herrn Lottenbach und malte kleine Kreise und Vierecke in mein Heft. Den größten Erfolg des bisherigen Schultags hatte ich eine Stunde vorher verzeichnen können: Ich hatte das Haus vom Nikolaus zwanzig Mal hintereinander fehlerfrei am Stück gemalt. Genug Leistung für einen Schulvormittag.

Herr Lottenbach sprach indes über Migration in England, und ich fing an, interessiert die Simpsons-Uhr über der Tafel zu beobachten. Sie zeigte fünf nach neun; der Stundenzeiger pikste dabei Homer Simpson in den Bauch. Trotzdem winkte mir Homer fröhlich und davon völlig unbeeindruckt zu, was auch daran liegen kann, dass er ja nur aufgemalt war.

Mittlerweile war Herr Lottenbach bei der Multikulti-Gesellschaft Englands angekommen und sprach über Parallelgesellschaften und Integrationsprobleme. Der Minutenzeiger der Uhr spießte sich in diesem Moment in das rechte Auge von Homer Simpson.

Und es kam, wie es kommen musste, wenn ein Lehrer über Migration sprach: Herr Lottenbach fragte uns nach unserer Meinung. Das ist ja im Grunde genommen nichts Verwerfliches, im Gegenteil, wir sollten ja lernen, uns mit einem komplizierten Sachverhalt differenziert auseinanderzusetzen und uns eine Meinung zu bilden. Allerdings fragte er dabei nicht die gesamte Klasse, sondern richtete sich speziell an Mitschüler mit Migrationshintergrund. Dass diese oft schon seit Generationen in Deutschland wohnten, war egal. Herr Lottenbach wollte partout nur ihre Meinung zu dem Thema hören und betrachtete dies vermutlich als seinen Beitrag zur erfolgreichen Integration.

Da dies aber jeder Lehrer so sah, taten mir Orhan, Fabio und Co schon echt leid. Orhan brachte das einmal ganz schön auf den Punkt: «Ey, ich muss immer 'ne Meinung haben zu allem, was mit Ausländern zu tun hat. Mir is doch scheißegal, was manche Ausländer machen. Warum muss immer ich diese blöden Fragen beantworten?» Er hatte recht. Zu allen Themen, die in Richtung Migration und Integration gingen, mussten Mitschüler mit Migrationshintergrund eine Haltung annehmen. Egal, ob sie über das Thema irgendetwas wussten oder nicht. Der Nachname Gonzalez befähigte automatisch dazu, zum Drogenkrieg in Mexiko Stellung zu nehmen, auch wenn man gar nicht aus diesem mittelamerikanischen Land kam. Ein südländisches Aussehen verpflichtete zur Meinungsäußerung über Integrationsdebatten. Im Gegensatz dazu fragte kein Lehrer beim Thema Übergewicht den dicken Bertie, ob er nicht mal dazu Stellung nehmen möchte. Das empfand man als unangebracht.

Nach einigen Meinungsäußerungen durch Mitschüler mit Migrationshintergrund überlegte ich, ob ich mir nicht auch eine ausländische Herkunft erfinden sollte, um mitreden zu dürfen. Ich hätte ja sagen können, ich käme aus Holland, und meine Eltern hätten eine sehr beschwerliche Einwanderung nach Deutschland hinter sich gebracht – wenn man aus den Niederlanden kommt, geht es schließlich immer bergauf, wenn man nach Deutschland will, das ist mühsam genug.

Zum Glück kam ich nicht dazu, dieses Vorhaben in die

Tat umzusetzen und mich damit lächerlich zu machen, denn in diesem Moment bohrte sich der Minutenzeiger der Uhr in Homer Simpsons rechten Fuß: 9:35 Uhr, Pause.

Im Rausgehen hörte ich noch, wie Herr Lottenbach Orhan ansprach: «Warte mal kurz. Wie ist das eigentlich für dich, hier in Deutschland zu leben?» Bei solchen Fragen denke ich immer: Mein Gott, was soll er denn darauf wohl antworten? Er kennt es doch nicht anders. Soll er sagen: «Ja, es ist ganz toll. Danke, dass ihr meine Großeltern damals aufgenommen habt, sonst würde ich jetzt in meinem Ursprungsland in einer Wellblechhütte hocken und auf dem Müll nach Nahrungsmitteln suchen.»

Warum glauben immer alle, es mache Migranten Spaß, jeden Tag die Lebensgeschichte ihrer Eltern und Großeltern zu erzählen? Warum reduziert man denn Kinder, die ihr ganzes Leben lang in Deutschland leben, auf die Herkunft ihrer Ahnen?

Das Wort Migrant wird mittlerweile so abwertend benutzt, dass es in wenigen Jahren schon als Schimpfwort gelten könnte, wenn wir nicht aufpassen. Das wäre dann so, als würde man einen Dortmunder jeden Tag über die Vergangenheit seiner Eltern in Gelsenkirchen ausfragen und ihn Schalker nennen. Und wer einmal in Schalke oder Dortmund war, der weiß – das möchte man nicht.

MEIN LINEAL WEISS MEHR ALS ICH

«Schummeln ist nur dann erlaubt, wenn ihr euch nicht erwischen lasst», pflegten einige unserer Lehrer vor Klassenarbeiten gerne zu sagen. Und tatsächlich: In den seltensten Fällen bemerkten sie unser Pfuschen und Abschreiben. Wichtig war, dass man sich gut vorbereitete. Die einen schrieben sich

Informationen auf kleine Spickzettel, andere beschrifteten ihre Radiergummis und Lineale mit Formeln oder Vokabeln. Durfte man ein Wörterbuch oder eine Formelsammlung mit in die Klausur nehmen, so erweiterte dies den Spickzettelschatz natürlich um einiges. Wie es manche Leute schafften, eine komplette Analyse einer Deutschlektüre auf ihrem Lineal unterzubringen, und vor allem, wie sie es vollbrachten, diesen sehr klein geschriebenen Text dann wieder zu entziffern, blieb mir allerdings ein Rätsel.

Viele von uns hätten wahrscheinlich sofort ohne weiteres bei etlichen Geheimdiensten als Agenten anfangen können. Das Verstecken von Botschaften auf Flaschenetiketten, Taschentüchern oder im Pausenbrot konnten die meisten schließlich schon aus dem Effeff.

Und wenn man mal etwas nicht im Voraus notiert hatte, dann schaute man halt mal kurz auf die Klausur des Nebenmannes oder ließ sich etwas vorsagen. Dumm nur, wer sogar den Namen des Sitznachbarn mit abschreibt. Da war es schon besser, man verließ kurz den Raum, um auf Toilette zu gehen, und nahm per Handy kurz Kontakt mit jemandem auf, der das Klausurfach gut beherrschte. Da halfen größere Geschwister oder Freunde aus Parallelklassen gerne aus. Man musste schließlich zusammenhalten.

Ich selbst war ein unglaublich schlechter Schummler. Versuchte ich es aber dennoch einmal, so konnte ich sicher sein, dass kurz vor Beginn der Arbeit der Lehrer sagte: «Malte, setz dich doch bitte mal hier vorne hin. Da hinten sitzt ihr zu viert so eng.» Na toll! Direkt vor der Nase des Lehrers. Wie sollte ich jetzt meinen Radiergummi mit den Formeln drauf rausholen? Bei meinem Glück mussten wir natürlich in der Klausur etwas zeichnen, ich vermalte mich prompt und war gezwungen, mit dem Radieren zu warten, bis der Lehrer mal kurz in den hinteren Teil der Klasse gegangen war, um eine

Frage zu beantworten. Kaum hatte ich das geschafft, wurde in der nächsten Frage eine Formel abgefragt, die mir partout nicht einfallen wollte. Sie hatte bis vor kurzem zwar noch auf meinem Radiergummi gestanden, war jetzt allerdings abradiert.

Ich beglückwünschte mich innerlich zu dieser genialen Glanzleistung und beschloss, demnächst wieder mein Lineal vollzuschreiben.

Für andere war das Abschreiben hingegen reine Routine, und ich weiß auch gar nicht, was Lehrer dagegen haben. Die meisten Spickzettel werden in der Klassenarbeit sowieso nicht mehr ausgepackt und auch nicht gebraucht, weil man sich alleine durch das Schreiben dieser Zettel so intensiv mit dem Stoff beschäftigt hat, dass man das Notierte eh beherrscht. Eigentlich sollten Lehrer Schüler ermutigen, sich solche Notizen zu machen. Wäre es nicht auch im Sinne der Stärkung der Gruppenarbeit, wenn man Klausuren in Teams lösen dürfte?

Der eine ist gut in Biologie, der andere ein Mathegenie. Warum tauscht man sich nicht einfach aus. Das nennt man dann kompetenzorientiertes Arbeiten. Und wenn Orhan von mir abschreibt oder ich von ihm, kann man das nicht als interkulturellen Austausch verbuchen, für den unsere Schule vielleicht sogar noch Fördergelder von der EU kriegen könnte?

Bei Hausaufgaben waren wir jedenfalls Meister des kompetenzorientierten Arbeitens. Für uns war es normal, zur Schule zu kommen und nervös zu fragen: «Was hatten wir auf?», um bald danach beruhigt festzustellen, dass es jemanden gab, der einen abschreiben ließ. Blieb dazu keine Zeit, so musste man darauf hoffen, nicht aufgerufen. Als hätten Lehrer einen Radar für hausaufgabenlose Schüler, wurden aber genau sie immer aufgerufen. Dann hieß es, schnell die

Aufzeichnungen des Nachbarn unauffällig herüberzuziehen und die vorzulesen, wobei man bei schlechter Lesbarkeit der Schrift immer wieder betonen musste: «Ui, da hab ich aber unsauber geschrieben. Ich kann meine eigene Schrift nicht lesen. Na, so was.» Machte man das gut, konnte man schon mal damit durchkommen; entdeckte der Lehrer den Betrug, brachte man das alles übertrumpfende und in jeder Situation schlagkräftige Argument hervor: «Das haben wir gestern zusammen gemacht.»

«Welch Engagement für den Unterricht!», müssen sich die Lehrer in solchen Fällen immer gedacht haben. «Da haben sich Schüler aus Stadtteilen, die Kilometer voneinander entfernt liegen, extra getroffen, nur um ein paar Aufgaben zusammen zu machen?! Und das fast jeden Tag! Toll! Die dreißig Schüler einer Klasse haben die Hausaufgaben in einer Großgruppe von exakt dreißig Schülern gemacht? Welch Erfolg in Sachen Gruppenarbeit!»

Wenn ich Lehrer wäre, hätte ich nichts dagegen, wenn die Schüler bei solchen Gelegenheiten ab und zu mal die Wahrheit etwas … dehnten. Aber doch bitte mit Niveau und etwas kreativer! Bei mir müsste ein Schüler mindestens sagen: «Ich habe alles versucht, meine Hausaufgaben zu machen, aber ich wohne auf dem Land, und wir hatten eine Heuschreckenplage, und die Viecher haben meine Hausaufgaben restlos aufgefressen.» Da würde ich den Schüler doch für seine Kreativität loben und akzeptieren, dass er sich die Lösungen kopiert hat.

Hatte man es als Schüler aber nicht geschafft, die Aufgaben irgendwie in seinen Besitz zu bringen, und wollte das nun nicht schon wieder dem Lehrer gestehen müssen, konnte man auch vom leeren Block ablesen. Voraussetzung dafür war allerdings eine gute Kenntnis des Themas, und wenn der Lehrer fragte, warum man die Sätze so komisch formuliert habe, behauptete man halt, das sei nun mal der Schreibstil, den man sich angewöhnt habe.

Aber Vorsicht: Sehr gewitzte Lehrer können an den Augenbewegungen sehen, ob man tatsächlich liest oder nicht. Bei diesen Lehrern braucht man gar nicht erst versuchen zu schummeln, denn sie verfügen über feinste Rezeptoren, die einen pfuschenden Schüler sofort entlarven. Solche Lehrer arbeiten nachts nebenberuflich als Bewegungsmelder im Sicherheitssystem von Banken oder Juwelieren. Sie riechen es, wenn jemand Dreck am Stecken hat. Da hast du als Schüler keine Chance.

Andere Lehrer wiederum kann man nach Strich und Faden auf den Arm nehmen. Da kommt man auch einmal mit dem Ablesen eines Wikipedia-Artikels durch. Man sollte nur die Menüoption «Bearbeiten», die bei Wikipedia hinter jeder Überschrift steht, nicht unbedingt mit vorlesen.

Schummeln gehört zu Schülern wie das Zocken zu Bankern und Börsenmaklern. Bei beidem gilt: je riskanter, desto interessanter. Da wird in der Schule für den Fall, dass es mal schiefgehen sollte, eine 6 wegen vorsätzlicher Täuschung genauso wie ein unkontrollierbarer Finanz-Crash in der anderen Branche eben hingenommen. No risk, no fun!

Es gibt aber neben Klausuren und Hausaufgaben noch einen dritten Bereich, wo ein wenig Pfusch durchaus weiterhelfen kann: das Vorsagen im Unterricht.

Wie oft passiert es einem Schüler, drangenommen zu werden, wenn er genau diese eine Vokabel nicht weiß. Bisher hatte er natürlich alle gewusst, was er der Lehrkraft auch schnell versichern muss, um ein bisschen Zeit zu gewinnen. Diese Zeit können dann solidarische Mitschüler nutzen, um dem Befragten schnell und vom Lehrer unbemerkt die richtige Lösung zukommen zu lassen. Bekommt der Lehrer das dennoch mit, wird das meist mit dem Kommentar bedacht: «Danke, dass ihr verhindert, dass euer Mitschüler zeigen kann, dass er es selber weiß.»

Zum Thema Vorsagen und Pfuschen gehören aber natürlich auch die Strafen der Lehrer: Wer schummelt und erwischt wird, bekommt Ärger. Gerne werden auch Mitschüler in Sippenhaft genommen. Kollektivstrafen sind zwar seit einiger Zeit verboten, das heißt ja aber noch lange nicht, dass man sie nicht trotzdem anwenden darf. Und das gilt nicht nur fürs Schummeln. Auch andere Vergehen werden so geahndet.

An der Tagesordnung waren bei uns Drohungen wie: «Wenn derjenige, der die Tische bemalt hat, sich nicht freiwillig bei mir meldet, dann müsst ihr alle nachsitzen und Tische schrubben oder den Schulhof fegen.»

Auch die Erhöhung der Hausaufgabenmenge wurde schon mal gerne damit begründet, im Unterricht habe man ja nichts geschafft, da ein paar Leute immer wieder gestört hätten. «Bedankt euch bei euren Mitschülern», hieß es dann immer.

Lehrer sind eben auch gewitzte Strategen: Schön die Gegner, also die Schüler, gegeneinander aufhetzen, um deren Kampfkraft zu schwächen. Gut, dass wir Schüler gegen solche Strategien und Kollektivstrafen das beste Mittel zur Verteidigung in unserer Hand haben: die kollektive Verweigerung. Soll der Lehrer doch allen Eltern einen Brief schreiben und sich beschweren. Den meisten Lehrern ist das schon zu viel Arbeit.

Stattdessen griffen bei uns viele Lehrer auf eine wirklich furchtbare Strafe zurück: Wer eine bestimmte Anzahl an Verfehlungen begeht, etwa dreimal seine Hausaufgaben nicht dabeihatte, muss einen Kuchen mitbringen.

Das traf uns natürlich hart. Den meisten Mädchen machte das Kuchenbacken Spaß, und die meisten Jungen sagten zu Hause: «Mama, ich muss einen Kuchen mitbringen. Wir wollen in der Schule zusammen frühstücken. Kannst du einen backen, oder gibst du mir Geld, damit ich einen kaufen kann?»

Wenn man jede zweite Verfehlung mit dieser «Strafe» belegt, dann kommt bei einer den Hausaufgaben nicht so sehr zugeneigten Klasse schon eine Menge Essbares zusammen. Ich sage nur so viel: Bei uns gab es jede Stunde Kuchen.

KRASSE KATHETE

Lehrer müssen sich verständlich ausdrücken, sonst sitzt ein Haufen Nichts-Verstehender vor ihnen, die am Ende nach Hause gehen und nicht mehr wissen, was sie gerade gelernt haben. So entstehen Weisheiten wie: «Angela Merkel war die Chefin der Stasi.» Oder: «Napoleon wollte den Euro einführen.»

Solchen Missverständnissen sollte ein Lehrer vorbeugen, denn dafür wird er bezahlt. Wobei er ganz nebenbei gesagt auch genauso bezahlt werden würde, wenn er den Schülern erzählen würde, dass der Dalai-Lama die Berliner Mauer eingerissen hat und heute als Mechatroniker in Magdeburg arbeitet.

Schüler allerdings werden nicht bezahlt und müssen trotzdem anwesend sein. Da kann man es doch ruhig mal verzeihen, wenn der eine oder andere Schüler nicht ganz so verständlich redet. Andererseits kann ich ein gewisses Verständnis für Lehrer aufbringen, die meinen, der Satz «Die Buch spricht von Liebe und mega Stress mit der Ollen» kann in einer Deutscharbeit nicht akzeptiert werden. Auch die Beschreibung eines Mordes mit der Inhaltsangabe «Der Hauptperson von Buch geht Hurensohn und macht ihn Messer» darf bemängelt werden. Aber kein Lehrer tut sich einen Gefallen, wenn er halbwegs vernünftiges Deutsch auch auf dem

Schulhof durchsetzen möchte. Im Unterricht mag das etwas anderes sein, aber nur ein Lehrer bringt es wohl fertig, das Gespräch einer Gruppe Jugendlicher, an der er vorbeigeht, zu unterbrechen und Grammatikkorrekturen vorzunehmen. Die Schulhofsprache sollte an einer deutschen Schule auch Deutsch sein, wie ich finde, aber ich wäre nie auf die Idee gekommen, im Vorbeigehen noch schnell jemanden zu berichtigen. Aber da fehlt mir wohl das jedem Lehrer angeborene Sendungs- und Korrekturbewusstsein.

Andererseits kann ich verstehen, dass manche Dialoge für ungeübte Ohren durchaus befremdlich klingen. Etwa, wenn sich zwei Jungen auf dem Schulhof streiten und der eine brüllt: «Ey, deine Mutter (gesprochen Muddahh)!», und der andere dann empört ruft: «Ey, deine Muddahh selbst», nur, um am Ende festzustellen, dass sie ja eigentlich Brüder sind …

Wobei man in diesem Fall nie genau wissen kann, ob es sich nun um leibliche Brüder oder einfach nur um gute Freunde handelt. Jeder, der nicht zur direkten Feindgruppe zugeordnet wird, ist im Zweifelsfalle ein «Bruder» bzw. «Brudahh». Immer schön alles mit Doppel-h am Ende. Das ist die ganz neue deutsche Rechtschreibung.

Besonders unterhaltsam wird das Ganze dann, wenn ein Schüler in einem Fach wie Mathe versucht, dem Lehrer seine Hausaufgaben – sofern sie denn gemacht sind – zu erklären: «Ey, dann hab isch Wurzel gezogen, von die Seite von Dreieck. Und isch schwör, da kam voll der Scheiß raus, Alter. Hab isch echt versucht, ehrlich. Is voll schwer, so mit Satz von Pytharogas und so. Hab isch krass Kathete berechnet, aber Ergebnis war voll Bullshit.»

Aber anstatt den Gebrauch des Wortes Kathete zu loben, schlägt der Lehrer nur die Hände über dem Kopf zusammen und rechnet in seiner Verzweiflung die Aufgabe selber vor.

Dabei ist die Jugendsprache gar nicht dumm, sie ist nur anders, in bestimmten Bereichen von sozialen Umfeldern beeinflusst, multinational und oft auch einfacher. Was Sprachforscher durch Rechtschreibreformen und die Erfindung neuer Sprachen wie Esperanto nie geschafft haben, ist der heutigen Jugend völlig ohne bildungspolitisches Zutun gelungen: eine Ökonomisierung der Sprache.

Die Umständlichkeit der deutschen Sprache wird geschickt umgangen, indem die Artikel «der», «die», «das» und ähnliche störende Elemente einfach weggelassen werden. Den Satz «Ich geh Schule» versteht jeder, auch wenn ein «zur» fehlt. Ebenso klar ist doch: «Bin ich Arzt gewesen.»

Lange, komplizierte Sätze wie «Ich bin mir sehr sicher, dass ich an dem angesprochenen Schultag in diesem Gebäudekomplex sowohl körperlich als auch geistig anwesend war» werden verkürzt durch: «War isch da, isch schwör!» Will man dies noch betonen, so kann man die Bekräftigungsausdrücke «Alter» (oft «Alda» gesprochen), «ey» oder «au» anhängen.

Will man seinem Gegenüber außerdem zeigen, dass man nun wirklich die Wahrheit spricht, so geht dies durch die simple Ergänzung des Ausdrucks «du Opfer».

Ein «Opfer» ist alles und jeder, der einen ärgert, nervt, beleidigt, im Weg steht, zufällig zur falschen Zeit am falschen Ort ist, dumm guckt, dumm ist, dumm scheint, anders ist, uncool herumläuft oder irgendwie sonst stört. Also jeder außer man selbst.

Auf die Aufforderung «Ey, mach Platz, du Opfer» sollte man nicht mit «Kein Problem, du Täter» antworten, das führt nur zu Verwirrung, denn die Wortbedeutung von «Opfer» ist nicht als bekannt vorauszusetzen. Es ist einfach ein Modewort und klingt so schön brutal. Da kann «Du Halunke», «Du Blödmann» oder «Du gemeiner Kerl» einfach nicht mithalten. (Alle diese drei Ausdrücke waren übrigens vor langer Zeit mal sehr verpönt und wer sie benutzte, galt als asozial. Wieder ein Beleg für die These: Die Jugend von heute ist immer die schlimmste.)

Mitbürger älteren Semesters sollten sich aber nicht aus Anbiederungsgründen dazu hinreißen lassen, die Jugendsprache zu erlernen. Die Ergebnisse sind unschön. Ein Lehrer von uns versuchte dies einige Male, indem er uns mitteilte, dass «der coole Checker Napoleon die Opfer aus dem Rest von Europa voll krass abgezogen hat». Er dachte, er käme so näher an die Lebenswelt der Schüler heran. Orhan kommentierte das aber nur mit: «Können Sie nicht vernünftig sprechen, ey? Reicht es nicht, dass wir so scheiße reden oder was?»

Andere Lehrer waren nicht weniger kreativ, bewegten sich aber in die entgegengesetzte Richtung. Unsere Kunstlehrerin Frau Mainzer brachte einmal einen kleinen Stoffschäferhund mit, befestigte diesen über der Tafel und erklärte uns, der Hund solle uns daran erinnern, die deutsche Sprache nicht zu verunstalten. Jedes Mal, wenn jemand es dennoch wagte, erinnerte uns Frau Mainzer mit einem süffisanten Lächeln daran: «Denk an den Schäferhund.» Willkommen zurück in der Grundschule! Es ist so schön, ernst genommen zu werden.

Und was lernen wir daraus? Jugendsprache, ey, is doch voll korrekt, Alter, isch schwör, au! Ehrlisch, die is voll krass, du Opfer!

ACHTUNG ELTERN!

Zu jedem Schüler gehören natürlich auch dessen Eltern, denn diese haben einen großen Einfluss auf den (Lern-)Alltag des Kindes. Ich habe ja schon viel über Lehrer gelästert, aber Eltern können auch ganz schön merkwürdige Verhaltensweisen an den Tag legen.

Wenn ich aus der Schule zurückkam, war meine Mutter immer zu Hause und hatte gekocht. Das war schön. Da fühlte man sich zu Hause. Nur leider ließ sie mich nicht rein. Also, sie ließ mich schon rein, aber nicht sofort. Immer wenn ich geklingelt habe, tönte es aus der Gegensprechanlage: «Hallo, wer ist denn da?» Ich sagte: «Mama, ich bin's.» Und sie antwortete: «Ach du. Na, wie war denn die Schule?» «Mama, lass mich doch erst mal rein!»

Wenn es eines gibt, was ich hasse, dann ist das vor der eigenen Tür zu stehen und nicht reinzukommen. Als wäre unser Haus ein Hochsicherheitstrakt und der kleine, allmittägliche Smalltalk über den Schulvormittag das Passwort. Und wenn meine Mutter mich dann reinließ, dann stand sie oft mit einem vorwurfsvollen Gesichtsausdruck in der Tür und sagte: «Mensch, jetzt sind mir die Frikadellen angebrannt, weil du so lange an der Sprechanlage mit mir quatschen musstest.» Hallo!?!?!? Ich wollte doch nur rein! Tür auf, ich gehe durch, Tür zu, drinnen, fertig.

Da hätte ein Rudel Wölfe hinter mir her sein können, meine Mutter hätte durch die Sprechanlage gequäkt: «Rede mal lauter, man versteht dich so schlecht. Wer jault denn da so rum?»

Irgendwann habe ich dann einfach immer einen Schlüssel mitgenommen. Meine Mutter war anfangs zwar etwas irritiert, wenn ich dann plötzlich in der Küche stand, ohne vorher mit ihr geredet zu haben. Aber nach einer Weile gewöhnte sie sich daran.

Bei Kindern, deren Eltern beide berufstätig sind, ist es ja ganz normal. Die Schulkameraden, bei denen das so war, fanden das anfangs ganz toll. Schließlich konnten sie unabhängig von ihren Eltern ihre Zeit verbringen, und es meckerte auch keiner herum, wenn sie mal nicht rechtzeitig zu Hause waren, sondern noch bei einem Kumpel Playstation spielten. Nach einiger Zeit beneideten mich aber doch einige dieser Mitschüler darum, dass ich sofort, wenn ich daheim war, eine warme Mahlzeit bekam und mich nicht erst noch selber in die Küche stellen musste. Dafür können meine Mitschüler heute besser kochen als ich. Alles hat eben seine Vor- und Nachteile.

Viele machen den Eltern dieser «Schlüsselkinder» ein schlechtes Gewissen: «Das ist doch ganz furchtbar, wenn die Kinder alleine zu Hause sind und sich keiner um sie kümmert.» Aber das ganze Problem wird sich bald lösen, wenn flächendeckend die Ganztagsschule eingeführt worden ist. Dann kommen die Kinder später oder zeitgleich mit ihren Eltern nach Hause. Das war bei mir schon so, wenn ich Nachmittagsunterricht hatte. Übrigens ein Moment, in dem ich meinen Vater nicht leiden konnte. Nicht, weil er mir irgendwas getan hätte, sondern einfach nur, weil wir zwar zeitgleich um sechs Uhr abends nach Hause kamen, er aber im Gegensatz zu mir dann keine Hausaufgaben mehr machen musste.

Natürlich sind nicht alle Eltern gleich gestrickt – zur Orientierung im Folgenden eine kleine Kategorisierung:

Eislaufeltern

Auch «pushy parents» oder Tigereltern genannt. Sie organisieren den Alltag ihres Kindes komplett durch. Das beginnt morgens mit einem festen Zeitplan für die Badezimmernutzung, dann ist das Kind in der Schule, danach wird es abgeholt und hat auf der Autofahrt Zeit, schnell etwas zu essen. Zu Hause angekommen, geht es nämlich auch direkt schon wieder weiter zum Klavierunterricht, Ballett, Schauspielgruppe, Japanischkurs, Lesewettbewerb, Malereikurs, Yoga, Gymnastik, «Jugend forscht», Kinderuni und Eiskunstlauftraining. Das eigene Kind soll schließlich etwas ganz Besonderes werden und am besten reich, berühmt, ein neuer Star auf dem Eis genauso wie am Klavier und auf der Bühne und Retter der Menschheit sowieso.

Eislaufeltern zeichnen sich dadurch aus, dass sie sich auf Elternabenden über weniger engagierte Schüler beschweren und behaupten, diese würden ihr Kind auf dem Weg zum Weltenretter behindern.

Kinder von Eislaufeltern sind entweder total füg- und strebsam oder rebellieren nach einiger Zeit. Denn wenn das Kind eine schlechtere Note als eine 1 mit nach Hause bringt, dann kommen Eislaufeltern nicht darauf, die diversen anderen Aktivitäten des Kindes könnten die Ursache dafür sein, weil sie ihm keine Zeit zum Lernen gelassen haben. Oder darauf, dass es schlicht und ergreifend unter zu großem Druck steht. Irgendwann lässt sich das kein Kind mehr gefallen und schmeißt die ganzen Sachen hin. Kein Klavier mehr, kein Weltstarstreben. Einfach nur selbstbestimmt und frei sein.

Eislaufeltern reagieren auf diese vernünftige Reaktion des Kindes mit immer dem gleichen Satz: «Aber wir haben dir doch alles ermöglicht.»

Eine Unterkategorie der Eislaufeltern sind die Curling-Eltern. Sie planen nicht nur das Leben ihrer Kinder generalstabsmäßig durch, sondern räumen auch sämtliche Probleme ihres Nachwuchses eigenhändig aus dem Weg.

Kinder von Curling-Eltern sind normalerweise aufgrund dieser Bemutterung nicht in der Lage, Probleme selbständig zu lösen. Außerdem sind sie meistens nicht sehr beliebt, denn es wagt keiner, mit ihnen zu sprechen oder zu spielen, da man beim kleinsten Fehlverhalten mit einem Anruf der Curling-Eltern rechnen muss, die sich beschweren, man dürfe so aber nicht mit ihrem geliebten Schätzchen umgehen. Dass sie ihr Kind damit unter den anderen Schülern absolut lächerlich machen, fällt ihnen nicht auf.

Von den Curling-Eltern ist es dann auch nur noch ein kurzer Weg zu einer zweiten Unterkategorie: die Helikoptereltern. Diese Erziehungsberechtigten nehmen ihre Sorgepflicht etwas zu ernst und kreisen mit all ihren Gedanken und Tun ständig nur um ihr Kind. Ein eigenes Leben besitzen sie nicht mehr. Das merken sie aber erst, wenn die Kinder aus dem Haus sind. Der Sturz in exzessive Nordic-Walking-Kurse ist dann die Folge.

Mit dieser Art von Eltern ist ein weiterer Elterntypus verwandt: der Lehrerkiller. Genau wie die Eislaufeltern sehen die Lehrerkiller den Fehler nicht bei sich oder bei der Blödheit des eigenen Kindes, sondern suchen andere Gründe für die 5 in Mathe. Da können einem die Lehrer fast schon leidtun – und das will was heißen –, werden sie doch ähnlich einem Fußballschiedsrichter schnell zur Zielscheibe für persönlichen Frust, wenn der Nachwuchs sich doch nicht als zweiter Einstein herausstellt.

Lehrerkiller

Diese Art von Eltern nutzt jeden Elternabend, jeden Elternsprechtag und jede Lehrersprechstunde, um mit den Lehrern des eigenen Zöglings zu verhandeln.

Anfangs läuft das noch recht zivil ab. Es werden leise Zweifel an der Notengebung geäußert: «Aber direkt eine 5? Hätte das nicht auch eine 4 sein können?!» Verneint der Lehrer dies, wird der Ton schon rauer: «Mein Sohn schreibt keine 5 in Mathe, das kann nicht sein!» Verweist der Lehrer dann sachlich auf die grottenschlechte Mathearbeit, schalten sich beim Lehrerkiller Vernunft und Verstand aus und alte Urinstinkte ein. Die Nackenhaare stellen sich auf, die Stirn wird zum Tal der Zornesfalten, und der Puls rast: «Sie ... Sie ... Sie haben doch keine Ahnung! Sie denken wohl, Sie hätten die Weisheit mit Löffeln gegessen! Mein Sohn schreibt keine 5, basta!» Das können ganz liebe Familienväter oder langweilige Postbeamte sein, wenn es um den schulischen Erfolg der eigenen Kinder geht, werden die Lehrerkiller zu Furien. Bald wird es bei jedem Elternsprechtag einen eigenen Security-Dienst geben, der die Lehrer vor dieser Art Eltern beschützen soll.

Man denkt ja schnell, dass eher Väter zu solch cholerischen Verhaltensweisen tendieren. Die Verteilung ist da aber ganz geschlechtsunabhängig. Haben Sie schon mal eine wütende Mutter gesehen? Da kann jede Löwenmutter, die ihr Junges verteidigt, einpacken. Was Ausraster am Elternsprechtag angeht, herrscht vollkommene Emanzipation.

Übrigens auch totale Integration. Da regt sich ein italienischer Vater genauso auf, wie eine deutsche Mutter und ein türkisches Elternpaar. Es werden nur andere Schimpfworte gebraucht.

Wesentlich harmloser ist da die folgende Spezies:

Ja-Sager

Die Ja-Sager haben ihren Namen von ihrer einzigen Reaktion, die sie auf Kommentare eines Lehrers zu ihrem Sprössling haben. Der Lehrer sagt in ernstem Ton: «Ihre Tochter ist versetzungsgefährdet.» Oder: «Wir glauben, dass ihr Sohn heimlich Drogen nimmt, und außerdem hat er ein kleines Mädchen auf dem Schulgelände mit einer Glasflasche geschlagen.» Die Eltern hören, geblendet von der Autorität des Lehrers, nicht richtig hin, nicken vergnügt und freuen sich, wie viele Sachen der Lehrer über ihr Kind sagen kann. Der Lehrer denkt, er hätte die ernsthafte Botschaft mit der angebrachten Härte rübergebracht, aber die Ja-Sager gehen fröhlich nach Hause, weil sie ihren Zögling bei einem Lehrer, der so viele Details über es weiß, gut aufgehoben fühlen.

In einem anderen Fall liegt die fehlende Reaktion der Eltern an deren Ignoranz allem gegenüber, was auch nur im Entferntesten mit Schule zu tun hat.

Die Gleichgültigen

Diesen Eltern geht es sonst wo vorbei, was ihr Kind in der Schule macht. Im Grunde ist ihnen auch ihr Kind komplett egal. Es würde sie nicht mal kümmern, wenn es gar nicht zur Schule gehen, sondern stattdessen auf irgendwelchen Hinterhöfen mit Drogen dealen würde. Wenn ihr Kind sie nach zwanzig Euro für ein Schulbuch fragt, schimpfen sie kurz über die hohen Ausgaben für die Schule, geben dem Kind das Geld und wundern sich nicht, wenn ihr kleiner Plagegeist am nächsten Tag ein neues Computerspiel hat.

Die gleichgültigen Eltern werden oft während der gesamten Schulzeit nicht in der Schule gesichtet. Sie verpassen selbst die Abschlussfeier wahrscheinlich nur deswegen nicht, weil sie dazu mehrfach schriftlich eingeladen werden.

Wer dagegen immer präsent ist, ist die folgende Elternkategorie:

Protzeltern

Protzeltern oder auch Bonzen genannt, haben nicht in erster Linie Kinder, sie haben Geld. Ein bisschen was auf dem Konto zu haben, ist ja auch gar keine Schande, aber man muss ja nicht jedem Passanten sein Monatsgehalt in Form von Statussymbolen unter die Nase reiben.

Protzeltern bringen ihre Kinder gerne in großen Jeeps oder tiefer gelegten Sportwagen zur Schule. Öffnet sich dann die Tür eines solchen Gefährts, und das Kind steigt aus, so sieht man für den Bruchteil eines Augenblicks, bevor die Tür zufällt, eine aus Goldketten und Edelsteinringen bestehende Person auf dem Fahrersitz thronen, die ihre Augen nur mit Mühe offen halten kann, weil ihre Wimpernverlängerung zu schwer ist. Außerdem glänzt einem der strahlend weiße, von keinem Staubkorn getrübte Lack entgegen, als wenn der Besitzer dieses Papa-Mobils für Atheisten sagen wollte: «Ich habe zwar einen Geländewagen, aber nur Prolls würden mit so etwas im Gelände fahren. Selbst der Stadtdreck perlt von dieser Götterkutsche ab, denn wir haben Kohle genug, uns morgens und abends die Waschanlage zu leisten. Nein! Vielmehr haben wir eine eigene Waschanlage zu Hause, und nach der Autowäsche lecken zehntausend dressierte Hamster den Wageninnenraum sauber!»

Ich habe mich immer gefragt, ob solche Eltern eigentlich denken, sie tun ihren Kindern einen Gefallen, wenn sie sie dem Neid und Spott ihrer Mitschüler durch dieses Vorfahren vor der Schule aussetzen. Einer meiner Mitschüler, der sehr reiche Eltern hatte, die zu ebendiesem Verhalten neigten, hatte wenigstens Stil, ließ sich von ihnen eine Straße vorher schon absetzen und lief den restlichen Weg zur Schule.

Der Kontoauszug sagt allerdings nichts über das Verhalten gegenüber den eigenen Kindern aus. Es gibt genauso viele reiche wie arme Leute, die mal strenge Eislauffeltern und mal absolut entspannt sind. Letztere verdienen auch eine eigene Kategorie:

Die Verständnisvollen

Diese Art von Eltern ist locker und optimistisch. Im Unterschied zu den Gleichgültigen kümmern sie sich um das Schulleben ihres Kindes, aber machen dies nicht verbissen mit der Hoffnung, ihr Kind so zu Höchstleistungen treiben zu können, sondern durch Loben.

Kommt ihr Kind zum Beispiel mit einer 5 nach Hause, ist das überhaupt nicht schlimm. «Das kann ja mal passieren», denken sich die Verständnisvollen. Typische Sätze sind außerdem: «Beim nächsten Mal klappt das bestimmt besser» und «Wir haben dich auch lieb, wenn du mal keine gute Note schreibst.»

Verständnisvolle setzen ihr Kind nicht unter Druck. Sie sind die perfekten Eltern eines Schülers und lassen ihn sich entwickeln. Ob er es in die richtige Richtung tut, sei dahingestellt.

Andere Eltern denken, sie könnten nichts in der Erziehung falsch machen, weil sie selber Lehrer sind. Eltern und Lehrer gleichzeitig? Und dann auch noch an der gleichen Schule tätig, an der auch die eigenen Kinder sind? Das kann doch für alle Beteiligten nicht schön sein! Ist es auch nicht.

Lehrereltern

Dieser Art von Eltern kann ein Schüler nichts vormachen. Er kann nicht einfach sagen: «Das macht man jetzt so», oder: «Unser Deutschlehrer hat das aber so gesagt.» Die Lehrereltern rufen dann kurz privat bei ihrem Kollegen an oder erfahren spätestens am nächsten Tag, dass ihr Kind sie angelogen hat. Für sie ist die richtige Beeinflussung ihres Kindes überlebenswichtig, denn auf keinen Fall soll es sie vor den Kollegen blamieren. Sie leben nach Mark Twains Spruch: «Erziehung ist organisierte Verteidigung der Erwachsenen gegen die Jugend.» In ihrem Falle wollen sie ihr Image als gute Eltern und Pädagogen im Lehrerzimmer verteidigen.

Eine andere Form der Lehrereltern sind die Eltern, die nicht an der gleichen Schule sind wie ihre Kinder. Sie sind eigentlich Doppelagenten. Diese Erziehungsberechtigten schaffen einen Spagat zwischen optimaler Lernförderung durch pädagogisch aktuellste Schülerförderung zu Hause und uneingeschränkten Kollegenhass und -misstrauen. Auf der einen Seite können Lehrereltern ihren Kindern mit Tipps quasi «direkt vom Feind» helfen und sie auch zu Hause beim Lernen – ihrer Meinung nach – perfekt betreuen. Auf der anderen Seite verteufeln sie die Lehrer ihres Kindes als unfähige und selbstgerechte Kollegen.

Lehrereltern legen schon ein sehr ambivalentes Verhalten an den Tag. Am schlimmsten unter allen Eltern sind aber die Angehörigen einer ganz speziellen Gruppe:

Die Psychologen

Man sagt, der Psychologe an sich wäre oft schlimmer dran als seine Patienten. Jetzt stelle man sich vor, man hat zwei Psychologen als Eltern, da kann man ja nur verrückt werden.

Psychologeneltern analysieren jede schulische Handlung ihres Kindes und ordnen sie dem Entwicklungsdiagramm ihres Zöglings zu. Das abendliche Abhängen auf der Fern-

sehcouch gerät für Kinder von Psychologeneltern automatisch zur Patientensprechstunde. Man weiß als Nachwuchs solcher Eltern: «Egal, was ich mache oder welche
Verhaltensweise ich an den Tag lege, meine Eltern haben
einen Fachbegriff dafür.» Das kann nicht schön sein.
Eine vergessene Hausaufgabe wird zum ersten An-
zeichen einer nahenden psychologischen Erkrankung.
Das normale Hin- und Hergerissensein zwischen zwei
Fächern, etwas bei der Wahl zwischen Spanisch und
Französisch, wird sofort als mögliche Schizophrenie aus-
gelegt. Und es hilft wohl keinem Schüler weiter, wäh-
rend eines Streits über die Wichtigkeit der Schule für das
Leben zu hören: «Du beschimpfst mich gerade nur, weil
du in einer Rebellionsphase bist und deine Sorgen und
Existenzängste auf mich als Ausweichobjekt projizierst.»

Eltern können also sehr verschieden sein. Ein Mitschüler von
mir sagte einmal: «Schule ist Krieg!» Stimmte das, wäre es auf
jeden Fall ein Dreifrontenkrieg zwischen Schülern, Lehrern
und Eltern, und keiner wüsste, gegen oder mit wem er eigentlich kämpft.

In diesem Zwiespalt stehen Eltern immer. Sie ziehen zwar
durchaus in Betracht, dass auch Lehrer mal recht haben
können, wollen aber in jedem Fall auch ihr eigenes Kind in
Schutz nehmen.

Vielen Eltern ist diese Gratwanderung zu anstrengend. Sie
sind der Überzeugung: Die Schule hat die Kinder großzuzie-
hen, und sie als Eltern können für keinerlei Fehlverhalten
oder schlechte Erziehung verantwortlich gemacht werden.
Goethe hat das mal ganz treffend kommentiert: «Man könnt'
erzogene Kinder gebären, wenn die Eltern erzogen wären.»

«WIR SIND HIER NICHT BEIM ENTCHENFÜTTERN IM FREIBAD!» – DER SCHULALLTAG

HIN UND ZURÜCK

Schule ist auf Dauer eintönig. Man hat jeden Tag dieselben Lehrer, jede Woche denselben Stundenplan und immer dieselben Abläufe. Da zählen ein Tag der Offenen Tür oder ein Feuerprobealarm schon zu den aufregenderen Ereignissen. Der Rest ist Routine. So zum Beispiel der Schulweg: Wer von meinen Mitschülern nicht das Glück hatte, jeden Tag von seinen Eltern mit dem Auto zur Schule gebracht und wieder abgeholt zu werden und auch nicht direkt neben der Schule wohnte, der musste gleich zu Beginn des Tages jedes Mal aufs Neue Qualen erleiden. Kam man mit dem Fahrrad zur Schule, durfte man sein Rad nicht da hinstellen, wo es direkt greifbar gewesen wäre, sondern musste einmal um die ganze Schule herumfahren und es dort auf einem dafür vorgesehenen Stellplatz lassen. Wenn man Pech hatte – in der Regel jeden zweiten Tag –, kam man nach dem Unterricht zu seinem Rad zurück und fand es mit platten Reifen vor. Irgendein Depp hatte die Luft aus den Schläuchen gelassen, weil das ja ein so wahnsinnig toller Gag ist.

Außerdem wird man beim Radfahren klitschnass, wenn es regnet, und im Winter kommt man trotz Handschuhen mit Frostbeulen an den Händen im Schulgebäude an. Da kommt Freude auf, wenn man in der ersten Stunde eine Klassenarbeit schreibt, die Finger aber in einem Zustand sind, dass man sich erst mal freuen würde, wenn man sie vom Fahrradlenker losbekäme. Der obligatorische Eiszapfen an der Nase fehlt in einer solchen Situation natürlich auch nie.

Der nächste Nachteil am Rad wird auch schnell offensichtlich: Man muss es immer festschließen. Das kostet Zeit, die man als Schüler morgens nicht hat, denn es benötigt Kraft und wertvolle Minuten, sich zu überwinden, das warme, kuschelige Bett zu verlassen. Hat man sich dann heroisch aus den Federn gequält, wird man aufgehalten, weil die Schwester im Bad dann doch wieder länger braucht als geplant. Zudem hat man als Radfahrer auch noch einige Lehrer als natürliche Feinde. Statt das umweltbewusste Fortbewegungsmittel zu loben, sehen sie darin eine neue Möglichkeit der Regulierung. Daher die ganz wichtige Regel: Auf dem Schulgelände absteigen. Damit man ja niemanden umfährt. Vor dem Schultor steigen alle Fahrradfahrer freilich sofort auf, aber da kümmert es den Lehrer nicht mehr, denn das ist nicht mehr seine Abteilung. Das hat alles versicherungstechnische Gründe.

Sowieso wird jedes Verbot mindestens ein Mal in der Schullaufbahn damit begründet, dass die Versicherung schuld ist. Die böse, böse Versicherung, keinesfalls die Schule oder der Lehrer. Nein. Die furchtbaren kapitalistischen Elemente der Versicherungsgesellschaft. Warum dürfen Schüler nicht unbeaufsichtigt sein? Wegen der Versicherung. Warum darf man bei Klassenausflügen ans Meer nur knietief ins Wasser? Die Versicherung ist der Spielverderber. Und so ist eben der Schüler, wenn er sich auf dem Schulgelände befindet, nur versichert, wenn der Lehrer für die Einhaltung der Regeln sorgt. Oder so. So ganz genau wissen das wahrscheinlich weder die Schule noch die Versicherung.

Also immer brav absteigen, und wenn am Schultor beim Aufsteigen ein Unfall passieren sollte, weil dort alle aufsteigen und das Gedränge dementsprechend groß ist: Bitte beim Auf-die-Schnauze-fliegen darauf achten, nicht zurück auf das Schulgelände zu fallen. Das wäre sonst ein ganz kniffliger Versicherungsfall.

Auf welches Transportmittel könnte man denn versicherungstechnisch sicher zurückgreifen? Richtig, auf den Bus. Es sei denn, man zieht Eselkarren oder Tretautos vor.

Aber ein Vergnügen ist die Fahrt in so einem Schulbus auch nicht. Es ist eng, voll, laut und stickig und das dummerweise jeden Morgen. Manche machen noch im Bus Teile ihrer Hausaufgaben, andere probieren aus, wie oft man die sich gerade schließende Tür blockieren kann, bis der Busfahrer kommt und einen rausschmeißt. Je nachdem, von wo man kommt, durchquert man mit dem Bus gefühlt die ganze Stadt und hält dabei an jeder Gießkanne, die entfernt nach Haltestelle aussieht. Kleine Kinder schreiben mit Edding Wörter aus dem Sexual- und Analbereich auf Fensterscheiben und Sitze, ein Junge mit offensichtlich nicht-deutscher Herkunft malt ein Hakenkreuz auf ein Sitzpolster. Aus mehreren Handys dröhnt laute Hip-Hop-Musik, einige Schüler rappen mit, obwohl sie den englischen Text weder kennen noch verstehen, und ersetzen die Wörter, die sie nicht kapieren, durch ein enthusiastisch vorgetragenes «Yeah»: «Yo, I am the, yeah, in the block. You motherfuckers can't, yeah, yeah, yeah, me, yeah, yeah. You bitch, yeah, yeah.» Die Botschaft des Liedes bleibt im Dunkeln. Vielleicht besser so.

An jeder Haltestelle mahnt der Busfahrer in immer wütender werdendem Tonfall, man solle doch bitte nach hinten durchgehen. Die Schüler reagieren routiniert: «Ey, Alter, halt's Maul, du Opfer!»

Im hinteren Teil des Busses beschweren sich ein paar Mädchen, dass sie sich gar nicht in Ruhe schminken könnten, weil einige Jungen eine Schlägerei begonnen haben. Eine Seniorin, die sich in den Bus verirrt hat, beschließt in diesem Moment, eine Bank zu überfallen, um genug Geld für ihren Lebensabend zu haben. Bei diesen Kindern sieht sie schwarz, was die Bezahlung ihrer Rente angeht.

Diesen Alltag erleben viele Schüler Tag für Tag auf kilometerlangen Schulwegen, und die Busunternehmen geben dafür noch nicht mal Bonus- oder Treuepunkte. Stattdessen entwerfen sie Werbekampagnen, die jeden Schüler wohl zur Weißglut treiben müssen. Was gibt es Schlimmeres, als nach einem anstrengenden Schultag bei heißen Außentemperaturen noch für eine Stunde in den Bus zu müssen, damit man endlich nach Hause kommt? Und was titelt das Aachener Busunternehmen auf seinen Werbeplakaten: «Freiheit – nach der Schule in den Bus.» Was für ein Zynismus! Wie frei ist man, wenn man gezwungen ist, dieses Transportmittel zu benutzen? Und warum ist es trotz dieser bescheuerten Werbung verboten, diese Plakate von der Wand zu reißen?

Treffender wäre gewesen: «Odyssee mit Ekelgarantie – Busfahren in der Rushhour» oder ganz einfach: «Bääääh – der Bus stinkt nach toter Ratte.» An diesen Botschaften wäre wenigstens etwas dran gewesen. Ob sich damit die Abonnementzahlen erhöhen lassen, ist eine andere Frage.

Auf jeden Fall kenne ich viele Schüler, die auf die alltägliche Busfahrt gerne verzichten würden. Aber viele sind eben darauf angewiesen, da es auf den umliegenden Dörfern schon lange keine Schulen mehr gibt und alle in die großen Schulzentren in die Stadt fahren müssen. Die Busfahrt gehört nun mal zur Schule wie die Pest zum Mittelalter. Beides nicht schön, aber nur sehr schwierig zu vermeiden.

Sollte man in absehbarer Zeit versuchen, Menschen zum Mars zu schicken, empfehle ich, dafür unbedingt Astronauten zu akquirieren, die früher mit dem Bus zur Schule gefahren sind. Sie haben das lange Verweilen in engen Räumen im Blut und wären auch auf Begegnungen mit Außerirdischen bestens vorbereitet. Denn wenn man mal genauer darüber nachdenkt, wer einem manchmal so im Bus gegenübersitzt, dann wird man unsicher, ob der Sitzplatznachbar nicht schon zu einer extraterrestrischen Invasionsbewegung gehört.

PROPAGANDATAG

In der Schule ist schon vieles mehr Schein als Sein. Da wird mit mehreren Austauschprogrammen in verschiedene europäische Länder geworben, von denen dann am Ende nur eines tatsächlich stattfindet. Die hohe Qualität der technischen Ausstattung wird angepriesen, und am Ende weiß niemand, wie man diese Technik einsetzt. Es werden extra Aufenthalts- und Lernräume – bei uns hieß das Stillarbeitszentrum – eingerichtet, und wenn man diese dann nutzen will, sind sie grundsätzlich geschlossen. Meist hängt noch ein Schild daran: «Wegen Vermüllung geschlossen. Wird erst wieder geöffnet, wenn der Müll beseitigt ist.» Ein typischer Lehrerauftrag: Wie soll man denn den Müll wegräumen, wenn man nicht in den Raum hineinkam?

Auch die vielgepriesene hohe Anzahl an «Sanitäranlagen» gibt eher Anlass zur Sorge. Schultoiletten ohne Seife und mit seit Jahrzehnten defekten Handtrocknern laden Keime und Bakterien zum Verweilen und Verbreiten ein. Da geht man mit einer vollen Blase auf das Klo und kommt mit einer vollen Krankenakte wieder heraus. Das ist schlimmer als im Wartezimmer eines Kinderarztes. Und das will was heißen.

Immerhin wusste unser Hausmeister von unseren Biolehrern: Bakterien vermehren sich vor allem, wenn es schön muckelig warm ist. Wahrscheinlich wurde unsere Schule deswegen grundsätzlich nicht beheizt. Und wenn es im Winter draußen zwanzig Grad minus war – die Heizkörper blieben kühl, selbst wenn man sie voll aufdrehte. Auf den Toiletten fielen Eiswürfel aus dem Wasserhahn ins Waschbecken. Ein Toilettenraum war sowieso schon unbrauchbar geworden, weil sich in einer der hinteren Kabinen eine Eisbärenmutter mit ihren Jungen niedergelassen hatte. Die Bedingungen waren für sie ideal.

Wenn wir uns über die Kälte beschwerten, erfuhren wir stets, dass die Schule selber da überhaupt keinen Einfluss drauf hätte. Das würde alles von der Zentrale in Köln aus geregelt. Ja, ist klar! Die Heizungsrohre von allen nordrhein-westfälischen Schulen laufen bis nach Köln und dort zusammen. Da sitzt dann ein böswilliger Hausmeister und dreht mal hier einen Hahn auf und mal da eine Heizung ab. Und der Kölner Dom ist eigentlich die als Kirchengebäude getarnte Heizungszentrale. Na, logisch. Aber die Schule kann eben für nichts etwas. Es sind immer die anderen und im Zweifelsfall die böse Zentrale oder das gemeine Ministerium.

Dann aber, eines Tages, verschwinden sämtliche Mängel ins Nirwana. Wann? Richtig. Am Propagandatag, auch bekannt als Tag der Offenen Tür. Das Gebäude ist plötzlich beheizt, in der Turnhalle wird nicht erst kurz vor Schulbeginn nochmal feucht durchgewischt und die Tür offen stehen gelassen, sodass im Winter eine kleine, aber feine Eisschicht entsteht. Nein, es ist alles fein hergerichtet, und ich habe gehört, es soll zu Schweinegrippezeiten an einigen Schulen am Tag der Offenen Tür sogar Seife auf den Toiletten gegeben haben … Das halte ich persönlich aber für ein Gerücht.

Bei uns in der Schule wurden anlässlich dieses Großereignisses Stellwände aufgebaut, auf denen die Vorzüge der Schule präsentiert wurden, Kunstprojekte wurden ausgestellt und Präsentationen abgehalten. Eine Stellwand zeigte Zeitungsartikel, in denen die Schule positiv erwähnt wurde. Bei vielen Artikeln ging es aber gar nicht um die Schule selbst, sondern um etwas, was Schüler in ihrer Freizeit erreicht hatten. Worin besteht denn zum Beispiel der Anteil der Schule, wenn ein Mädchen bei «Jugend musiziert» den dritten Platz belegt hat? Hätte sie nicht ohne die Schule viel mehr Zeit zum Üben gehabt und Erste werden können? Aber es macht sich gut, solche Artikel auf seiner Stellwand präsentieren zu können. Die

Stellwand einer Schule ist das, was für einen Millionär das Ferienhaus auf Sylt ist: Es muss perfekt aussehen. Die Botschaft muss lauten: «Sehen Sie, wenn Sie Ihr Kind auf dieser Schule anmelden, dann kann es etwas erreichen, selbst wenn es ein hirnloser Affe ist.» Und es funktionierte. Am Ende hatte unsere Schule immer viel zu hohe Anmeldungszahlen, sodass viele Kinder abgelehnt werden mussten. Selbst das legte man wieder positiv aus und nahm es beim nächsten Tag der Offenen Tür als Beweis dafür, wie toll die Schule angesichts derart hoher Bewerberzahlen doch sein musste. Schaute man sich nur diesen Propagandatag an, so konnte die Absage unserer Schule nichts anderes als das berufliche und soziale Scheitern des Kindes bedeuten. Nur bei uns hätte es doch überhaupt eine Chance gehabt. Alle anderen Schulen bereiteten doch lediglich auf die Ausfüllung von Hartz-IV-Anträgen vor.

Auch der Unterricht war am Tag der Offenen Tür ganz anders als sonst. Wir machten plötzlich ausschließlich schöne Dinge, und es fehlte eigentlich nur noch, dass wir uns an den Händen genommen, «Es tanzt ein Bi-Ba-Butzemann» gesungen hätten und im Kreis gehüpft wären. Da wurden Theaterstücke aufgeführt und Musik gemacht, dass es eine Freude war. Kurzum: Es wurden Dinge präsentiert, die es ohne den Tag der Offenen Tür gar nicht gegeben hätte.

Wie einfach die Besucher doch zu blenden waren! Wir Schüler mussten auf ganzer Linie unseren Beitrag dazu leisten. Vor allem dann, wenn wir zu unserer Schule etwas gefragt wurden. Wehe, da sagte einer etwas Negatives! Wenn das herauskam – gute Nacht. Lügen war angesagt. Oder, freundlich ausgedrückt: Wir übten, wie man ein Produkt oder ein Unternehmen – in dem Fall unsere Schule – in positivem Licht erscheinen lässt.

Aus ungenutzter Technik wurde dann schnell «ein großes technisches Aktionspotenzial». Das Schulklima wurde stets als sehr warmherzig beschrieben, auch wenn es am Vortag noch eine Massenschlägerei auf dem Schulhof gegeben hatte. IMMER alles positiv darstellen. Dann sagte man halt statt «Schlägerei», dass wir uns sehr stark mit uns auseinandersetzen. Wenn ein großes Unternehmen Hunderte von Mitarbeitern auf die Straße setzt, ist das ja schließlich auch keine Entlassung, sondern eine Optimierung des Kostenbaums im personell flexiblen Sektor. Entscheidend ist, wie man es nennt. Das Image der Schule muss eben gepflegt werden.

Um dies zu tun, hat unsere Schule auch gerne immer mal wieder Plakate gedruckt, auf denen das Programm des Tags der Offenen Tür unter der Überschrift «Wir laden ein» zu sehen war. Alleine diese Überschrift hätte mich, wenn ich als Elternteil diese Schule besucht hätte, dazu veranlasst, zum Schulleiter zu gehen und zu sagen: «Sie brauchen mich nicht einzuladen. Es besteht Schulpflicht. Ich *muss* mein Kind irgendwo unterbringen.»

Aber die Designer dieser Plakate setzten gerne noch einen drauf. Im Hintergrund erstrahlte das sonst durch seinen Betonklotzcharakter auffallende Schulgebäude, als wäre es gerade erst erbaut und frisch gestrichen worden. Was man mit Hilfe von Bildbearbeitungsprogrammen nicht alles machen kann.

Gerne waren am Rand eines solchen Posters dann auch Schüler abgebildet. Natürlich waren die immer überglücklich und strahlten, weil sie so froh waren, auf diese Schule gehen zu dürfen. Was waren wir glücklich am Tag der Offenen Tür!

Bei den abgebildeten Schülern handelte es sich meist um ausgewählte, oft international aussehende Mitschüler, da die Schule sich weltoffen zeigen wollte. Ist ein hoher Ausländeranteil sonst oft ein vorgeschobener Grund für Komplikationen, so erfüllten diese Schüler nun den Zweck, die Schule zu bewerben. Immer nach dem Motto: «Seht her. Wir

haben sogar Chinesen auf der Schule, wir müssen gut sein!»
Und manche haben das vielleicht auch geglaubt. Ist ja auch
ein ziemlich weiter Schulweg aus China zu uns. Wenn das
jemand auf sich nimmt …

Wie unrealistisch ein Tag der Offenen Tür das Bild einer
Schule darstellt, zeigt sich schon an der Terminierung. Er
fand immer an einem Samstag statt. Klar, die Besucher sollten
ja schließlich auch Zeit haben zu kommen. Aber samstags in
einer Schule zu sein, ist für einen Schüler meiner Generation
völlig undenkbar. So kam es auch, dass in der Oberstufe viele
Schüler aus sehr wichtigen und triftigen Gründen – meistens
Schlafbedürfnis – am Tag der Offenen Tür zu Hause blieben.
Wenn man über achtzehn war, konnte man sich ja selbst
entschuldigen, und die Eltern fragten an einem Samstag bestimmt nicht nach, ob man nicht zur Schule müsste. So hatte
der Tag der Offenen Tür auch noch etwas Gutes, schläft es
sich doch viel angenehmer aus als sonst, wenn man weiß: Eigentlich müsste ich in der Schule sitzen.

Ich hätte eine Idee für kommende Schulwerbeveranstal-
tungen: Warum nicht mal einen professionellen Werbespot
für eine Schule produzieren? Ein Imagefilm mit lauter fröhlichen Menschen und total pfiffigen Werbeslogans. Zusätzlich
wird das Ganze statt mit «Wind of change» mit «Wind of
Schule» unterlegt oder frei nach Udo Jürgens mit «Aber bitte
mit Schule». Am Ende kommt Thomas Gottschalk ins Bild
gelaufen, und ein Kinderchor singt: «Bildung macht die Schüler froh und die Eltern ebenso!» Das wäre doch ein schöner
Spaß.

Bis es so weit ist, geht es am Tag der Offenen Tür mit den
üblichen Fächerpräsentationen und Fotos von Auslandsschü-
leraustauschen weiter. Am Schluss finden sich dann alle in
der eigens für diesen Tag angelegten Cafeteria wieder – erst
das Essen, dann die Bildung.

LAUFEN, WERFEN, SPRINGEN

Was darf im Schulalltag niemals fehlen? Genau. Die sportliche Betätigung. Und vor allem nicht der sportliche Wettkampf. Schließlich gilt es, die Schulkinder möglichst früh olympiareif zu trainieren und sie, falls das fehlschlägt, zumindest mit einem zentralen Grundsatz des Kapitalismus vertraut zu machen: dem Wettbewerb. Deshalb erfand man einst die Bundesjugendspiele.

Was dabei eigentlich das Spielerische sein soll, hat sich mir allerdings nie erschlossen. Bundesjugendspiele sind Folter. Man hängt den ganzen Tag auf einem abgewrackten Sportplatz rum, auf dem schon im neunzehnten Jahrhundert Sportveranstaltungen und gemeinschaftliche Turnübungen zu Ehren des Kaisers stattgefunden haben, und muss ab und zu eine bestimmte Strecke laufen, einen Ball werfen oder in eine Sandgrube hüpfen. Das alles macht man natürlich, ohne sich aufzuwärmen, denn das würde viel zu viel Zeit beanspruchen.

Was für ein ärmlicher Haufen sind Schüler doch am Tag vor den Bundesjugendspielen! Sie sitzen abends zu Hause, schauen ein einziges Mal im Jahr die Nachrichten mit ihren Eltern, weil sie auf den Wetterbericht und vor allem auf Regen hoffen, denn dann würden die Spiele ausfallen. Bundesjugendspiele sind der einzige Moment im Leben eines Schülers, in dem er sich wünscht, Unterricht zu haben. Alles ist besser, als bei fünf Grad plus auf einer Wiese am Rande eines Sportplatzes zu hocken und zitternd das von der Lehrerin angestimmte Lied «Country Roads» mitzusingen, ohne zu wissen, was Country Roads eigentlich sind.

Apropos Lehrerin: Meine Sportlehrerin bei meinen ersten Bundesjugendspielen im zarten Alter von acht Jahren war das, was man landläufig einen «Kaventsmann» nennen würde, ein

Brocken, ein Koloss, ein LKW mit Anhänger, aber ohne TÜV, eine Wasserstoffbombe, die vergessen hat, wie man explodiert, und nun Energie in sich aufstaut … – Entschuldigung, ich schweife ab. Frau Svensson war auf jeden Fall – wollen wir es mal positiv ausdrücken – beeindruckend. Dies galt vor allem für den Boden, auf dem sie lief und den sie mit ihrem Gewicht richtiggehend eindrückte. Es verwunderte mich jedenfalls nicht, als sie uns mitteilte, dass sie früher mal Kugelstoßerin war. Was ich mich schon immer gefragt habe: Warum werden beim Kugelstoßen die Kugeln eigentlich nur von kugeligen Menschen gekugelt? (Oder eben gestoßen. Wobei ich den Unterschied zwischen Stoßen und Werfen nicht beurteilen kann, denn für mich verlässt die Kugel in beiden Fällen die Hand und gilt für mich damit als geworfen.)

Auf jeden Fall stand ich damals als achtjähriger Pimpf vor Frau Svensson, die uns mit rauer Stimme erklärte, früher bei Olympia eine Silbermedaille für Schweden gewonnen zu haben. Sie sagte dies in einem Tonfall, als würde sie von uns die gleichen Leistungen erwarten. Es gilt für Schüler eben nicht der Grundsatz «Dabei sein ist alles», sondern die Doktrin «Dabei sein ist Pflicht, und das geht alles in die Sportnote ein».

Warum nur muss man einmal im Jahr die sportlich minderbegabten Schüler so demütigen? Wenn man Kindern den Spaß an Leichtathletik nehmen möchte, dann muss man sie dauerhaft an Bundesjugendspielen teilnehmen lassen. Nur dort lernt man, was wahre Erniedrigung heißt, weil die Leistung doch wieder nur für eine Teilnahmeurkunde gereicht hat (die bekommt man quasi schon für bloße Anwesenheit) und die Sieger- oder gar Ehrenurkunde in weiter Ferne bleibt. Da können die diese bescheuerte Teilnahmeurkunde doch eigentlich gleich weglassen. Drauf geschissen! Brauch ich nicht! «Malte Pieper erreichte 374 Punkte (Anmerkung des Autors: Das ist *nicht* viel) und hat damit eine Teilnahmeurkunde erlangt.» Na, herzlichen Glückwunsch! Was für eine Leistung! Diese Urkunde werde ich zukünftig bei jeder Bewerbung mit einreichen. Da kann ich noch so einen schlechten Eindruck im Vorstellungsgespräch gemacht haben, weil ich zwei Stunden zu spät in zerschlissenen Jeans und ohne meine Unterlagen erschienen bin. Wenn ich meine in der Hosentasche versteckte und daher völlig zerknitterte Teilnahmeurkunde heraushole, würde ich sofort jeden Job kriegen. «Oh», würde man sagen, «Herr Pieper, das hätten Sie doch gleich sagen müssen. Sie haben schon mal an etwas teilgenommen. Und es überlebt. Das macht natürlich Eindruck. Mein lieber Mann! 374 Punkte! Respekt! Sie haben den Job.»

Aber man kann den Bundesjugendspielen nicht entkommen.

Auch Frau Svensson hatte kein Mitleid mit mir und sagte: «So, Malte, dann bist du jetzt dran mit Weitsprung!» Dabei kratzte sie sich unterm linken Arm, schnäuzte sich in die bloßen Finger, spuckte auf den Boden und spie Feuer. Okay, Letzteres nur in meiner Phantasie.

Ich sollte also weit springen. Eine Aktivität, die ich genauso wenig beherrschte, wie das Atmen im luftleeren Raum. Wobei man Weitsprung wenigstens im späteren Leben noch brauchen kann. Wie oft steht James Bond auf irgendwelchen Hausdächern, läuft vor ganz bösen Verbrechern weg und muss mehrere Häuserschluchten nacheinander springenderweise überbrücken. Wenn mir das auch mal passiert, kann ich Frau Svensson jedenfalls nicht vorwerfen, sie hätte nicht alles getan, um mich auf diese Situation vorzubereiten.

Damals schien mir das Springen aber nur halb so nützlich. Ich stand am Anfang der Anlaufbahn, an deren Ende ich in die berühmte Sandgrube hüpfen sollte. Gemeinerweise war zwischen dem Absprungbrett und dem Landesandkasten noch etwa ein Meter normaler Boden, da man davon ausging, dass es niemanden gibt, der diese Distanz nicht würde überbrücken können. Mich setzte allerdings bereits dieser Abstand jedes Mal unter einen gewissen Druck. Oft kratzte ich nur knapp am Rand des Sandkastens vorbei, und wenn ich es dann bis in die Grube schaffte, brachte ich es immer fertig, aufgrund der plötzlichen Landung nach vorne zu kippen und mit dem Gesicht im Sand zu landen. Wenn ich dann mit völlig verdrecktem Gesicht aufstand, hörte ich von Frau Svensson nur: «Malte! Wieder scheiße gesprungen! Aber wenigstens nach vorne gekippt!» Das war aus ihrem Mund schon ein sehr großes Lob.

Ich lasse an dieser Stelle die genauere Beschreibung des Fünfzigmetersprints aus, denn es ist mir zu peinlich zu erwähnen, dass ich regelmäßig von meiner Laufbahn abkam und meine Laufnachbarn sauber abgrätschte. Nur so viel: Es gibt Spitzensportler, die laufen hundert Meter in zehn Sekunden. Ich laufe zehn Meter in hundert Sekunden. Man muss ja auch nicht ständig so hetzen. Wenn ich gewollt hätte, hätte ich es bestimmt besser gekonnt. Mit diesem Gedanken habe ich mich zumindest immer getröstet. Das ist eine sehr gute Motivationstechnik: Wenn man etwas nicht kann, einfach so tun, als hätte man sich ja gar nicht richtig angestrengt. Ein kurzes «Ich hab ja gar nicht richtig gespielt» kann beim Fußball die schlimmsten Fehlpässe rechtfertigen. In der Schule scheitert diese Technik allerdings regelmäßig. Wenn man nach einer Klassenarbeit zum Lehrer sagt: «Ich hab gar nicht richtig geschrieben», antwortet der doch bloß: «Ja. Und deswegen hab ich dir auch die 6 gegeben.» Lehrer sind da eben etwas phantasielos.

Doch zurück zu den Bundesjugendspielen. Was sich mir nie erschlossen hat, ist das Werfen. Man wirft einen kleinen Ball in Richtung einer Wiese und wenn man es richtig macht, dann fliegt das Wurfgerät weit. Entscheidend ist dabei der Abwurfwinkel. Leider hat man 360 Grad zur Auswahl, und mir fiel es da immer schwer, mich zu entscheiden. Nach einigen fehlerhaften Versuchen schloss ich die 180 Grad, die hinter mir lagen, schon mal grundsätzlich aus. Trotzdem landete der Ball häufig nicht weit von meinem Standpunkt entfernt. So auch diesmal.

Glücklicherweise erbarmte Fabio sich meiner und zeigte mir nochmal die Wurftechnik. Und einen Versuch hatte ich noch. Ein Versuch, bei dem ich zeigen wollte, was ich konnte. Ich warf und erreichte eine Weite von glorreichen neun Metern. Immerhin. Frau Svensson wollte mich aufmuntern: «Malte, du musst nur ein bisschen üben, dann schaffst du sogar zwanzig Meter.» Also begann ich zu üben, und das Unglaubliche geschah: Ich warf den Ball sogar einundzwanzig Meter weit. Dass zwischen meinem anfänglichen Scheitern und meinem Einundzwanzigmeterwurf acht Jahre lagen und ich mittlerweile sechzehn war, tut ja nichts zur Sache. Zeit und Raum sind schließlich relativ.

Ab einem bestimmten Alter musste man dann nicht mehr an den Bundesjugendspielen teilnehmen, sondern veranstaltete einen sogenannten Friedenslauf. Dabei besorgten wir uns im Familien- und Freundeskreis Sponsoren, die uns pro gelaufenen Kilometer einen gewissen Betrag spendeten. Unter dem doch sehr hohen Druck, weil man ja für einen guten Zweck lief, versuchte man, so viele Runden wie möglich zu absolvieren. Unsere Lehrer wendeten zusätzlich gewiefte Motivationstechniken an, indem sie riefen: «Denkt dran! Wenn ihr nicht genug lauft, dann müssen die Kinder in Afrika verhungern!» Aus heutiger Sicht muss ich sagen, dass ich die Erwähnung dieser Kausalkette nicht gerade fair finde.

In meinem letzten Jahr in der Schule musste ich übrigens nicht aktiv an diesen Sportveranstaltungen teilnehmen. Ich hatte mich freiwillig zum Messen der Sprungweiten bei den

Bundesjugendspielen einteilen lassen und durfte nun selber den kleineren Kindern ihre Ergebnisse verkünden. Erst da verstand ich, warum Frau Svensson uns immer hat leiden lassen: Es ist verdammt langweilig, Weiten zu messen und Sand zu harken. Da braucht man etwas Abwechslung oder ein Ventil. Ich für meinen Teil bin nach einer Weile dazu übergegangen, bei den guten Springern ein paar Zentimeter abzuziehen und bei den unsportlichen sehr großzügig aufzurunden. Sportversager müssen zusammenhalten.

Nach den Erfahrungen von etlichen Bundesjugendspielen bin ich froh, die Schule jetzt hinter mir zu haben und nie wieder zu einer Sportart gezwungen zu werden, die ich nicht mag. Bei mir muss eben auch Sport einen Sinn ergeben. In eine Sandgrube zu springen, die danach sofort wieder glatt geharkt wird, finde ich einfach bescheuert. Da sieht man ja gar kein Ergebnis.

Fuß- oder Basketball sind da anders, hier muss der Ball in das Tor bzw. den Korb. Neben die sportliche tritt eine ordnende Komponente – das finde ich sinnvoll.

Vielleicht gründe ich irgendwann mal einen Verein, der sich für die Abschaffung der Bundesjugendspiele engagiert. Sie sind einfach nicht mehr zeitgemäß. Man könnte stattdessen Sportfeste veranstalten, bei denen man zwischen verschiedenen Sportarten wählen kann.

Für die typischen Bundesjugendspieldisziplinen gilt für mich aber weiterhin:

Springen, Laufen, Werfen geht mir auf die Nerven.

Werfen, Laufen, Springen möcht ich nicht besingen.

Und beim Springen, Werfen, Laufen möchte ich mich nur besaufen.

(An diesem Punkt stellen Sie sich bitte einen Karnevalstusch und eine Fanfare vor.)

TIMING

Genau wie bei den Bundesjugendspielen und beim Sport allgemein kommt es in der Schule oft auf das richtige Timing an. Ansonsten zeichnet sich Schule ja eher durch Alltagsferne aus, aber was das Timing angeht, gilt in der Schule wie im normalen Leben: Timing ist alles. Angesichts dieser seltenen Realitätsnähe der Schule halte ich an dieser Stelle eine Gedenkminute für angebracht ...

Wie wichtig Timing in der Schule ist, zeigt sich in Bezug auf die Unterrichtsbeteiligung: Als Schüler muss man sich ja mit der Frage beschäftigen, wann es strategisch am besten ist, sich im Unterricht zu melden. Generell ist eine rege Beteiligung zu Beginn des Schuljahres günstig, um einen guten Eindruck zu hinterlassen. Danach kann man es etwas schleifen lassen, um dann kurz vor der Notenvergabe mit der Leistung wieder anzuziehen. Das nennt man dann Saisonbeteiligung.

Auch das Schulpersonal muss sich um das richtige Timing bemühen. Unser Schulleiter war da immer sehr vorbildhaft, schaffte er es doch, gewisse Baumaßnahmen immer so zu terminieren, dass sie genau dann vollzogen wurden, wenn sie keiner brauchen konnte. Wenn Sie wissen wollen, was ich meine, schreiben Sie einfach mal eine Klausur, wenn im Nachbarraum der Boden zwecks Wasserleitungswartungen aufgestemmt wird. Oder setzen Sie sich im Winter in einen Klassenraum, der auf Eisschranktemperaturen heruntergekühlt ist, weil die Fenster in den Weihnachtsferien ausgetauscht werden sollten, die Scheiben auch tatsächlich ausgebaut worden sind, der Glasermeister aber dann leider keine Zeit mehr gehabt hat, auch wieder neue einzusetzen.

Dabei hat man uns für unsere Klassenarbeiten immer beigebracht: Wenn man einen Fehler bemerkt: *Erst* etwas Neues hinschreiben, *dann* das Alte durchstreichen.

Aber da trifft eben Handwerk auf Schule. Zwei Institutionen, die anscheinend in einem bisher unbekannten Konflikt miteinander stehen. Anders sind fehlende Wasserhähne nach Arbeiten im Sanitärbereich oder das Auslösen des Feueralarms durch Schweißarbeiten nicht zu erklären.

Auch hier liegt die Krux wohl wieder in der Bürokratie. So fiel unserem Schulleiter eines schönen und dunklen Spätherbsttages auf, dass die Beleuchtung des Schulgeländes durch einige alte Funzeln, die sich Laternen schimpften und von denen viele kaputt waren, nicht ausreichte. Dies bemerkte er deshalb, weil ein anderer Lehrer auf dem Parkplatz sein Auto gerammt hatte. Zuvor waren bereits mehrere Kinder über im Dunkeln unsichtbare Unebenheiten im Boden gestolpert oder mit ihren Fahrrädern über andere Kinder gefahren, weil sie jene schlichtweg nicht gesehen hatten. Aber erst das Auto des Rektors brachte das Fass zum Überlaufen.

Er beantragte also eine neue Beleuchtungsanlage und bekam sie auch genehmigt. Dies geschah an einem Tag Mitte November. Es wurde Dezember, noch immer war nichts geschehen. Es kamen die Weihnachtsferien – keine Beleuchtung in Sicht. Zwischenzeitlich hatte es ein Achtklässler geschafft, sich die Nase zu brechen, weil er volles Rohr gegen einen Baum gelaufen war.

Es wurde Januar, und noch immer passierte nichts. Ebenso wenig im Februar und im März. Langsam wurde es morgens schon wieder so früh hell, dass die Laternen sowieso nicht mehr angestellt wurden. Es kam der April, und inzwischen dachte keiner mehr an die neue Beleuchtung. Doch urplötzlich, es war Ende Mai, standen an einem Montagmorgen lauter nigelnagelneue Laternen auf dem Schulhof und erstrahlten im Licht der Morgensonne. Pünktlich zur hellen Jahreszeit hatte man die Beleuchtung erneuert.

Jetzt werden viele sagen: «Ja und? Hauptsache, ihr hattet

neue Laternen. Die tun's ja auch noch im nächsten Winter.» Grundsätzlich ist das richtig. Eine neue Beleuchtungsverordnung der Schulbehörden sorgte allerdings im darauffolgenden Herbst dafür, dass alle Lampen erneut ausgetauscht werden mussten, denn sie überschritten die geltenden Energiesparwerte und standen außerdem in zu großen Abständen voneinander entfernt.

Im Übrigen kein Einzelfall: Bei uns wurde einen ganzen Winter lang trotz starkem Schneefall nicht gestreut. Aus Mangel an Streusalz. Aber nicht, weil dieses nicht zur Verfügung gestanden hätte. Nein. Sondern weil es in der Schule keine Lagermöglichkeit mehr gab: Der dafür vorgesehene Raum war bis obenhin voll mit Klopapierrollen. Man hatte sich bei der Bestellung des Papiers um eine Null auf der Stückzahlseite verschrieben und vergessen, den Irrtum zu korrigieren.

Dabei kommt es doch gerade, wenn es um Geld geht, auf richtiges Kalkulieren und das optimale Timing an. Unsere Schule hat meiner Überzeugung nach zum Beispiel nur deswegen Fördergelder als sogenannte Europa-Schule bekommen, weil man rechtzeitig, bevor die dies beurteilende Jury die Schule besichtigte, eine Europa-Fahne in der Schule aufgehängt hatte. Mehr Engagement in Sachen Europa gab es nicht. Aber die Fahne hing zur richtigen Zeit dort, und damit war die Sache klar. Ich fühlte mich ein wenig an den Tag der Offenen Tür erinnert.

Mit ähnlichen Taktiken wurde die Schule dann noch Umwelt-Schule, Energiespar-Schule, Aktiv-Schule, Bewegungs-Schule und Sozial-Schule. (Das schreibt man immer schön mit Bindestrich, damit beide Wörter betont werden. Das ist ganz pädagogisch wertvoll.) Fragen Sie mich aber bitte nicht, was das alles ist und welche Kriterien dafür erfüllt sein müssen.

Oft ist eben das Image wichtiger als die Tatsachen. So

auch, wenn Unterricht ausfiel. Man gönnte uns nicht die Freizeit. Nein. Man schickte uns in das sogenannte Selbststudium. Was man da studieren sollte, blieb mir schleierhaft. Denn vernünftige Arbeitsmaterialien bereitete kaum ein Lehrer für diese Ausfälle vor, und so musste man anwesend sein, hatte aber nichts zu tun. Oder sollte man das Wort Selbststudium gar wörtlich nehmen und sich selbst studieren? Etwa in Form einer zenbuddhistischen Meditationsstunde? Ließen die Lehrer die Stunden bewusst ausfallen, damit wir unserer Erleuchtung näherkommen konnten? Alles Schwachsinn! Mit dem Wort Selbststudium lässt sich die Tatsache, dass kein Lehrer da ist, um sich um die Schüler zu kümmern, nur schöner verpacken.

Letztlich hatte das ganze Theater nur einen Zweck: Wir mussten trotz Unterrichtsausfall in der Schule bleiben, damit die Ausfallstundenstatistik der Schule nicht ruiniert würde. Warum eigentlich? Wäre es nicht sinnvoller gewesen, den Lehrermangel offiziell zu machen? Stattdessen ließ man uns im Selbststudium die Zeit absitzen. Oder besser gesagt abstehen. Denn vernünftige Arbeitsbereiche für dieses eigenständige Lernen gab es natürlich nicht. Das lässt natürlich die Frage aufkommen, wo die Fördergelder aus sämtlichen erlangten Titeln als Sonstwas-Schule hinflossen. Vermutlich finanzierte man damit neue Fähnchen oder Pseudoaktivitäten, um demnächst das Upgrade von der Europa- zur Welt-Schule zu schaffen. Und wenn es das nicht gibt, dann kann man ja immer noch Saubere-Luft-Schule, Rettet-den-Regenwald-Schule oder Wir-haben-uns-alle-ganz-doll-lieb-Schule werden. Von den Fördergeldern kaufen wir uns dann lauter Duftkerzen, stellen diese in der Schule auf und werden Wohlfühl-Schule. Aber das geht wohl nicht. Brennende Kerzen im Schulgebäude verstoßen gegen die Brandschutzverordnung …

DER ALLWISSENDE

«Klar können wir über unser Schulgelände gehen», hatte ich zu meinem Cousin gesagt, als er zu Gast war und wir auf dem Weg zur lokalen Eisdiele eine Abkürzung nehmen wollten. Es war Nachmittag und die Schule noch recht gut gefüllt mit denen, die das Pech hatten, an diesem sonnigen Tag Ganztagsunterricht zu haben. Ich hatte glücklicherweise schon frei.

Wir hatten das Schulgelände kaum betreten, da rief jemand: «Jetzt macht aber mal ganz schnell, dass ihr hier vom Gelände runterkommt! Malte, du kannst bleiben. Aber der andere zieht gefälligst Leine. Keine schulfremden Personen! Könnt ihr nicht lesen?!»

Absender dieser Worte war unser Hausmeister Herr Wagner. Ich weiß bis heute nicht, woher er eigentlich meinen Namen kannte. Ich hatte mich ihm nie vorgestellt, und wir hatten auch bisher noch nie miteinander gesprochen. Und wie bitte konnte er bei der Menge an Schülern – auf unsere Schule gingen über tausend – wissen, dass mein Cousin nicht dazugehörte? Das ging doch nicht mit rechten Dingen zu.

Wahrscheinlich hat Herr Wagner mit seiner Frau jedes Jahr die neuen Schüler heimlich fotografiert und mit allen zugehörigen Informationen aus dem Schulcomputer kleine Karteikarten erstellt, die er dann auswendig lernte. In meinem Fall hatte er nach diesem Ereignis vermutlich ergänzt: «Machte sich bereits des Schmuggels von schulfremden Personen schuldig.»

Möglicherweise brauchte er solche Karten aber auch gar nicht. Diese Erkenntnis kam mir, als ich beim regelmäßigen Kirchgang (Ostern und Weihnachten, das ist zweimal im Jahr, also regelmäßig) in der Kirchenbank saß und der Pfarrer predigte: «Gott ist da, wo du bist!»

Ich dachte einige Tage darüber nach, und dann fiel es

mir wie Schuppen von den Augen: «Ich bin meistens in der Schule. Die Fächer wechseln, die Lehrer wechseln, aber der Hausmeister ist immer derselbe …» – Gott ist da, wo du bist! «… Herr Wagner ist Gott!»

Zugegeben, es gab schon mal elegantere Visionen, Gotteserscheinungen und Messiasse, aber ist nicht gerade das ein Zeichen, dass Herr Wagner der einzig echte Gott sein muss? Kommt Er nicht immer zu den Schwächsten der Schwachen? Da ist eine Erscheinung bei Schülern doch nur logisch. Möge Er uns hinausführen aus der Sklaverei! Oder wenigstens mal über Wasser laufen oder die Getränke aus seinem Pausenkiosk in Wein verwandeln.

Obwohl, zumindest die Sache mit dem Wein wäre in einer Schule gar nicht möglich. Der Einführung eines neuen Getränks im Kiosk müssten erst noch die Schülervertretung, der Elternbeirat, das Ministerium, die Lehrerkonferenz, der Schulleiter, die Schulkonferenz und der Archivar zustimmen. (Warum eigentlich der Archivar?) Außerdem darf man Wein in Deutschland nicht ohne Genehmigung herstellen und erst recht nicht ausschenken. Und wo wir gerade dabei sind: Das Trinken aus einem gemeinsamen Gefäß, wie Jesus und seine Jünger es praktizierten, widerspricht sämtlichen Hygienevorschriften. Man merkt schon: Jesus wäre in der heutigen Zeit aufgeschmissen gewesen. Hätte er dann auch noch von «Blut, das für alle vergossen wird» gesprochen, wäre ihm eine Altersbeschränkung ab mindestens zwölf Jahre auferlegt worden, und beim Brechen des Brotes hätte er eine Schüssel darunterhalten müssen, damit keine Krümel verloren gehen. Es muss schließlich alles recycelt werden. Seine Bergpredigt hätte Gottes Sohn übrigens von Anfang an vergessen können: Es gab dort oben erhebliche Blitzeinschlaggefahren. Wahrscheinlich blieb Gott als unser Hausmeister deswegen so unerkannt.

Vielleicht hatte Herr Wagner aber auch einfach zu viel Zeit und konnte daher tatsächlich alle Namen der Schüler auswendig lernen. Um die Schule in Stand zu halten, hat er seine Zeit jedenfalls nicht allzu oft genutzt. Viel häufiger sah man ihn mit irgendwelchen Lehrern plaudern, die erstaunlich oft Zeit für ihn hatten, aber uns, wenn wir sie auf dem Flur etwas fragen wollten, mit dem Verweis auf ihre knapp bemessene Zeit abwiesen. Klar, als Hausmeister muss man sich auch sozial in eine Schulgemeinschaft einbringen. Die defekten Leuchtstoffröhren im fensterlosen Jungenklo im dritten Stock konnten da ja wohl mal ein bisschen warten. Sie blieben trotz oder gerade wegen der Gespräche des Hausmeisters lange kaputt. Ganz schön asozial, so Leuchtstoffröhren!

Interessanterweise gewann Herr Wagner bei den Schülern an Beliebtheit, je älter sie wurden. War er von den jüngeren Schülern noch gefürchtet, so entwickelte er sich in der Oberstufe zum Liebling aller und wurde bei den Abiturfeiern regelmäßig umjubelt. So ein Hausmeister wird eben über die Jahre zu einem richtigen Kumpel. Er durchlebt das ganze Schulleben mit einem und baut einen auf, wenn mal eine Klausur danebengeht: «Ach, komm. Das ist doch nicht schlimm. Ich hab auch kein Abitur, und aus mir ist auch etwas geworden.» Die meisten Schüler waren dann noch verzweifelter.

Hausmeister ist eben nicht jedermanns Traumberuf. Aber vielleicht ist wirklich etwas dran an dieser Gott-Sache? Wenn ja, dann war es sicherlich unser Hausmeister, der einst zu einem frustrierten und durch eine Prüfung gefallenen Schüler sagte: «Du brauchst keinen Schulabschluss. Selig sind die, die arm sind im Geiste, denn ihnen ist das Himmelreich.»

Irgendjemand hat das dann aufgeschrieben, vorne «Bibel» draufgedruckt, und seitdem ist es Gottes Wort. Im Namen des Vaters, des Sohnes und des heiligen Hausmeisters. Amen.

«IN CHINA WÄRST DU TOT»

Wer unter dieser Überschrift jetzt einen sozialkritischen Text zu Missständen in der Umsetzung von fundamentalen Menschenrechten in der sogenannten Volksrepublik China erwartet, muss leider enttäuscht werden.

Es geht im Folgenden vielmehr um die Notengebung in Deutschland. Einer unserer Lehrer hat einmal das Referat einer Schülerin mit ebendiesen Worten kommentiert: «Tut mir leid, aber in China wärst du tot.» Wer diese Aussage liest, dem werden sicherlich genauso Fragezeichen auf der Stirn stehen wie uns damals. Bei Fabio leuchteten auf der Stirn sogar große rote Buchstaben auf, die langsam pulsierend das Wort «Error» bildeten.

Besagter Lehrer war damals aber so freundlich, uns seine rätselhafte Aussage noch zu erklären: «In China wärst du tot. Soll heißen, du hast eine 4. Das ist im Chinesischen eine Unglückszahl, weil deren Klang dem Wort für Tod sehr ähnelt.» Eine sehr charmante Art für einen Lehrer, eine Note mitzuteilen. Ganz nebenbei, falls man mal eine 6 kassiert: Die Zahl 6 steht im Chinesischen für «problemlos» und «erfolgversprechend». Das kann zu Missverständnissen führen, wenn ein in Deutschland zur Schule gehendes chinesisches Kind wegen ungenügenden Leistungen sitzenbleibt oder das Abitur nicht schafft und die ganze Zeit dachte, es würde Bestnoten schreiben.

Als unser Lehrer diesen Chinavergleich bemühte, dachte ich für einen Moment, er würde auf die harten Lernbedingungen chinesischer Schulkinder aufmerksam machen wollen. Aber nein, es war nur wieder ein blöder Scherz. Die Note dahinter leider nicht. Okay, eine 4 ist voll in Ordnung, schließlich ist sie ausreichend, aber was soll man als Schüler mit dieser Bewertung anfangen? Egal, welche Note man erzielt, es ist eine Zahl, die in den Raum geworfen wird, von der man dann ableiten soll, ob man gut oder schlecht war. Es bringt einem Schüler aber doch nichts, wenn er unter einer Klausur den – für Lehrerverhältnisse schon sehr ausführlichen Kommentar – «Befriedigend plus, du kannst dich noch steigern» liest. Okay, man kann sich also wohl noch steigern, und zwar auf eine bessere Zahl. Wer hätte das gedacht?! Aber wie? Wo sind die Schwächen in der Arbeit? Was muss verbessert werden? Was ist schon gut und soll genauso bleiben? Eine Note bleibt eine Zahl und sagt darüber nichts aus.

Aber glücklicherweise gibt es ja noch die Korrekturen des Lehrers am Rande einer Klausur. Da stehen dann Dinge wie «genauer», «falsch», «unverständlich» oder «Kern nicht erfasst».

Eine meiner Lehrerinnen hatte die Angewohnheit, Smileys, Blümchen oder Totenköpfe an den Klausurrand zu malen. Kleiner Hinweis für von dieser kreativen Idee begeisterten Lehrkräfte: Es macht die Korrekturaussage auch nicht klarer.

Das Ganze kann aber noch übertroffen werden: Dieselbe Lehrerin bekritzelte den Rand auch gerne schon mal mit Ausdrücken wie: «Ui», «arg!», «mmpf» oder besonders beliebt: «Har!» Wahrscheinlich waren dies die Geräusche, die sie während der Klausurkorrektur von sich gab. Wenn dem tatsächlich so gewesen sein sollte, bin ich froh, dass sie beim Korrigieren nicht auch noch gegessen hat. Die Wörter «schmatz» und «schlürf» hätten mich bei einer Klassenarbeit über Nachkriegsgedichte doch überrascht.

Doch egal, ob unkommentiert oder kommentiert, am Ende steht unter jeder Arbeit eine Note, und ich frage mich bis heute: Wo ist der Unterschied zwischen einer 3+ und einer 2–? Warum ist eine 4 nicht befriedigend? Und warum glauben eigentlich alle Lehrer, dass sie bei jeder

Arbeit ab 2+ aufwärts «Prima!» darunterschreiben müssen?

Noch fragwürdiger wird dieses Verfahren bei der Bewertung der mündlichen Mitarbeit. Wenn ich mich zehnmal in einer Stunde melde und nur einmal drankomme, warum sage ich immer dann genau das Falsche, obwohl ich vorher alles gewusst habe? Und ist es jetzt besser, sich oft zu melden und nur wenig Gutes zu sagen oder lediglich ein paar Mal zu Wort zu kommen, dann aber wirklich etwas mitzuteilen zu haben? Die berühmte Abwägung zwischen Quantität und Qualität. Viele melden sich einfach dauerhaft und plappern, wenn sie drankommen, das nach, was mindestens ein Mitschüler vor ihnen schon mal gesagt hat. Trotzdem: Der Lehrer sieht: «Oh, da beteiligt sich jemand», und vergibt tendenziell eher eine gute Note als an jemanden, der sich selten, aber dafür mit hoher Qualität meldet.

Dabei ist es hierbei doch im Grunde wie im Straßenverkehr: Einen VW Golf oder Opel Corsa trifft man andauernd an. Einen Ferrari sieht man dagegen seltener und wenn, dann meistens nur sehr kurz, weil er mit 280 km / h auf dem Standstreifen rechts überholt. Welches der drei Modelle ist aber jetzt das bessere und wertvollere Auto? (Schwer zu sagen …, kommt drauf an, wofür man es braucht … blabla … Alles Weitere entnehmen Sie bitte den einschlägigen Kfz-Zeitschriften.)

Notengebung ist eben nicht einfach. Und weil das so ist und die Lehrer sich über ihre Note auch nicht immer ganz im Klaren sind, haben sie ein Mittel erfunden, um größere Überraschungen bei der Notenbekanntgabe zu vermeiden: die Selbsteinschätzung.

Oft verkünden Lehrer die mündlichen Quartalsnoten, indem sie aus dem Klassenraum gehen und jeden Schüler einzeln rausrufen. Dann stellen sie die obligatorische Fangfrage: «Wie schätzt du dich denn selber ein?» Da steht man dann. Völlig überrascht, dass schon wieder ein Quartal vorüber ist, und mit dem Gefühl, eigentlich die ganze Zeit nur mit dem Sitznachbarn gequatscht oder Papierkügelchen durch die Klasse geflitscht zu haben. Aber das kann man ja nicht einmal einem Lehrer als Selbsteinschätzung verkaufen. Also druckst man in der Regel rum: «Hab mich glaube ich gesteigert … Schwer zu sagen … Manchmal mach ich viel mit, es gibt aber auch Stunden, da bin ich müde oder krank oder so …» Alles vergebens. Die Lehrer kennen diese Umgehungstaktik und wollen eine konkrete Zahl hören, eben die Note. Die Einschätzung: «Ja, also ich find mich selber ja ganz toll, ich würde mir ja 'ne 1+ geben!», wird aber in den meisten Fällen nicht ernst genommen. Vor allem dann nicht, wenn der Sprecher dieses Satzes das gesamte Jahr über seine Hausaufgaben im Sinne des Klima- und Ressourcenschutzes (Papiersparen!) gemacht hatte – nämlich gar nicht.

Am Ende sagt man dann eine Note, die irgendwo in dem Bereich der Note des Vorjahres liegt. Damit kann man nicht viel falsch machen. Wenn die Note, die der Lehrer einem geben wollte, dann besser war, hat man Glück, denn dann wirkt es so, als sei man gut erzogen und bescheiden.

Ist die Note des Lehrers schlechter, kann die Selbsteinschätzung auch nichts mehr daran ändern. In beiden Fällen vergewissert sich der Lehrer also nur, dass er ungefähr eine Richtung getroffen hat, mit der beide Seiten leben können. Gehen die Meinungen auseinander, ist Diplomatie gefragt. Dann streicht man hier ein Minus weg oder fügt da ein Plus hinzu, und alle sind glücklich.

Ich habe allerdings keinen Fall erlebt, in dem der Schüler sich selber beispielsweise eine 2 gegeben hätte, der Lehrer sich aber eine 4 notiert hatte und am Ende eine 3 herauskam.

Meistens wurde es in so einem Fall noch nicht mal eine 4+. Da hätte man besser schätzen müssen.

Schule ist eben immer auch ein bisschen Glücksspiel. Mit dem Unterschied, dass Glücksspiel süchtig machen kann.

AUSLANDSREISE

Im Profil vieler Schulen wird der Austausch mit Schulen aus anderen Ländern und Kulturen als ein wichtiger Aspekt der schulischen Bildung angesehen, weswegen meist Schüleraustausche mit aller Herren Länder angeboten werden. Nach England, Frankreich, Italien, Polen, USA und viele mehr. Nur im Fach Latein macht man merkwürdigerweise keinen Austausch mit dem Vatikan. Schade.

Mindestens die Hälfte der von einer Schule beworbenen Austauschprogramme finden im späteren Schulverlauf allerdings gar nicht mehr statt, weil wieder irgendeine Schule abgesprungen ist oder aus den USA niemand nach Deutschland möchte. Viele Amis denken eben immer noch, dass wir in Deutschland in den vom Zweiten Weltkrieg übrig gebliebenen Ruinen wohnen und von dem Fraß leben, den die Amerikaner uns großzügigerweise geben, ohne wirklich zu wissen, was es ist. Was McDonald's angeht, stimmt das ja auch.

Wenn man sein Kind also an einer Schule anmeldet, die einen Austausch mit entfernten Ländern anbietet, sollte man sich vorher überlegen, ob die Einwohner dieser Länder drei Jahre später, wenn der Austausch stattfindet, überhaupt noch zu uns kommen wollen. Bei Austauschprogrammen mit Ländern wie Nordkorea, Iran oder Afghanistan wäre ich generell vorsichtig.

Unser Englandaustausch sollte damals aber tatsächlich verwirklicht werden. Zwar konnten nur wenige Leute mitkommen, da zwei Partnerschulen doch wieder abgesprungen waren, aber eine dritte Schule in London ermöglichte uns die Fahrt über den Ärmelkanal.

Im Vorfeld hatte man uns eingebläut, dass wir uns gut zu benehmen hätten, weil wir nicht nur unsere Schule, sondern auch Deutschland repräsentieren würden. Diese Denkweise ist wohl der Grund, warum wir im Ausland lange Zeit als verkrampft und humorlos wahrgenommen wurden. Außerdem müsste man, wenn man Deutschland so repräsentieren wollte, wie die Engländer das erwarten, in Nazi-Uniform oder mit bayrischen Lederhosen und einer Maß Bier in der Hand herumlaufen. Die Nazi-Denke legt sich zwar langsam, aber der Glaube, wir Deutschen feierten 365 Tage im Jahr Oktoberfest, hält sich unerschütterlich.

Dessen ungeachtet war unseren Lehrern das gute Benehmen im Ausland sehr wichtig. Nicht auszudenken, was sonst passiert wäre! Die gesamte Bundesrepublik wäre in Verruf geraten. Man stelle sich vor, wir hätten vor der Tower Bridge gestanden und durch Unachtsamkeit einen englischen Passanten angerempelt. Da hätten die Engländer Deutschland doch sofort den Krieg erklärt.

Ganz am Rande sei erwähnt, dass die Engländer, als sie zum Rückbesuch bei uns in Deutschland waren, bei einem Ausflug nach Trier rohe Eier von der Porta Nigra warfen. Der englische Lehrer war der erste, der begeistert Fotos von der Sauerei machte. Warum ist auf diesen sauberkeitstechnischen Affront seitens der Engländer von Frau Merkel bis heute eigentlich keine Reaktion gefolgt? Man hätte ja wenigstens den Botschafter abziehen können oder so was. Die schöne Porta Nigra. (Okay, die Engländer haben danach alles wieder sauber gewischt, aber das hätten wir mal am Buckingham Palace machen sollen …)

Stattdessen standen wir brav vor ebendiesem Königspalast und fragten uns lediglich, ob man es bis zur Mauer des Gebäudes schaffen könnte, bevor einen die Wachen festnehmen. Das auszuprobieren hatten wir allerdings keine Zeit, wir waren schließlich nicht zum Vergnügen hier, sondern auf Bildungsreise. Diese begann in einem Reisebus in Belgien, da das belgische Busunternehmen günstiger war. Wir sollten Deutschland also in einem belgischen Reisebus repräsentieren.

Der Busfahrer verbot uns als Erstes, die Bustoilette zu benutzen. Wozu man eine Bustoilette dann in das Gefährt eingebaut hatte, blieb im Dunkeln. Aber in Deutschland müssen angehende Grundschullehrer im Fach Mathematik ja auch Integralrechnung studieren, obwohl sie es im Schulalltag nie wieder brauchen. Wir fuhren also als deutsche Reisegruppe mit unserem belgischen Reisebus in englische Gefilde. Natürlich mussten wir die Fähre nehmen statt des Zuges unter dem Ärmelkanal hindurch, ist ja klar. Schließlich war das Ganze eine Schulveranstaltung, und Schulklassen ist es bei Ausflügen – aus versicherungstechnischen Gründen natürlich – verboten, tiefer als bis zu den Knien ins Wasser zu gehen. Da wäre die kilometertiefe untertunnelte Passage einer Meerenge ja ein geradezu ungeheuerlich inkonsequenter Verstoß gegen bestehende Vorschriften.

Als wir ankamen, trafen wir zum ersten Mal auf unsere Austauschpartner und deren Familien. Meine Familie bestand aus meinem Austauschschüler, dessen Eltern, mindestens zwanzig Hausratten, die überall frei herumliefen, und einem Papagei, der jeden Besucher beim Betreten des Zimmers mit den Worten «Fuck you!» und «Nasty bitch!» begrüßte. Die in der Ankündigung des Austauschprogramms gefeierte Möglichkeit, seinen Wortschatz zu erweitern, bekam hier eine ganz eigene Bedeutung.

Ich brachte dem Vogel im Laufe meines Aufenthalts noch

die Worte «Scheiße» und «Arschloch» bei, um seinen Sprach-schatz auch international auf den neuesten Stand zu bringen. Zugegeben, ich hätte ihm auch kultiviertere Wörter beibrin-gen können, aber hey, ich war fünfzehn. Unsere Lehrer hätte es vermutlich schon gefreut, wenn wir nur annähernd so schnell gelernt hätten wie der Papagei.

Am zweiten Tag machten wir gemeinsam mit unseren Austauschschülern einen Ausflug nach Brighton, das unser Englischlehrer Herr Lottenbach uns als die Schwulenstadt Englands vorstellte. Ob das stimmte und warum wir dort hin-fuhren, weiß ich bis heute nicht, denn Brighton hatte nicht wirklich viel zu bieten – oder man zeigte es uns nicht. Viel-leicht standen auch private Interessen des Herrn Lottenbach hinter diesem Ausflug …

In Erinnerung ist mir allerdings ein Schild auf einem ziemlich hohen Aussichtsturm geblieben, das frei übersetzt sagte: «Bitte nicht vom Turm springen. Das tut weh!» Ich wünschte, unsere Lehrer hätten uns den Unterrichtsstoff mal derart plausibel erklären können.

Stattdessen wollte Herr Lottenbach auf der Rückfahrt un-bedingt noch organisatorische Dinge für die nächsten Tage klären. Dies tat er über die Lautsprechanlage. Was er sagte, war nur leider nicht zu verstehen. Das lag aber nicht an der schlechten Anlage, sondern daran, dass sich alle englischen Austauschschüler angesichts seiner unglaublich schlechten Aussprache wegschmissen vor Lachen. Und so einer war be-fugt, unsere Klassenarbeiten zu beurteilen.

Am letzten Tag unseres Aufenthalts stand noch ein Be-such des Unterrichts in der englischen Partnerschule auf dem Programm. Welch ein Kulturschock! War man aus Deutsch-land karge und kahle Klassenräume gewöhnt, erstrahlten hier die Zimmer in bunten Farben und Mustern. Warum man den Raum, wo ein Antiaggressions- und Antigewalttraining angeboten wurde, allerdings knallrot gestrichen hatte, weiß ich auch nicht. Bei dieser Farbgebung muss man ja aggressiv werden.

Auch die Fächer, die unterrichtet wurden, unterschieden sich von unseren. Es gab zum Beispiel das Fach «Food Technology», es ging also ums Essen. Eine ironischerweise stark fettleibige Lehrerin erzählte uns etwas über gesunde Ernährung, wobei man sich anscheinend an amerikanischen Standards orientierte und Frikadellen mit viel Ketchup, Pommes und Berge von Pudding zum Nachtisch als gesund einstufte. Was für ein entspanntes Fach! Die Hausaufgabe lautete, alles, was man in der kommenden Woche essen sollte, aufzuschreiben. Clever, diese englischen Lehrer! Herr Lottenbach hatte uns einmal aufgetragen, alle englischen Worte, die wir im Laufe einer Woche im Alltag sehen, zu notieren. Komischerweise begegnete uns während dieser Zeit kein einziges englisches Wort. Aber sieben Tage kein Essen zu sich genommen zu haben, kann ja keiner von sich behaupten.

So erweiterten wir, genau wie unsere Schule es geplant hatte, unseren Horizont und unsere Sprachkenntnisse und lernten die englische Kultur zumindest insofern kennen, als dass wir nun um die seltsamen Schulfächer in Großbritannien wussten.

Das Schlimmste am ganzen Englandaustausch, an sich ja eine ganz nette Erfahrung, war aber der Rückbesuch der Engländer bei uns in Deutschland. Und da war das Verschandeln des Vorplatzes der Porta Nigra noch das Harmloseste. Es ist einfach anstrengend, einen fremden Menschen bei sich in der Familie zu integrieren, wenn dieser weniger Deutsch spricht als sein Papagei zu Hause. Den einzigen Satz, den mein Austauschschüler sagen konnte, war: «Das ist schlecht.» Wobei er «schlecht» immer «schlääkt» aussprach. Die Ausflüge waren «schlääkt», das Essen war «schlääkt», die deutsche Schule war «schlääkt». Wo war die berühmte englische Höflichkeit geblieben?!

Am letzten Tag sagte er: «Ick bin schlääkt» – und erbrach sich auf unsere Couch.

Davon hatte nichts in der Programmbeschreibung des Austausches gestanden. Oder gehörte das zu den landestypischen Gepflogenheiten des anderen Landes, die man kennenlernen sollte? Beschweren durfte ich mich jedenfalls nicht darüber, schließlich repräsentierte ich Deutschland. Und so musste ich einen kotzenden Engländer auf dem Sofa, der *sein* Land meiner Meinung nach etwas merkwürdig vertrat, ertragen, während die anderen gemeinsam mit den Engländern in einen Freizeitpark fuhren.

Trotzdem bestand Herr Lottenbach im Anschluss an den Besuch darauf, dass ich wie alle anderen einen Erlebnisbericht über diese Woche verfasste. Ich beschrieb aus Trotz ausführlichst, was ich «erlebt» hatte. Die Note, die ich dafür bekam, war wenig berauschend. Mein Austauschschüler hätte gesagt: «Die Note ist schlääkt!»

HEUTE IST «DÖNERSTAG»

Mitten in meiner Schulzeit wurde der Ganztagsunterricht eingeführt. Plötzlich war man zu der Erkenntnis gekommen: Je länger man am Tag in der Schule hockt, desto besser lernt man. Am Anfang meiner Schulzeit hatte man uns noch Diagramme mit Formkurven gezeigt, die verdeutlichten, wie die Leistungsfähigkeit unseres Gehirns ab zwölf Uhr mittags kontinuierlich abnimmt. Das galt offensichtlich nicht mehr. Unsere Gehirne waren von heute auf morgen in der Lage, auch nachmittags noch fit zu sein. Die Schule siegt eben über die Natur.

Unser Gehirn hatte man also heimlich auf irgendeinem Wege angepasst, unsere Mägen allerdings vergessen. Nachdem die Schulreform schon beschlossene Sache war, fiel einem findigen Menschen urplötzlich auf: «Scheiße, die Kinder müssen ja zwischendurch auch mal etwas Warmes essen!» Dieser Mensch ist bestimmt belächelt worden. Essen?! Wer braucht denn so was? Essen kann man doch auch noch nach dem Abitur.

Zum Glück setzten sich die Stimmen durch, die ein Mittagessenangebot für sinnvoll hielten. Wobei Glück relativ ist, denn das, was man uns als improvisierte Mensa dort hinstellte, glich eher einer nachkriegszeitähnlichen Essensausgabe. Um es zu verdeutlichen: Es lohnte sich durchaus, darüber nachzudenken, sich selbst einen Campingkocher mitzubringen und eine Dose Ravioli darauf zu erwärmen. Die Vorteile dieser rudimentären Selbstversorgung liegen auf der Hand: Das Essen wäre warm gewesen, man hätte gewusst, wo es herkam (Merke: Ravioli wachsen in Dosen!), die Portion wäre selbst dann größer gewesen als die in der Mensa, wenn man sie mit sämtlichen Klassenkameraden geteilt hätte, und günstiger wäre man auch weggekommen. Allerdings hätte das offene Feuer des Kochers gegen sämtliche Schulvorschriften verstoßen (Versicherungsvorschriften eingeschlossen).

So lief man also damals aufgrund fehlender Alternativen in der Mittagspause in den Innenhof, wo man die Mensa provisorisch auf Rollwägelchen hineingestellt hatte. Davor waren Bierbänke und -tische platziert, an denen man die erworbenen Speisen verzehren konnte. Egal, wie schnell man nach der Stunde zur Mensa hetzte, die Schlange der Wartenden war bereits ewig lang. Manche Lehrer ließen ihre Schüler sogar früher aus dem Unterricht, damit sie es noch zur Mensa schaffen konnten. Denn wenn man ganz hinten stand, konnte man eigentlich direkt wieder gehen. Die eine Stunde Mittagspause reichte nicht aus, um auch nur in die Nähe der Essensausgabe zu kommen. Nicht nur, dass dauernd das Essen ausging, da man selbiges nicht vor Ort zubereiten konnte (es gab keine Küche) und die Bestellung bei den externen Anbietern offensichtlich ständig falsch kalkuliert wurde. Die Schwierigkeit war: Bei uns arbeiteten die langsamsten Servicekräfte, die die Welt jemals hervorgebracht hat. Vielleicht sollte man besser von Service*entkräfteten* sprechen, denn sie bewegten sich langsamer als die gefrorenen Schnitzel, die sie in einer großen Mikrowelle erwärmten.

Hatte man das Glück, dennoch mal ein Essen zu ergattern, bezahlte man vier Euro, nur um festzustellen: Von anderthalb kleinen Kartoffeln, einem winzigen Schnitzel und einem Klecks Soße kann nicht mal ein Viertklässler satt werden. Warum man trotzdem alle Gerichte auch als halbe Portionen bekommen konnte, habe ich nie verstanden. Da konnte man sich das Essen doch gleich sparen?!

Im Nachhinein vermute ich Kalkül dahinter. Uns sollten zwei Dinge klargemacht werden: 1. Mensaessen muss nicht schmecken. 2. Eine Mensa ist nicht dafür da, hungrigen Schülern etwas zu essen zu geben, sondern die hungrigen Schüler sind für die Mensa da, damit auch diejenigen Menschen Arbeitsplätze finden, die allergisch gegen schnelle Bewegungen sind.

Wie sonst ist es zu erklären, dass jede Woche der gleiche Speiseplan aushing und man nur das Datum darauf änderte?!

Als Schüler hatte man entsprechend darunter zu leiden: Man bekam nicht nur jede Woche den gleichen Fraß vorgesetzt (ich glaube, man hat auch die Reste der Vorwoche wiederverwertet), sondern musste auch immer den Essensgeruch ertragen, der sich im ganzen Schulgebäude verteilte. Einen Vorteil hatte das: Wir wussten immer schon vorher, was es gab. Roch es nach Plastik, gab es Schnitzel, hatte man das Gefühl, in einer Kläranlage zur Schule zu gehen, stand Gemüse auf dem Speisezettel. Und jeden Donnerstag machten sich die Mensabetreiber den unglaublichen Spaß, eine Aktion auszuloben: den «Dönerstag».

Am «Dönerstag» gab es nicht etwa, wie bei einer «Aktion» normalerweise üblich, niedrigere Preise, sondern einfach nur Döner. Wo die «Aktion» war, verriet man uns nicht. Vielleicht ging es dabei auch nur um einen mensainternen Wettbewerb, den Döner jede Woche schlechter zu machen. Was das anging, legten die Mitarbeiter der Mensa überraschenden Aktivismus an den Tag. Immer nach dem Motto: «Wenn wir genug Soße drüberkippen, wird's schon schmecken.»

Hätten die Türken, als sie vor Hunderten von Jahren vor Wien standen, gewusst, was man in Deutschland einmal als Döner verkaufen würde, sie hätten die Belagerung vermutlich freiwillig aufgegeben. Vielleicht wären sie dann mit dem Schiff losgefahren und hätten Japan erobert. Dann gäbe es heute Sushi mit Tsatsiki oder Döner mit rohem Fisch ... (Der Besitzer der türkischen Imbissbude bei mir nebenan verkauft im Übrigen Sushi-Döner. Vielleicht sollte ich ihn mal fragen, ob seine Vorfahren mal in Japan waren.)

Unsere Mensa hat es jedenfalls geschafft, selbst aus den unkompliziertesten Nahrungsmitteln ein kulinarisches Inferno zu zaubern. Leider tat sie dies nicht nur provisorisch, denn das «Provisorium» bestand zu dem Zeitpunkt, als ich die Schule verließ, bereits seit drei Jahren. Ein Mensagebäude mit eigener Küche ist nicht in Sicht. Die Stadt, die das Geld dafür zur Verfügung stellen müsste, fand es wichtiger, eine komplett sinnfreie und historisch sowie architektonisch fragwürdige, aber schweineteure Freitreppe an die Rückseite des Aachener Rathauses zu bauen. Das meinen Politiker also, wenn sie von mehr Geld für Bildung sprechen.

Im Wahlkampf heißt es: «Kinder sind unsere Zukunft.»

Und nach der Wahl: «Wenn Kinder unsere Zukunft sind, dann können wir uns ja auch in Zukunft um sie kümmern.» Warum sollte man als Verantwortlicher auch so ein schönes Milliönchen aus dem Kommunalhaushalt in Bildung oder zumindest Schuldentilgung investieren, wenn es die Möglichkeit gibt, die Asche direkt aus dem Fenster zu werfen?! Wahrscheinlich wird ein Bürgermeister, der keine volksferne und sinnlose Investition in ein solches Projekt vorweisen kann, auf Generalversammlungen ausgelacht.

Nur zur Beruhigung der Schulen, die in Zukunft gezwungen sein werden, Ganztagsunterricht zu gewährleisten, ohne die Mittel dafür zu haben: Im Notfall schnallt sich der Schulleiter eben einen Bauchladen um und verkauft saure Drops und Schokoriegel. Das kann man nun wirklich als Mittagsverpflegung gelten lassen.

HASS UND KOTZ

In der Schule muss wie so oft im Leben alles eine besonders kreative Bezeichnung haben. Ein Klassenraumanbau darf da nicht einfach Anbau heißen, nein, es muss mindestens eine *Educational Room Expansion* daraus werden. Klingt sinnlos, ist es auch und außerdem grammatikalisch und von der Wortbedeutung her bestimmt nicht ganz der richtige Ausdruck.

Ich muss aber zugeben, dass z. B. *Recycling Place* einfach besser klingt, als «Mülllagerplatz für Schulabfälle». Das Englische wirkt eben so furchtbar schön international. Man muss als Schule auch an sein Image denken.

Wenn man das Ganze dann auch noch abkürzen kann, umso besser. So mag es manchen gewundert haben, wenn er unseren Gesprächen lauschte und folgenden Dialog hörte:

«Ey, wo haben wir gleich?»

«Wir müssen zum Hass.»

Gemeint war damit das «HaS», ein Gebäudeteil, der mit ganzem Namen «Haus am See» hieß, weil er an einem kleinen Teich lag. Nein, wie kreativ!

Noch merkwürdiger muss es für Außenstehende geklungen haben, wenn einer auf die Frage nach dem Raum antwortete: «Wir haben im KZ.» Kein Scherz. Den Raum gab es bei uns. Der hieß hochoffiziell «KZ». Dahinter verbarg sich – wie geschichtsignorant kann man eigentlich sein? – das Kompetenzzentrum, abgekürzt eben «KZ». Man merkt auch: je absurder die Abkürzung, desto weniger dahinter. Wenn ein Raum schon Kompetenzzentrum genannt werden muss, damit man ihm seine Wichtigkeit anmerkt, werde ich misstrauisch. Wenn da wirklich welche säßen, die kompetent wären, dann müsste man das doch nicht dranschreiben. Außerdem: Worin waren die kompetent? In der Namensgebung zumindest nicht! Ich kann die Frage nach dem Sinn und Zweck des Kompetenzzentrums auch nicht wirklich beantworten, denn ich habe diesen Raum nie betreten und kenne auch keinen, der dies je getan hat. Es soll irgendein Beratungsraum gewesen sein. So kompetent waren die Leute darin also, dass man ihre Hilfe niemals in Anspruch nehmen musste …

Auf Betreiben einiger Eltern wurde der Raum übrigens kurz, nachdem ich die Schule verlassen habe, umbenannt. Er heißt jetzt nicht mehr «KZ», sondern «KoZ». Welch gelungene Umbenennung! Es gibt also nun in dieser Schule nicht nur ein Gebäude, das «Hass» genannt wird, sondern auch eines, das die Schüler «Kotz» rufen. Eine gewisse Konsequenz, zumindest in schlechter Namensgebung, kann man den Verantwortlichen jedenfalls nicht absprechen.

Ich habe übrigens vor kurzem in der Zeitung von einer Schule gelesen, die «Fb-Schule» geworden ist. Ich muss zugeben, da war ich begeistert. Eine Facebook-Schule! *Das* nenne ich mal innovativ.

Wahrscheinlich bekommen alle Schüler über Facebook Nachrichten wie diese: «Herr Löchel hat dich zum *Erdkundeunterricht* eingeladen.» Vermutlich werden sie über diese Plattform auch über alle aktuellen Termine informiert: «Du hast 2 Mitschüler, die heute Geburtstag haben.» Selbst die Hausaufgaben werden so erleichtert: «Herr Lottenbach hat eine Hausaufgabe auf deiner Pinnwand mitgeteilt.» Und wehe, da klickt einer «Gefällt mir!». Dieses System macht womöglich auch sämtliche Anwesenheitskontrollen überflüssig, denn das regelt die Facebook-Gesichtserkennung vollautomatisch.

Das Ganze löste sich allerdings auf, als ich den Zeitungsartikel weiterlas: Eine «Fb-Schule» hat mit modernen Internet-Communities nichts zu tun. Es handelt sich vielmehr um eine sogenannte Fortbildungsschule. Fragen Sie mich jetzt bitte nicht, was das sein soll!

AUF GROSSER FAHRT

Alle paar Jahre gönnt man deutschen Schülern das spannende Abenteuer einer Klassenfahrt. Ein oder zwei bedauernswerte Lehrkräfte müssen sich opfern und mit einer Klasse von dreißig pubertierenden Blagen eine Woche in ein Schullandheim fahren. Abgeschnitten von der Außenwelt verbringt man dort eine Zeit geprägt von Gemeinschafts- und Bewegungsspielen, Liebesdramen und Küchendienst. Ich kann Lehrer verstehen, die sich einer solchen Tortur, für die sie auch noch Geld ausgeben müssen, entziehen wollen.

Doch auch unsere Lehrer kamen nicht daran vorbei, und so fuhren wir an einen unglaublich exotischen Ort. Ein Ort, der in jedem Reiseführer und in jedem Internet-Vergleichsportal garantiert nicht unter den fünf attraktivsten Urlaubsorten zu finden ist. Wir fuhren nach Steckenborn. Sie kennen Steckenborn nicht? Keine Angst, Sie haben nichts verpasst. Es handelt sich um ein winziges Eifelkaff, das außer der Jugendherberge, in der wir nächtigten, nur noch eine Imkerei und einen Gülletank mit dazugehörigen Rindviechern zu bieten hat. Aber manchmal kann ein einfacher Ort ja allein dadurch punkten, dass er weit entfernt vom eigenen Zuhause liegt und man deswegen ein Urlaubsgefühl bekommt. Nicht so bei Steckenborn. Wir sind mit einem Linienbus – EINEM LINIENBUS – dorthin gefahren! Eine halbe Stunde Fahrtzeit mit der Linie 65. Was für eine Reise! Manch einer von uns hatte jeden Morgen eine längere Anfahrt zur Schule als zu dieser Jugendherberge.

Als wir in Steckenborn ankamen und das Schullandheim betraten, wurden wir direkt von einem freundlichen Herbergsvater mit den Worten «So, jetzt erst mal die Hausordnung!» empfangen. Keine Begrüßung. Kein «Hallo, schön, dass ihr da seid». Nein, erst mal die Regeln. Kurz zusammengefasst lauteten sie: Alles, was Spaß versprach, ist verboten, und erlaubt ist das, was eh keiner machen will.

Ich glaube, Herbergsväter und -mütter sind ehemalige Gefängniswärter, die aus dem Knast aus Gründen des Häftlingsschutzes und wegen zu großer Unmenschlichkeit herausgeflogen sind. Nach einer kurzen Weiterbildung mit dem Titel «Repression – wie man Kindern den Spaß am Leben nimmt» können sie dann direkt im nächsten Schullandheim anfangen.

Im Gegensatz zu diesem Herbergsvater stand die recht betagte Köchin des Hauses. Zwar beruhte das Ganze auf Selbstversorgung, und wir mussten immer brav Küchendienst verrichten, aber diese liebe alte Dame war immer da und kochte mit. Wahrscheinlich hatte sie sich irgendwann einmal in die

Küche geschlichen und ist dann einfach dort geblieben. Der Herbergsvater hatte sie wahrscheinlich durchaus bemerkt, aber weil sie keinen Dreck machte und immer aufräumte, durfte sie bleiben. Und sie kochte wirklich gut! Das einzige Problem war eine gewisse, sicherlich altersbedingte Vergesslichkeit. Eigentlich nicht weiter schlimm. Blöd nur, wenn man während des Kochens zum dritten Mal die Frage hört: «Hatte ich den Eintopf schon gesalzen? Ich glaub nicht. Da muss noch ordentlich was dran.»

Schlimmer aber als versalzenes Essen waren die bereits angesprochenen Gemeinschafts- und Bewegungsspiele. Warum glauben Klassenfahrtlehrer immer, es würde der Klassengemeinschaft helfen, wenn Schüler merkwürdige Vertrauensspiele spielen? Sie kennen doch sicherlich dieses Spiel mit drei Leuten, wo zwei den mittleren Klassenkameraden, der sich nach vorne und hinten kippen lassen muss, auffangen und wieder in die andere Richtung kippen sollen. Klar, da muss man seinen Mitspielern schon vertrauen, denn sonst fällt man auf die Nase. Alles pädagogisch also unglaublich wertvoll.

Aber wir sollten dieses Spiel machen, als wir dreizehn Jahre alt waren. Ich bitte Sie. Dreizehn. Gerade Jungs in diesem Alter haben einen unglaublichen Spaß daran, Andere diversen Peinlichkeiten auszusetzen. In diesem Fall bedeutete das, es witzig zu finden, wenn mal einer auf die Schnauze fliegt.

Einige Spiele machten ja wenigstens, was den Bewegungsfaktor angeht, noch Spaß oder trugen tatsächlich zum besseren gegenseitigen Kennenlernen bei. So wussten wir dank Steckenborn endlich, dass der dicke Bertie nach zwei Runden Völkerballspielen einen Asthmaanfall bekommt. Und auch er lernte sich durch diese Reise viel, viel besser kennen – denn von einer Asthmaerkrankung hatte er bis dahin nichts gewusst.

Andere Spiele waren aber an Sinnlosigkeit nicht zu überbieten und ließen auf zu viel Freizeit seitens der Lehrkraft schließen. Was ein Spiel bringen soll, bei dem die Klasse in zwei Gruppen geteilt auf dem Herbergsvorplatz steht und sich gegenseitig Grimassen schneiden und über den gesamten Hof hinweg anbrüllen muss, weiß ich leider nicht. Wahrscheinlich versuchte der Lehrer nur, uns irgendwie müde oder heiser zu machen, damit wir abends zur Schlafenszeit keinen Ärger mehr machen konnten.

Die Schlafenszeit ist nämlich das Spannendste an einer Klassenfahrt. Sicher, wir wussten, dass wir um 22 Uhr auf den Zimmern sein mussten und um 22:30 Uhr das Licht aus sein sollte. Aber wie langweilig wäre das denn? Viel schöner war es doch, um 23:14 Uhr mit elf Jungs in einem Sechserzimmer zu sitzen – bei aufmerksamem Lesen stellt man hier eine Personen-Bett-Differenz von fünf zuungunsten der Zimmerkapazität fest. Was wir machten? Wir spielten Krieg. Und zwar mit dem schlimmsten, was wir im Reisegepäck dabeihatten: Deospray.

Ein solcher Deokrieg wurde erst beendet, wenn alle mangels Sauerstoff ohnmächtig am Boden lagen – oder ein Lehrer hereinkam. Beide Varianten sind nicht sehr angenehm. Nur gut, dass es damals keiner gewagt hat, im Zimmer zu rauchen. Das Entzünden eines Feuerzeuges hätte bei dieser deogeschwängerten Luft wahrscheinlich zu einer mittelschweren Explosion geführt, das Zimmer wäre ausgebrannt und die Jugendherberge eingestürzt. Nach einer weiteren Explosion wäre dann nur noch ein großer Krater übrig geblieben. Das «Stadtbild» von Steckenborn hätte es vermutlich verschönert.

Noch interessanter als ein zünftiger Deokrieg waren aber die Besuche im jeweiligen anderen Herbergshaus, denn Jungen und Mädchen waren selbstredend in unterschiedlichen Gebäuden untergebracht. Der Austausch zwischen beiden, besonders des Nachts, war strengstens untersagt, zusätzlich war ein Stacheldrahtzaun gezogen worden, Scheinwerfer erhellten das Gelände, und Dobermänner schlichen hinter einer weiteren Zaunreihe die Zähne fletschend hin und her. Von den Panzersperren und dem Wassergraben mit den Alligatoren möchte ich gar nicht sprechen.

Natürlich gab es diese Sicherheitsmaßnahmen nicht wirklich, aber für uns Dreizehnjährige fühlte sich allein das verbale Verbot schon so an. Und genau das machte das Nichtbefolgen interessant. Fenster sind schließlich zum Rausklettern da, und unsere Lehrer waren sowieso viel zu müde, um die Einhaltung der Regeln noch zu überwachen. Ich behaupte sogar, dass wir niemals auf die Idee gekommen wären, uns zu den Mädchen zu schleichen, wenn es nicht verboten gewesen wäre.

Und wenn wir nicht zu den Mädels gingen, dann kamen die eben zu uns; es gab schließlich wichtige Dinge zu besprechen. Auf der Tagesordnung standen Dinge wie: «Wer geht mit wem?» (das sagte man damals so) und: «Wer hat was über wen gesagt?» Die erste Frage war naturgemäß die spannendere, denn wer in wen «verliebt» war, war DER Gesprächsstoff überhaupt. Ich setze «verliebt» in Anführungszeichen, denn es reichte damals schon, wenn man beim Fußballspielen im Sportunterricht den Ball zu einem Mädchen gepasst hatte, um für alle anderen als offensichtlich «verliebt» zu gelten.

In anderen Fällen wurde über das Verliebtsein sogar verhandelt. Da kam dann Ramira als Unterhändlerin durch das Fenster unseres Zimmers geklettert und teilte Orhan mit, dass Daniela total «in ihn» wäre und sie ihn fragen solle, ob er mit ihr gehen wolle. Orhan sagte dann aber nicht seinen Gefühlen gemäß «Ja» oder «Nein, geh weg, du Schlampe!» (ich bin mir sicher, er hätte das genau so gesagt), sondern es wurde erst noch gemeinschaftlich über die Antwort beraten.

Beziehungsangelegenheiten wurden also am grünen Tisch entschieden und wenn die Mehrheit der Ansicht war, Orhan solle mit Daniela gehen, dann sagte dieser auch «Ja».

An besagtem Abend war dies der Fall, und so kamen die beiden dann offiziell zusammen. Und zwar für genau drei Stunden. Um kurz nach zwei Uhr morgens – wir waren natürlich alle noch wach – machte Daniela wieder Schluss mit dem armen Orhan, weil sie es sich doch anders überlegt hatte. Die beiden hatten sich in der Zwischenzeit zwar nicht mehr gesehen, aber sei's drum. Das Ende einer großen Liebe.

Irgendwann kapierte unser Klassenlehrer Herr Löchel, dass es keinen Sinn hatte, uns abends früh ins Bett zu zwingen, und beschloss, unsere abendliche Aktivität auszunutzen. Nach dem Abendbrot verkündete er: «Heute machen wir eine Nachtwanderung.»

Nachtwanderungen finde ich ungefähr so spannend wie ein Niederschlagsdiagramm von Bottrop aus dem Jahre 1987 im Erdkundeunterricht. Als Kind hat mein Opa mit mir Nachtwanderungen gemacht. Die waren cool. Aber da war ich fünf.

Mit dreizehn glaubte ich allerdings nicht mehr daran, dass nachts im Wald Werwölfe herumschleichen, die kleine Kinder überfallen. Wir waren schließlich schon groß und hatten keine Angst! Das dachten wir zumindest. Herr Löchel hatte sich aber einen kleinen Trick ausgedacht, der das nächtliche Vergnügen dann doch noch unheimlich machte: Er ließ uns ein Stück des Weges alleine gehen. Eine Lehrkraft ging voraus, und dann sollte jeder Schüler einzeln hinterherkommen. So ganz allein auf weiter Flur wurde einem dann doch etwas mulmig zumute: Hinter jedem Busch konnte ein wildes Tier lauern, jeder Baum sah aus wie ein bis an die Zähne bewaffneter Kindermörder. Ich vermute, Herr Löchel wollte sich für alle unsere Störungen seines Unterrichts rächen. Denn der Weg führte zum Schluss auch noch über einen Friedhof. Da ging man dann mit aufgerissenen Augen zwischen den Gräbern entlang, und ich fragte mich schon, inwiefern das zu einer von der Schule veranstalteten Klassenfahrt passt und wie ich so Vertrauen und Gemeinschaftsgefühl aufbauen sollte?! Und vor allem, mit wem? Kaum hatte ich mir diese Fragen gestellt, war der Friedhof auch schon zu Ende, und ich befand mich wieder auf einem Waldweg. Plötzlich sprang ein mannshoher, dunkler Schatten hinter einem Baum hervor und brüllte etwas Unverständliches. Ich wich erschrocken nach links aus, stolperte über eine Wurzel, fiel in das Gebüsch, und weil der Weg an einem Abhang entlangführte, was Herr Löchel leider nicht bedacht hatte, stürzte ich ungefähr fünf Meter tief in ein Dornengestrüpp.

Herr Löchel, der kurz nach meinem Sturz an Ort und Stelle angekommen war, schrie mich an: «Malte, bist du bescheuert?!», bis er dann wohl doch einsah, dass ich nichts dafür konnte, wenn ich im Dunkeln vor Schreck einen Abhang herunterfalle.

Eine halbe Stunde später wurde ich dann von der örtlichen Feuerwehr mit einer Seilwinde aus meiner misslichen Lage befreit, und Herr Löchel entschuldigte sich bei mir für seine Reaktion. Ihm sei der Schreck eben auch in die Glieder gefahren.

Der dunkle Schatten war übrigens unser Herbergsvater, den Herr Löchel zum Mitmachen bei der Nachtwanderung hatte motivieren können. Völlig überflüssig. Vor dem Typen hätte ich mich auch bei strahlend hellem Tageslicht gefürchtet. Aber immerhin hatte ich jetzt etwas zu erzählen, wenn wir am nächsten Tag mit dem Linienbus wieder nach Hause fahren würden. Ja, ja, die gute alte Zeit …

EINMAL IM JAHR

Wissen Sie, was gemein ist? Gemein ist zum Beispiel, wenn man fremden kleinen Kindern erzählt, sie sollen im Zug, wenn der Schaffner kommt, ganz laut schreien: «Mama, da kommt wieder der Mann, dem wir erzählen müssen, dass ich erst fünf Jahre alt bin, damit ich umsonst mitfahren kann!» Probieren Sie es aus. Der Effekt ist sehr unterhaltsam.

Gemein ist ebenso, den eigenen Kindern beizubringen, dass man an einer Ampel bei Grün stehen bleiben muss und bei Rot gehen darf. Wer das macht, ist vielleicht aber auch schon ein Fall fürs Jugendamt.

Richtig gemein ist es jedoch, wenn man Lehrer an einer Schule ist und beschließt, genau an dem Tag eine unbeliebte Lateinklausur zu schreiben, an dem nun wirklich keiner Bock darauf hat. Richtig, an Karneval. Unsere Lehrer hatten eine Vorliebe dafür, uns am einzigen nicht schulfreien Tag an Karneval den Spaß so richtig zu versauen. Folglich saßen Karneval diverse Engel, Indianer und Harry Potters vor ihren Klassenarbeitsheften und mühten sich mit dem Klausurtext ab. Warum um alles in der Welt muss man ausgerechnet an einem solchen Tag eine Arbeit schreiben?!

Ich finde, das sollte verboten werden. An Karneval passiert an einer Schule normalerweise nämlich eigentlich genau gar nichts, was vernünftigem Unterricht auch nur nahekommt. Die meisten Schüler treffen sich schon vor der ersten Stunde an der Schule, um «vorzuglühen». (Merke: Schüler können durchaus pünktlich sein, sogar überpünktlich, es ist nur eine Frage der Anreize.) Wenn Ihnen der Begriff «vorglühen» bekannt ist, dann dürfen Sie sich stolz zurücklehnen und schon mal einen Schluck aus Ihrer Wodkaflasche nehmen. Sollten Sie ihn noch nie gehört haben, hier eine kurze Erklärung: Mit dem «Vorglühen» der Jugendlichen ist das wie bei den Kerzen am Weihnachtsbaum: Wenn man die Kerzen vorher schon mal anzündet, ist es nachher für das Christkind einfacher, sie zum Leuchten zu bringen. Beim «Vorglühen» heißt der «Entzünder» allerdings nicht Christkind, sondern Alkohol. Wobei nur bei einem von beiden die Existenz eindeutig bewiesen ist. (Bei welchem, dürfen Sie sich aussuchen. Ich will da niemandem seine Illusionen nehmen.)

Natürlich wurde in lustigen Kostümen getrunken. Für mich als eher, sagen wir mal, karnevalsfernen Menschen meist kein großer Spaß. Aber das ist ja das Schöne an Karneval und Alkohol gleichermaßen: Man muss ja nicht mitmachen. Keiner zwingt einen dazu. Man darf auch unverkleidet und nüchtern dabei sein. Karnevalisten und Alkoholtrinkende sind da sehr weltoffen und großherzig. Man wird zwar als Spaßbremse und Volldepp beschimpft, aber davon abgesehen herrscht die pure Toleranz.

Mit der Zeit treffen also immer mehr als Cowboys, Jamaikaner, Agenten oder Fliegenpilze verkleidete Jungs und jede Menge als Bienchen, Spinnen oder Marienkäfer verkleidete Mädchen vor der Schule ein. Warum sich die Mädels an Karneval genau in die Tiere verwandeln, vor denen sie sonst kreischend weglaufen, ist eine Frage, die ich den Psychologen dieser Welt überlasse. Die können sich dann auch gleich mal überlegen, was es heißt, wenn sich ein Fliegenpilz «Wodka-Energy» aus einer zur Tarnung des Getränks mitgeführten Thermosflasche zwischen die Lamellen kippt.

Um einem völlig chaotischen Unterricht vorzubeugen, haben unsere Lehrer, wenn wir gerade nicht Klausur schrieben, denselbigen einfach sausen lassen und mit uns ein Frühstück veranstaltet oder die Stunde einfach so verstreichen lassen. Wenn überhaupt jemand da war. Viele blieben einfach direkt auf dem Schulhof und halfen ihrem Alkoholpegel dabei, die entscheidenden Stufen in Richtung Besinnungslosigkeit zu erklimmen, und die Bemerkung unseres Mathelehrers, dass sich der Intelligenzquotient der Schüler antiproportional zur Menge des konsumierten Alkohols verhält, verhallte ungehört. Wobei, das hätten wir auch nüchtern nicht so wirklich verstanden.

Zum Glück mussten wir nicht mehr an den offiziellen Karnevalsfesten der Schule teilnehmen. Als jüngerer Schüler war man dazu noch verpflichtet, und diese Veranstaltungen waren immer – formulieren wir es positiv – bemüht. Ein paar mehr oder weniger Freiwillige hatten einige Nummern vorbereitet, die aufgeführt wurden. Wer das nachvollziehen möchte, muss nur bei Google nach «schlechteste Sketche aller Zeiten» suchen.

Das «Highlight» war jedes Mal eine extrem peinliche Aufführung unserer Lehrer. Wer das erlebt hat, will keinen Karneval mehr feiern. Es ist nämlich nicht schön, seine Lehrer mit schlecht auswendig gelernten Dialogen in albernen Schweinchen- oder Affenkostümen auf einer Bühne zu sehen und zu wissen, dass man in der nächsten Unterrichtsstunde genau diese Menschen wieder ernst nehmen soll. Es geht nicht! Stellen Sie sich mal vor, eine Autoritätsperson wie unsere Bundeskanzlerin würde sich an Karneval verkleidet vor die Fernsehkameras stellen und aufgesetzt fröhlich verkünden: «Mir ist egal die Konjunktur, es geht mir um die Kohle nur!» Tata! Tata! Tata!

An dieser Stelle möchte ich als Verkleidung für das gesamte Regierungskabinett ein Kasperlekostüm oder Figuren der Augsburger Puppenkiste vorschlagen. Aber bitte schön mit Fäden an den Händen und Füßen, und Herr Ackermann und seine Kollegen laufen als Lobbyisten verkleidet – also ganz ohne Kostüm – neben ihnen her und ziehen die Strippen. Der Verkleidungsaufwand hielte sich dabei auch in Grenzen, man müsste eigentlich nur noch die sowieso vorhandenen Fäden sichtbar machen. Wobei diese Kostümierung damit für einen Politiker schon wieder uninteressant werden würde, denn man müsste kaum Steuergelder dafür verschwenden.

Ich bin dafür, dass sich Merkel und Co nach ihren jeweiligen Problemfeldern verkleiden sollten. Der eine geht als krisengeschüttelter Euro, der andere als Stuttgarter Tiefbahnhof. Ganz nach dem Vorbild unserer Lehrer, die das schon während meiner Schulzeit wunderbar umgesetzt haben. Da standen also ein griesgrämiger Miesepeter und eine faule Socke neben einer überempfindlichen Schreckschraube und redeten über einen Kollegen, der als depressiver Esel mit einer hinterhältigen Ziege über den Schulhof schlich.

Und dafür mussten sie sich noch nicht mal verkleiden.

DIESE UNTERRICHTSSTUNDE WURDE PRÄSENTIERT VON ...

Das Geld ist knapp in Deutschland. Da bleibt auch für den Bildungssektor nicht mehr viel übrig. Die Ausrüstung der Schulen veraltet, es können nicht mehr so viele Lehrer beschäftigt werden, Schulen in strukturschwachen Gebieten werden geschlossen. Und wie immer, wenn irgendwo Geldmangel herrscht, wird nach alternativen Finanzierungsmöglichkeiten gesucht.

Bei uns an der Schule war das schon immer fester Bestandteil des Schulalltags: Firmen und Unternehmen sponserten unsere Schule – natürlich nur, weil ihnen die Bildung der deutschen Schüler so am Herzen lag und sie sich um qualifizierten Nachwuchs kümmern wollten. Das hatte mit Eigenwerbung gar nichts zu tun. Wirklich nicht.

Besagte Unternehmen standen auf jedem Schulfest mit einem eigenen Tisch auf dem Pausenhof und verteilten ganz uneigennützig Kugelschreiber und Schreibblöcke. Wenn man als Empfänger eines solchen Kugelschreibers ganz aufdringlich war (aber dann musste man die freundlichen Firmenvertreter geradezu nötigen), wurde einem auch Werbematerial übergeben – oder ein Handyvertrag.

Andere Firmen engagierten sich, indem sie Führungen in ihren Produktionsstätten anboten. Ich bin in meiner Schulzeit ganze drei Mal durch ein Stahlwerk geführt worden, auch wenn ich es für recht unwahrscheinlich halte, eines Tages bei mir zu Hause im Wohnzimmer zu sitzen und zu denken: «Mensch, eigentlich bräuchte ich mal einen Stahlträger. Ich war da doch mal in so 'nem Stahlwerk ...» Geschweige denn, dass mir einfallen würde, für dieses Stahlwerk zu arbeiten.

Ich finde es merkwürdig, wenn ich im Geschichtsunterricht zwecks Bewusstmachen von Propagandamechanismen und Beeinflussung der Jugend einen Heimatfilm aus der DDR sehe, in dem ein Sprecher kommentiert: «Diese Gruppe Jungpioniere erfreut sich an der spektakulären Technik und den beeindruckenden Maschinen der volkseigenen Stahlgesellschaft.» Und am Tag darauf stehe ich selbst mit Schutzbrille und Helm mit meinen Mitschülern vor einer Stahlwalzmaschine und höre mir an, wie toll und heldenhaft an dieser Produktionsstätte gearbeitet wird.

Damals war es der Staat, der solche Führungen veranlasste, heute zahlen Firmen den Schulen offensichtlich ausreichend «Unterstützungsgelder», um sie von der Wichtigkeit des Bildungserlebnisses im Stahlwerk zu überzeugen.

In Zukunft werden sich Unternehmen wahrscheinlich noch viel intensiver in Schulen engagieren. Ich warte nur darauf, dass der Unterricht nicht mehr von Pausen, sondern von Werbeblöcken unterbrochen wird. Der langweilige Schulgong wird ersetzt durch einen fröhlichen Haribo-Jingle, auf den Tafeln prangt in jeder Ecke ein McDonald's-Logo und der Charmin-Bär steht vor den Toiletten und verschenkt Klopapierrollen.

Es wird nicht mehr lange dauern, und eine ganz normale Unterrichtsstunde in der Schule läuft wie folgt ab:

Montagmorgen, kurz nach acht Uhr morgens. Ein Schüler, nennen wir ihn Paul, sitzt müde im Deutschunterricht. Plötzlich hört er eine Stimme: *«Dieser verdammt schwere Start in die Woche wird präsentiert von: Nutella – Der Morgen macht den Tag.»*

Paul mag Deutsch nicht. Gedichte interpretieren. Das ist doch nichts für Jungs in seinem Alter. Und dann auch noch Liebeslyrik. Was soll der ganze Quatsch? Da ertönt wieder diese Stimme: *«Diese Gedichte werden präsentiert von: Landliebe – Liebe ist, wenn es Landliebe ist.»* Paul ist leicht irritiert. Er blickt aus dem Fenster. *«Diese Aussicht auf den Schulhof wird präsentiert von: Sky – Ich seh was Besseres.»*

Plötzlich fällt Paul ein, dass er seine Hausaufgaben nicht gemacht hat. Aber er weiß schon, an wen er sich da wenden kann. *«Der hilfsbereite Sitznachbar wird präsentiert von: Rexona Men – Lässt dich nicht im Stich.»* Und tatsächlich lässt ihn sein Nebenmann schnell ein paar Sätze abschreiben. Paul ist sehr dankbar. *«Diese zwischenmenschliche Kooperation wurde präsentiert von: Telekom – Erleben, was verbindet.»*

Kurz darauf nimmt der Lehrer Paul dran. Er liest die gerade abgeschriebenen Hausaufgaben vor. Als der Lehrer eine Rückfrage stellt, flüstert Pauls Sitznachbar ihm die richtige Lösung zu. *«Dieses Vorsagen wurde präsentiert von: Commerzbank – Gemeinsam mehr erreichen.»* Als Paul die richtige Antwort gegeben hat, freut sich der Lehrer sehr über Pauls erstaunliche Fortschritte. Und wieder hört Paul diese Stimme: *«Dieses Lob wurde präsentiert von: Rewe – Jeden Tag ein bisschen besser.»*

Und wenn es soweit kommen sollte, kann man den Schulunterricht direkt mit irgendwelchen Seniorenkaffeefahrten zusammenlegen. Der Unterschied zwischen Handy und Heizdecke fällt bei der richtigen Werbestrategie doch gar nicht mehr auf.

«IHR MÜSST BESTEHEN. ICH BRAUCH DAS FÜR MEIN LEHREREGO!» – DAS ABITUR

Man dümpelt jahrelang in der Schule herum, erduldet stoisch sämtliche Tücken der Lehrer, des Schulalltags und der Ministeriumsvorgaben, und plötzlich steht es vor der Tür: das Abitur.

Dieses eine Mal, nimmt sich jeder Schüler vor, will man auf jeden Fall rechtzeitig anfangen zu lernen. Am besten schon in den Herbstferien und in den Weihnachtsferien davor, damit es vorm Abi nicht zu stressig wird. Vergesst es! Es funktioniert nicht.

Man glaubt ja gar nicht, wie weit weg so ein Abitur noch ist, wenn man sich mit dem Vorsatz zu lernen an den Schreibtisch setzt. Dann lieber nochmal auf Facebook gehen, irgendwas ist bestimmt passiert. Und tatsächlich: Thomas schreibt, er besucht heute seine Oma. Wenn ich das nicht gelesen hätte! Geschätzte fünfzehn Statusmeldungen, exakt achtundzwanzig Kommentare und unzählige «Gefällt mir's» später beschließt man dann, das Lernen nochmal verschieben zu können.

Bald standen dann die Vorabiklausuren an. Die erste große Prüfung. Ich habe noch nie so viel Panik auf so engem Raum gesehen. Und enger Raum ist in diesem Falle leider wörtlich gemeint, denn bei der Zuteilung der Klausurräume hatte man nicht beachtet, dass es mit drei Kursen à fünfundzwanzig Schüler in einem Raum mit nur sechzig Plätzen etwas knapp werden könnte. Anstatt in Ruhe einen Alternativraum zu suchen, verfielen unsere Lehrer lieber in Hysterie und allgemeine Anschuldigungen gegen alles, was nicht schnell genug weglaufen konnte. Nicht gerade eine nervliche Erleichterung, wenn am Anfang einer Klausur der Panikpegel nochmal angehoben wird.

Aber man beruhigte sich bald, handelte es sich ja lediglich um eine Generalprobe für die richtigen Prüfungen. Doch verleugnen konnte man es nicht: noch einen Monat bis zum Ende der Schule und damit noch zwei Monate bis zu den Abiturprüfungen.

Wir trafen uns in Lerngruppen und versuchten irgendwie, den Massen an Stoff Herr zu werden. Der Wirkungsgrad einer solchen Lerngruppe liegt allerdings höchstens im einstelligen Prozentbereich. Ein typisches Abiturlerntreffen lief jedes Mal ähnlich ab:

Es ist Samstag. Noch circa drei Wochen bis zur ersten Abiklausur in Mathematik. Ich treffe mich mit Thomas bei Orhan zu Hause. Fabio ist ebenfalls da, obwohl er die Schule schon drei Jahre zuvor abgebrochen hat und seitdem eine Phase des Dauerchillens durchlebt, die nur von einem kurzen Versuch einer Schreinerlehre unterbrochen wurde. Er macht sich über die von Orhans Mutter bereitgestellten Kekse her und über uns lustig: «Haha, Mathe ist scheiße. Gut, dass ich den Kram geschmissen habe.»

Wir versuchen ihn mit dem Hinweis zu ärgern, welch unheimlich geile Jobmöglichkeiten wir mit unserem Abi hätten, müssen dann aber eingestehen: Fabio ist aktuell rein arbeitstechnisch in der besseren Situation.

Als der sich von unseren Mathebüchern ab – und Orhans Spielekonsole zuwendet, kann das Lernen endlich losgehen. Nach wenigen Minuten haben wir uns gegenseitig mit fadenscheinigen Argumenten davon überzeugt: Wir brauchen gar nicht mehr zu lernen, weil wir eh schon alles können. Das stimmt zwar nicht, aber der systematische Selbstbetrug ist die Mutter des Abiturlernens.

Wir beschließen, kurz die Bundesligahalbzeitkonferenz im Radio zu hören. Wenn man die hört, darf man natürlich auch die Schlusskonferenz nicht verpassen. Nach zwei Stunden pfeift der Schiri in Nürnberg das letzte Spiel ab. Orhan fragt, was eine binomische Formel sei, aber da das niemand spontan beantworten kann, verschieben wir die Frage auf später. Dann besiegelt die Sportschau einen anstrengenden Tag des Lernens.

Diese Lernrunde ist symptomatisch für die Verfassung, in der man sich vor dem Abitur permanent befindet: Eine Art Schwebezustand zwischen dem Aufschieben von Arbeit und einem ganz schlechten Gewissen, wenn schon wieder ein Tag ohne effektiven Lernerfolg vorbei ist.

Zwei Wochen vor den Prüfungen brach dann doch so etwas wie Arbeitseifer aus. In dieser Phase mutiert jeder noch so faule Schüler panikgetrieben in ein nervliches Wrack mit integrierter sozialer Inkompatibilität. Jede Unterbrechung des Lernens – oder dessen, was man als Lernen ausgibt – wurde zur existenziellen Bedrohung. In diesem Jahr kam es doppelt schlimm: Ostern fiel genau in die Extremlernphase. Und so mutierte der Osterhase in ein «asoziales Arschloch» (Zitat Thomas), weil das Eiersuchen einfach viel zu viel Zeit in Anspruch nahm.

Schüler im Abistress können ganz schön unangenehm werden. Man muss das aber auch verstehen: Ein ganzes Jahr über nerven einen die Eltern mit ihren Ermahnungen, man solle doch endlich mal etwas für das Abitur tun – und kurz bevor dasselbige dann ansteht, haben Väter und Mütter nichts Besseres zu tun, als einen vom Lernen abzuhalten. «Du musst doch auch mal eine Pause machen» oder «Du brauchst auch einen Ausgleich neben der ganzen Lernerei» sind dann gerne vorgetragene Sätze.

Meine Mutter hatte außerdem beschlossen, mich zu mästen. Ich weiß nicht, ob sie plante, mich nach dem Abitur an einen Schlachtereibetrieb zu verkaufen, aber sie setzte alles daran, mir große Mengen Schokolade und Kekse zuzuführen. Sie nannte diese süßen Lernunterbrechungen «Nervennahrung». Ich habe während meines Abiturs ungefähr vier Kilo zugenommen und musste anschließend mehr Zeit investieren, diese wieder abzutrainieren, als ich insgesamt in meine Abiturvorbereitung gesteckt hatte.

Manchmal brachte mir meine Mutter zusätzlich noch kleingeschnittenen Apfel, stets mit der Bemerkung: «Äpfel erfrischen das Hirn!» Ich bezweifle, dass ein Apfel dazu in der Lage ist, habe die kleine Zwischenmahlzeit aber gerne angenommen. Man muss schließlich sehen, wo man bleibt. So eine Abiturvorbereitung verbraucht Energie.

Außerdem verschlingt sie Geld, denn kurz vor den Klausuren kommen gewisse Zweifel auf, ob man nicht vielleicht doch etwas vergessen hat. Folglich kauft man in der nächsten Buchhandlung einen oder besser noch zwei Abiturtrainer oder Abiturvorbereitungskurse als PC-Programme. Die haben allerdings die Tendenz, eher zu viel Material als zu wenig zu enthalten und dafür einige abiturrelevante Themen einfach ganz auszulassen. Reine Geldverschwendung also, was den Lernerfolg angeht, aber psychologisch unglaublich wertvoll. Wenn man sich erst mal so ein Lernbuch angeschafft hat, dann kann einen das Abitur doch auch nicht mehr schocken. Und was die in solchen Büchern fehlenden Themen anging: egal. Hatte man dort eben «auf Lücke» gelernt.

Man kann sich auch deshalb nicht immer auf das Lernen konzentrieren, weil vor so einem Abitur auch an anderen Stellen unglaublich viel getan werden muss. Denn bevor man seine Prüfungen schreibt, muss man schon mal vorsorglich das Bestehen dieser Klausuren feiern. Im Misserfolgsfalle hatte man dann wenigstens vorher ein bisschen Spaß. Eine vernünftige Party braucht keinen Grund. Und einen Anlass findet man immer.

Sämtliche Diskothekenbetreiber der Region haben sich in dieser Zeit bestimmt freudig die Hände gerieben: Wir machten nicht nur ein Mal eine Abschlussparty, sondern feierten auch das Vorabi, das Unterrichtsende, «Nie wieder Lehrer», «Nie wieder Schüler sein» und «Endlich frei».

Während wir uns davon erholten, galt es, den letzten Schultag vorzubereiten: Wir planten, die Schule bis oben hin mit Konfetti, Luftschlangen und Luftballons anzufüllen. Außerdem hatten wir ein Abimotto zu finden. Das ist in der Regel irgendein lustiger Spruch oder ein bekannter Filmtitel, in den man dann ganz kreativ das Wort «Abi» einbaut: «Mohammed Abi – 13 Jahre durchgeboxt» oder «Abikalypse Now».

Bei uns an der Schule wollte der Rektor die Abimottos immer schon vorher wissen und behielt sich ein Vetorecht vor. So lehnte er den Vorschlag «Abi mit der Maus – 13 Jahre Lach- und Sachgeschichten» ab. Wegen der Lachgeschichten. Hallo!?

Unsere Partyplanungen riefen natürlich die Lehrer auf die Barrikaden: «Ihr seid euch gar nicht bewusst, wie ernst das alles ist!» Kurz vor dem Abi dramatisieren Lehrkräfte eben gerne. Als wenn man beim Nichtbestehen der Prüfungen sofort an die Bearbeitungsstelle für Schwervermittelbare des Arbeitsamts weitergereicht würde. Glaubt man den Lehrern, so öffnet sich bei der Überreichung des Abizeugnisses eine Himmelspforte und tausend blondgelockte Englein überschütten einen mit Gold. Um es abzukürzen: Nichts dergleichen passiert!

Ich glaube aber, den Grund für die Panikmache der Lehrer zu kennen: Es sind Selbstzweifel gepaart mit einem Hauch Midlife-Crisis und einem Schuss Sinnlosigkeitsangst. Anstatt sich zu freuen, dass wir schon im April aus der Schule raus sind und sie folglich bis zu den Sommerferien viel weniger als sonst unterrichten müssen, wird den Lehrern klar: Im Gegensatz zu uns werden sie bis zu ihrer Rente in dieser Schule bleiben. Wir gehen hinaus in die große, weite Welt und lassen die Lehrer allein zurück mit dem Gedanken, ob ihr Job, ihre Arbeit und überhaupt ihr ganzes Leben denn einen Sinn haben.

Manche Lehrer gucken einen fast vorwurfsvoll an, wenn man die Schule ein für alle Mal verlässt. Ich muss da mal was richtigstellen, liebe Lehrer: Ihr habt uns nicht adoptiert! Wenn es euch so leidtut, dass wir gehen und ihr bleibt, warum habt ihr dann nicht vorher mal gezeigt, wie sehr wir euch am Herzen liegen?

Irgendwann schlagen die Selbstzweifel in verbitterten Arbeitseifer um. Der Lehrer sagt sich: «Wenn die schon gehen, dann will ich denen wenigstens noch was mitgeben – und wenn es nur eine einzige Vokabel ist.»

Ist man dann nach bestem Wissen und Gewissen des Lehrers vorbereitet, kann das Abitur kommen. Soll es doch versuchen, uns mit seinen Prüfungsbögen und Aufgabenstellungen kleinzukriegen! Wir geben die Antwort mit Füller und Tintenkiller, und dann zeigt sich ja, wer hier der Abiturient ist!

PRÜFUNGSSTRESS

Bevor man uns in die Freiheit entließ, schmiss man uns allerdings noch mehr Steine in den Weg, als wütende Castorgegner jemals unter einem Gleisbett wegschottern könnten: die Abiklausuren.

Ich verlange ja nicht, dass Abiturklausuren einfach sind, aber fair sollten sie – und die Rahmenbedingungen, in denen sie geschrieben werden – schon sein.

Bei uns begann alles damit, dass unsere Lehrer sich wieder in der Raumplanung verkalkuliert hatten und viel zu viele Schüler in viel zu kleine Räume pressen wollten. Es endete damit, dass wir erneut mehrfach den Raum wechseln mussten, bevor alle Schüler einen Platz gefunden hatten. Hätte man nicht zumindest dieses Problem nach den Vorkommnissen bei den Vorabiklausuren vermeiden können? Aus Fehlern soll man doch schließlich lernen. Aber das gilt anscheinend nicht für Lehrer.

Selbstverständlich mussten während der Schreibphase direkt vor der Schule die Bäume unter Einsatz von schwerstem Gerät und nervtötenden Motorsägen gestutzt werden. Gleichzeitig hatten einige Siebtklässler beschlossen, dass es eine gute Idee wäre, einen ihrer Mitschüler immer wieder mit dem Kopf gegen die Klassenraumtür zu bollern. Unsere Nachfrage an die aufsichtführende Lehrerin, ob sie dem nicht mal Einhalt gebieten könnte, wurde mit einem Kopfschütteln beantwortet: «So wart ihr auch mal.»

Damit war Schluss mit allen verbalen Äußerungen. Es herrschte Redeverbot und jede noch so kleine Bewegung, jeder leise Seufzer wurden als möglicher Täuschungsversuch, der eine 6 zur Folge gehabt hätte, gemaßregelt. Wollte sich Orhan von mir einen Tintenkiller leihen, weil seiner den Geist aufgegeben hatte, musste er erst zur Aufsicht gehen, und diese durfte dann meinen Tintenkiller holen und ihn Orhan geben. Als Orhan den Stift nicht mehr brauchte, lief das Ganze dann umgekehrt.

Unsere Aufsicht wurde zur Botin, und ich glaube, manche haben sie extra hin und her geschickt, damit andere in ihrem Rücken dann die Gunst des Augenblicks nutzen konnten, um Informationen auszutauschen.

Das Ruhegebot ging sogar so weit, dass Thomas in der Klausur nach vorne zur Lehrerin ging und fragte, ob er mal kurz auf den Flur gehen dürfe, weil er husten müsse. Erlaubt wurde es ihm. Allerdings musste dieser Vorgang penibelst in einem Protokoll festgehalten werden: 10:36 Uhr, Thomas verlässt Klassenraum zwecks Ausübung von Erkältungssymptomen.

Auch der Gang zur Toilette wurde auf diese Art festgehalten, und am Eingang zum WC saß ein Lehrer und passte auf, dass sich niemals zwei Leute im Bereich der sanitären Anlagen befanden. Es hätte eigentlich nur noch eine in der Kloschüssel installierte Kamera gefehlt. Wobei mir gerade auffällt – überprüft habe ich das damals gar nicht. Wer weiß …

So viel zu den äußeren Umständen. Nun zu den Klausuren selbst. Ich hatte die Ehre, mein Abitur in den Fächern Geschichte, Englisch und Mathematik zu schreiben. Zusätzlich hatte ich dann noch eine mündliche Prüfung in Italienisch. (In anderen Bundesländern als NRW hat man mal mehr, mal weniger Abiturfächer. Das ist in Deutschland wie beim Pizzabestellen: Mal ist die Pizza kalt, mal warm, mal fehlt die Salami, und manchmal gibt's ein Gratisgetränk. Überall unterschiedlich.)

In Geschichte legte man uns eine Karikatur vor, deren schlechte Druckqualität in erster Linie schwarze Flecken erkennen ließ. Unsere Lehrer versicherten uns, dass das nicht am Schulkopierer lag, sondern auch die höchstamtliche Vorlage nicht von besserer Qualität gewesen sei. Was wohl der dicke Fleck auf der rechten Seite mit dem verwischten Streifen auf der linken Seite machte? Und welch ohne Zweifel interessante Aussage wohl auf der Fahne stand, den die einzige auf dem Bild erkennbare Figur in der Hand trug?

Interpretation schön und gut, aber da ist wohl jemand übers Ziel hinausgeschossen.

In Englisch war zwar der Text lesbar, allerdings war man auf die glorreiche Idee gekommen, die indische Hauptfigur mit dem Namen Rashnisharamsali zu versehen. In der Zeit, die man mit dem ständigen Ausschreiben dieses verdammt komplizierten Namens verbrachte, hätte man noch eine zweite Aufgabenstellung zusätzlich bearbeiten können.

In Mathe stand uns allerdings dann die Krönung ins Haus. In einer Aufgabenstellung war eine Zahl falsch angegeben, und in einer anderen Aufgabe wurde Wissen abgefragt, das im Lehrplan nicht vorkam. Ganz großes Kino!

Wie kann es sein, dass in Abiturklausuren Fehler sind? Jedes Jahr tauchen in den Abiturprüfungen irgendwelche Irrtümer auf. Entschuldigung, da gibt es eine Kommission, die sitzt das ganze Jahr zusammen. Diese Menschen haben ein Jahr lang nichts anderes zu tun, als diese verdammten Klausuren zu entwerfen. Das Zeug geht durch mehrere Kontrollgremien und wird zigfach überprüft. Sind die alle besoffen?! Das muss doch jemandem auffallen. Es geht schließlich um das Abitur. Ich dachte immer, das wäre so wichtig! Anscheinend ist es *so* unglaublich wichtig, dass man keine Kosten und Mühen scheut, die bescheuertsten Beamten der Republik zusammenzutreiben, in einen Raum zu stecken und diese dann die Abiturklausuren entwerfen zu lassen. Wahrscheinlich ist es ein Sammelbecken für all jene Lehrer, die im Schulalltag versagt haben, dann hochgelobt wurden, damit man sie los ist, und die jetzt diese Aufgabenstellungen mit ihrem mangelhaften Fachwissen und augenscheinlich komplett fehlenden Einfühlungsvermögen in den Prüfling entwerfen.

Was unsere Matheklausur betrifft, entschied das Bildungsministerium, nachdem sich dort die Beschwerden häuften: «Nein, in den Mathematikklausuren waren keine Fehler.» Als ich das las, musste ich kurz innehalten und mich daran erinnern, dass es kein Zeichen guter Kinderstube ist, Farbbeutel und Brandsätze in ein Schulministerium zu werfen.

Kurze Zeit später revidierte die werte Frau Bildungsministerin ihre Einschätzung und sagte, vielleicht sei da doch die eine oder andere missverständliche Stelle in der Arbeit vorhanden gewesen. In der Folge durfte man die Klausur neu schreiben, musste aber nicht. Da man die Ergebnisse der ursprünglichen Klausur allerdings nicht kannte, blieb einem nichts anderes übrig, als ins Blaue hinein zu schätzen, ob sich ein zweiter Versuch lohnte.

Auf anderen Schulen gaben die Mathelehrer ihren Schülern vorsichtige Hinweise: «Ich glaube, bei dir könnte es sinnvoll sein», oder: «Entspann dich, das ist alles nicht so schlimm.» Unsere Lehrer jedoch blieben stumm. So viel zur Gleichbehandlung aller Schüler durch das Zentralabitur.

Wobei das Wort «Zentralabitur» ja an sich lächerlich ist. Seit wann ist ein bundeslandweites Abi denn bitte zentral?! Es sollte ein einheitliches Abitur für ganz Deutschland geben. Mit klaren Richtlinien für den Lehrplan, einheitlichen Unterrichtsinhalten und der dafür nötigen Ausrüstung, dann entstehen wirklich Gerechtigkeit und Vergleichsgrundlagen.

Aber ich sollte mich nicht beschweren. Schließlich läuft in Deutschland ja alles ganz fair ab, und der Prüfling darf die Korrektur der Abiturklausuren kontrollieren. Und zwar genau zehn Jahre später. Dann kann man nämlich zum ersten Mal Einsicht in die Prüfungsunterlagen fordern.

Böse Menschen sehen den einzigen Grund für diese lange Zeitspanne – immerhin doppelt so lang wie die Verjährungsfrist eines versuchten Sprengstoffattentats – darin, dass man die Ex-Prüflinge daran hindern will, diese Möglichkeit auch in Anspruch zu nehmen. Wer guckt denn zehn Jahre später, wenn er schon längst Studium oder Ausbildung hinter sich gelassen und einen Beruf ergriffen hat, nochmal nach, ob da nicht irgendetwas mit seiner Abiturklausur schiefgelaufen ist? Nebenbei bemerkt: Wo lagern diese Berge von Klausuren eigentlich?

Wahrscheinlich in einem großen, geheimen Abiturmüllendlager.

DER START INS WAHRE LEBEN

Wie schön, dass die Abiturklausuren bald hinter uns lagen und wir die Schule verlassen durften. Nur noch ein Mal mussten wir dieses Gebäude des Grauens aufsuchen, nämlich zum Festakt der Zeugnisverleihung in der Schulaula, einer piekfeinen Angelegenheit. Die Mädchen hatten sich in Schale geworfen, und der ein oder andere Schuhabsatz war höher als der dazugehörige Notendurchschnitt. Aber das war egal. Wir hatten bestanden. Alle! Da machte es auch nichts aus, wenn die eine oder der andere etwas overdressed war und mancher der Jungs aussah, als habe er sich Anzug und Krawatte vom Vater geliehen. Unsere Lehrer hatten sich ja schließlich auch chic gemacht. So chic, wie ein Cordanzug eben sein kann.

Es wurden viele und lange Reden geschwungen, welche Hürde wir überwunden hätten, was uns nun bevorstünde, welche Verantwortung wir gegenüber der Gesellschaft jetzt hätten und bla und bla und bla … Dann schließlich kam es zum eigentlichen Akt der Zeugnisverleihung: Wir Schüler gingen jeweils zu zweit oder zu dritt nach vorne und bekamen unser Zeugnis überreicht. Dazu wurde ein Lied gespielt, das sich die Schüler vorher hatten aussuchen dürfen. Endlich konnten wir mal bestimmen!

Und so gingen Ramira und Daniela zum Direktor, die Zeugnisse wurden überreicht, und über allem ertönte in voller Lautstärke der vielsagende Songtext: «Fuck you, we'll never come back! Fuck you, we hate you so bad!» Eine schöne Szene, die sich auf jedem Abivideo gut macht.

Orhan, Thomas und ich hatten eine versöhnlichere Art gewählt, uns zu verabschieden. Unsere letzten Schritte als Schüler wurden begleitet von Unheilig mit «Große Freiheit» – denn die hatten wir uns jetzt verdient.

Doch was tun mit dieser Freiheit? Das war nach dem Abi wohl die meistgestellte Frage, die man erdulden musste: Was machst du jetzt? Was willst du mal werden?

Viele haben da klare Vorstellungen. Ein Jahr in Australien, dann ein Studium in Oxford oder Yale und anschließend eine lebenslang garantierte Festanstellung mit Aufstiegschancen in einem international renommierten Unternehmen. So einfach geht das. Denken viele.

Ich habe da so meine Zweifel. Es ist sehr in Mode gekommen, ins Ausland zu gehen. Klar, das ist eine tolle Erfahrung, trägt zur Völkerverständigung bei und qualifiziert sicher für bestimmte Dinge – aber eine Jobgarantie ist es nicht. Zumal es inzwischen fast nichts Besonderes mehr ist.

Außerdem macht ein Jahr Australien aus einem bedepperten Vollpfosten noch lange keinen Nobelpreisträger. Wenn der gleiche Vollpfosten zu Hause bleibt, ändert sich natürlich auch nichts. Aber um im elterlichen Haushalt noch nicht hervorgebrochene Qualitäten und Selbständigkeit zu erlangen, reicht wahrscheinlich auch ein einfacher Tapetenwechsel. Ich behaupte, es ist genauso eine Umstellung von einem Dorf in Schleswig-Holstein oder Niedersachsen nach München, von Berlin nach Köln oder von Freiburg nach Jena zu ziehen, wie wenn man ins Ausland geht. Das gilt für Bereiche des alltäglichen Lebens. Jetzt wird der eine oder andere vielleicht einwerfen: «Ja, aber Moment. Im Ausland lernt man eine neue Sprache.» Gegenfrage: Muss man das nicht auch, wenn man von Hamburg nach Bayern zieht?

Aber Deutschland ist bei jungen Menschen nicht sehr beliebt, glaubt man der Statistik. Die meisten geben an, auf keinen Fall in Deutschland bleiben, sondern auswandern zu wollen. Häufiger Grund: das Wetter. Wenn das mal keine Entscheidungsgrundlage ist!

Ich würde gerne wissen, wie viele von denen, die sich

geschworen haben, im Ausland leben zu wollen, dies auch dauerhaft verwirklichen. Und vor allem, ob es wirklich besser ist. Wenn ja, ist Deutschland bald leer. Dann pflanzen wir Unmengen von Bäumen und stellen den Zustand der Landschaft des Jahres 100 vor Christus wieder her. Oder wir bauen einen gigantischen Windpark und versorgen ganz Europa mit Energie. In Deutschland brauchen wir die dann ja nicht mehr. Für die zwei, drei verbliebenen Deutschen reicht ein Dieselgenerator.

Eine andere Modeerscheinung sind bestimmte Studiengänge. Ein aktuelles Beispiel dafür ist das Fach «International Law». So viele internationale Juristen kann man gar nicht einsetzen, wie derzeit Recht studieren. Aber es klingt eben gut. Genauso, wie «irgendwas mit Medien» mal unglaublich beliebt war. Man muss die Sachen eben interessant klingen lassen, dann studieren die Leute das auch, selbst wenn sie keine Ahnung haben, worum es dabei geht. *International Business Management* geht einem eben besser über die Lippen als BWL, und *Global and Urban Management* klingt wie die Ausbildung zum Weltherrscher, bis man sieht, dass es sich dabei um Geographie handelt.

Im Berufsleben geht das dann weiter. So fühlt man sich als *Associate Consultant* viel besser als ein einfacher Berater, und selbst der Hausmeister einer Wohnblocksiedlung wird schon bald als *Head of Housecontrolling and Facility Management Operator* angesprochen werden. Titel machen Leute.

Das könnte auch das Imageproblem Deutschlands lösen. Benennen wir uns einfach um in *United States of Central Europe between Elbe and Isar*. Das macht doch nun wirklich mehr her als diese «Bundesrepublik» …

Man muss natürlich nicht einen der häufig gewählten Studiengänge nehmen oder ins Ausland gehen. Mein Freund Orhan hat beides sofort ausgeschlossen: «Ey, ich lebe seit neunzehn Jahren in Deutschland, und immer noch schütteln so Omas im Bus, wenn ich den MP3-Player zu laut hab, den Kopf und sagen Sachen wie ‹typisch Ausländer›. Ich hab quasi neunzehn Jahre Auslandserfahrung. Und Studium ist nichts für mich. Ich will was Praktisches machen.» Orhan hat bereits während des Abiturs Firmen angeschrieben und sich für Ausbildungsstellen in mehreren Handwerksbetrieben beworben. Allerdings gab es ebenso viele Absagen. Mal gab es keine freien Ausbildungsplätze, einmal wurde, wie Orhan später zufällig erfuhr, der Neffe eines Mitarbeiters bevorzugt. Ein anderer Betrieb wollte Orhan nicht, weil dort viele Russen arbeiteten und man deswegen keine Türken einstellen wollte, ein weiterer Chef hatte sich in den Kopf gesetzt, Realschulabgänger zu fördern, und konnte deshalb mit dem Abiturienten Orhan nichts anfangen.

Nach mehrmonatigem Suchen schaffte er es dann doch, einen Ausbildungsplatz zu ergattern.

Thomas wiederum hat sich nur einmal bewerben müssen und wurde sofort bei einer Bank genommen. Sein Glück war wohl die Finanzkrise: Plötzlich war «Banker» auf der Beliebtheitsskala der Schulabgänger gleichzusetzen mit «Folterknecht» und «Sensenmann». Vielleicht gab es auch andere Gründe, aber die Anzahl der Mitbewerber war gering. Thomas meint das mit der Bankenlehre aber eh nicht ernst. Er will Medizin studieren, hat aber keinen Studienplatz bekommen. Nach der Lehre wird er dann genug Wartesemester haben, um dies doch noch zu verwirklichen.

Fabio hatte ab und zu kleine Gelegenheitsjobs, ansonsten blieb er zu Hause. Vor kurzem haben wir ihn tatsächlich dazu überreden können, ein Praktikum bei einem Zeitungsverlag zu machen. Noch hat das nicht begonnen, und ich bin gespannt, ob er es nicht direkt am ersten Tag durch ausgiebiges Verschlafen vergeigen wird. Wie gesagt: Man muss ja nicht immer den Musterweg gehen. Aber auf den Weg machen sollte man sich irgendwann schon.

Bei mir war die ganze Sache wesentlich einfacher. Ich wusste schon ungefähr ein Jahr vor meinem Abitur, dass ich Medienkulturwissenschaft im Verbund mit Medienrecht studieren wollte und musste mich daher nur noch für diesen Studiengang bewerben. Warum der? Ich gebe es zu: aus bloßem Interesse. Jetzt ist es raus. Ich habe keinen bis ins Detail geplanten Karriereweg im Kopf. Das Leben – wenn ich mir als zwanzigjähriges, ahnungsloses Menschlein diese Weisheit überhaupt erlauben darf – ist nicht planbar.

Irgendwann sitze ich vielleicht mit Orhan, Fabio und Thomas in einer Kneipe, und wir reden über die «guten alten Zeiten», während in Deutschland gerade diskutiert wird, ob man G8 nicht auf G7 umstellen sollte, nachdem Ruanda die BRD in der PISA-Studie überholt hat, ohne daran teilgenommen zu haben.

Dann wird einer von uns sagen: «Es war nicht alles schlecht damals.» Wir anderen werden hinzufügen: «Ja, ja. Früher war alles besser.» Und wenn dann der Erste wieder anmerkt: «Wir hatten ja nichts», sind die drei wichtigsten Sätze, die alte Männer in der Kneipe draufhaben müssen, gesagt.

Die Welt wird auch in Zukunft paradox sein. Allem voran die Schule. «Mein Enkel lernt jetzt die Namen mittelafrikanischer Seen, dabei kann er noch nicht mal die deutschen Mittelgebirge auswendig», wird Orhan sagen, Thomas wird in die Runde fragen, ob einer von uns denn diese Gebirge nennen könnte, und wir werden antworten: «Nein, aber da können wir ja nichts für. Da sind wir ja nicht dran schuld, wenn wir das nicht gelernt haben.»

Und so hat die Schulzeit im Nachhinein vielleicht doch noch einen Sinn: Man kann alles, was man nicht kann, wunderbar auf die Schule schieben.

«DAS VERSTEHT IHR NICHT, DAS IST PÄDAGOGISCH!» – DAS BILDUNGSSYSTEM

WÖRTERBUCH
PÄDAGOGISCH – DEUTSCH
DEUTSCH – PÄDAGOGISCH

WIR MÜSSEN ERDÖL FINDEN!

Ich bin ja nun aus der Schule heraus und habe damit trotz aller Widrigkeiten vielleicht sogar noch Glück gehabt. Es sieht bei allen Zukunftsvisionen nämlich nicht so aus, als würde sich im Schulsystem bald etwas Entscheidendes ändern. Wie wird Schule in hundert Jahren aussehen? Klar, wenn es mit der Finanzkrise ganz blöd ausgeht, dann brauchen wir uns um Schule keine Gedanken mehr zu machen. Wie soll man auch einem Kind beibringen, dass es Rechnen lernen soll, wenn es sieht, was dabei herauskommt, wenn viele Leute mit ganz viel rechnen.

Wenn man aktuellen Panikmachern Glauben schenkt, werden wir eh bald komplett von den Chinesen übernommen. Dann können die sich für uns ein Bildungssystem ausdenken. Andere Menschen rechnen mit der baldigen Zerstörung der Erde durch einen Asteroideneinschlag. Wieder andere glauben, dass die FDP bei der nächsten Bundestagswahl die Fünfprozenthürde schafft und der gemeine Schüler an sich weiß: Der nächste Vokabeltest kommt bestimmt, egal, in welche Schule er geht. So hat eben jeder sein ganz persönliches Katastrophenszenario.

Vieles spricht also dafür, dass es auch in Zukunft in der Schule immer noch die gleichen, alten, verdorrten Strukturen wie jetzt geben und sich eigentlich nichts ändern wird. Die Zuständigen verharren in einem Dornröschenschlaf und wenn es irgendwann einmal ein Happy End geben sollte, dann wäre die Märchenstimmung perfekt:

Es war einmal ein Land in Mitteleuropa, das hatte nach zwei verheerenden und verlorenen Weltkriegen den Sprung zur wirtschaftlich erfolgreichen Musterdemokratie geschafft. Dieses Land wurde international als Stabilitätsfaktor geschätzt und erzielte regelmäßig Rekordexporte. In diesem

Land wurden des Öfteren Dinge abgeschafft, und die Gesellschaft stellte sich mal mit, mal ohne äußere Hilfe darauf ein und lernte ihren Teil. Erst schaffte man diesen bösen, kleinen Diktator mit dem hässlichen Schnauzbart ab (glücklicherweise!), dann beseitigte man die deutsche Spaltung und die Mauer (auch glücklicherweise!), dann ließ man die Schnur am Telefon weg (noch besser!), dann machte man der Atomkraft der Garaus (plötzlich geht's auch ohne!), und schließlich behauptete ein deutscher (jetzt Ex-)Bundesbankvorsitzender, Deutschland würde sich aufgrund zu hoher Immigrantenanteile und zweifelhafter «Erkenntnisse» aus der Genforschung selbst abschaffen (so ein Schwachsinn!). Wenn Deutschland sich abschafft, dann doch nicht, weil in Berlin-Neukölln irgendwelche Jugendlichen Autos anzünden oder Krawall machen, sondern weil Thomas Gottschalk nicht mehr «Wetten das ...?» moderiert und der mitteldeutsche Zitronenfalter vom Aussterben bedroht ist.

In Wahrheit liegt es natürlich daran, dass unsere Gesellschaft es verpasst, diesen und anderen jungen Leuten eine Perspektive zu bieten. (Das gilt aber auch für den Zitronenfalter.)

Wie kann es sein, dass ein Land, das kaum Bodenschätze oder sonst irgendwelche Reichtumsquellen außer seinem wissenschaftlichen und technischen Knowhow hat, sein Bildungssystem so vernachlässigt und sein Geld für teils recht zweifelhafte Dinge aus dem Fenster wirft? Das ist, als wenn ein Bauer sein ganzes Geld für eine wunderbare, riesengroße, neue Scheune ausgibt und dann feststellt: Ihr Schatten verhindert jegliches Wachstum auf dem Feld. Mit einem Unterschied: Der Bauer merkt dies im Gegensatz zum deutschen Bildungsministerium tatsächlich.

Die Politik spricht oft von der Bildung als wichtige Komponente für die Zukunft Deutschlands. Getan wird trotzdem nichts. Da ist die Regierung konsequent. Wozu jetzt noch groß in Bildung investieren, wenn wir in ein paar Jahrzehnten eh von den bis dahin grundsanierten Griechen aus der dann kommenden deutschen Staatspleite gerettet werden müssen!? Hoffentlich erinnern sich die Griechen dann daran, dass wir immer brav Gyros bei ihnen gegessen haben.

Bis dahin müssen wir halt hoffen, irgendwo im Harz oder im Schwarzwald Erdöl zu finden, um unseren Staatshaushalt finanzieren zu können. Vielleicht ist das ja auch das Ziel der Jugendbanden, die Autos anzünden. Die suchen nach Öl! Und in Autos *ist* Öl. Vielleicht ist es doch noch nicht zu spät mit unserem Bildungssystem. Wer Öl in Autos durch Verbrennen derselben nachweisen kann, der ist doch reif für den Nobelpreis, oder?

So muss man auch mal denken. Nicht immer nur von der Dummheit anderer Leute ausgehen und selber vor der Glotze sitzen und glauben, «Mitten im Leben» wäre eine echte Dokumentation. Sie denken, nur die anderen sind immer die Bescheuerten? Dann fassen Sie sich lieber einmal an die eigene Nase – oder werden Lehrer. Da geht das.

Und wenn wir alle verblöden? Na und! Dann ist es doppelt gut, dass die Atomkraftwerke abgeschaltet werden. In dreißig Jahren wären wir doch kognitiv gar nicht mehr in der Lage gewesen, einen Meiler zu betreiben.

Früher oder später hätte bestimmt ein Mitarbeiter in alter deutscher Tradition gedacht: «Och, ich mach das wie früher beim Telefon mit der Schnur. Der Reaktor braucht bestimmt auch keine Kühlwasserleitung mehr. Das geht doch alles über Computer.» Da hätten wir aber blöd aus der Wäsche geguckt. (Mit ähnlichen Sicherheitsstandards betreibt Frankreich seine Atomkraftwerke übrigens seit Jahren.)

Dennoch: Bildung ist wichtig und sollte auf der Agenda der Politik viel weiter oben stehen. Aber natürlich noch unter der Einführung von kostenfreien Trinkbrunnen, aus denen Bier sprudelt, und dem durch das Grundgesetz garantierte Recht auf Weißwurst und Musikantenstadl. (Letzteres geht natürlich nicht. Das wäre gegen die Menschenrechte.)

DAS MARTIN-LUTHER-SYNDROM

Reformen sind immer ein Teil des Systems Schule. In immer kürzer werdenden Abständen beschließen irgendwelche mehr oder weniger cleveren Politiker, Beamte oder Sachbearbeiter, dass das Bildungssystem unbedingt nochmal reformiert werden müsste. Und jetzt kommt's: Die haben recht! Aber es wäre schön, wenn mal eine Reform verabschiedet werden könnte, die auch funktioniert und die nicht nach zwei Jahren wieder gekippt oder verändert werden muss. Eine Reform, bei der man auch mal die fragt, die davon betroffen sind. Die Schüler zum Beispiel oder die Lehrer. In jedem Zoo werden die Gehege mittlerweile den natürlichen Bedürfnissen der Tiere angepasst. Würden Bildungsreformatoren die Leitung eines Zoos übernehmen, die Affen säßen auf künstlichen Eisschollen, während ein Eisbär völlig hilflos in einer Baumkrone hängt und sich fragt, wie er überhaupt da hochgekommen ist.

Aber in den zuständigen Ministerien schert man sich nicht darum. Wahrscheinlich darf man sich darüber aber gar nicht beschweren. Vielleicht sind die Verursacher einer solchen Reform einfach nur krank. Sie leiden unter dem Martin-Luther-Syndrom. Eine Krankheit, die sie zwingt, etwas reformieren zu müssen. Und weil die Kirche die Reformatoren mittlerweile konsequent wegen Sachbeschädigung verklagt, wenn sie fünfundneunzig Thesen an irgendwelche Kirchentüren hämmern, sind sie eben auf den Bildungssektor ausgewichen.

Wobei es zwei frappierende Unterschiede zwischen Martin Luther und heutigen Bildungsreformatoren gibt:

1. Luther hat eine konstruktive Bewegung begründet, während Bildungsreformatoren es oft nur schaffen, völlig unbegründet Konstrukte zu bewegen. (Es passiert nämlich nichts, außer dass man das System umwälzt und hofft, niemandem würden die Missstände mehr auffallen.)
2. Die Bildungsreformatoren würden sich niemals (!) mit fünfundneunzig Thesen zufriedengeben.

Wer als Reformator innerhalb des Bildungssystems anerkannt werden möchte, muss schon etwas Komplizierteres auf den Tisch legen. Fünfundneunzig Thesen! Dafür erwacht ein Bildungsreformator noch nicht mal aus seinem Beamtenschlaf! (Es sei denn, man haut ihn ganz dolle. Aber dann bekommt man auch nicht das richtige Formular, sondern eine Strafanzeige.)

Die erste wichtige und essenzielle Bildungsreform, die ich in meinem Leben mitbekommen habe, war die Umbenennung von Raider in Twix … Das hab ich 1991 natürlich noch nicht *bewusst* mitbekommen. Aber es hat mich mit Sicherheit unterbewusst beeinflusst, und Sigmund Freud könnte uns jetzt auch erklären, warum das was mit frühkindlicher Prägung und Sexualverhalten zu tun hat. (Unter uns: Freud hatte doch manchmal eine gehörige Meise, oder?)

Die zweite, dann schon recht bewusst erlebte Reform war die Rechtschreibreform. Was für eine Erleichterung. Endlich konnte man schreiben, wie man wollte, weil eh keiner mehr wusste, was richtig oder falsch ist. Dumm nur, wenn man genau in dieser Zeit Lesen und Schreiben lernt. So wie ich. Und blöd, wenn man dann endlich das Wichtigste beherrscht und dann eine Reform kommt, die die Hälfte des Gelernten wieder über den Haufen wirft.

Sitzen Sie mal als Zweitklässler mit Ihrer Mutter bei den

Hausaufgaben und erklären Sie ihr, dass man «daß» jetzt «dass» schreibt, «Fuß», aber nicht «Fuss». Wohlbemerkt: Vor Ihnen sitzt Ihre Mutter. Die Frau, die bisher alles konnte und wusste. Und diese allmächtige Gottheit weiß (oder weiss?) plötzlich nicht mehr, wie man die einfachsten Wörter schreibt. Das ist ein Schock!

Als ich daraufhin zu meiner Mama sagte: «Ey, Mama. Gerade habe ich den ganzen Kram gelernt, jetzt schmeißen die vom Bildungsministerium das alles wieder. Warum machen die das?», antwortete meine Mutter: «Die haben damals alle als Grundschüler in Mathe Mengenlehre lernen müssen, die nach kurzer Zeit wieder aus dem Lehrplan genommen wurde, und jetzt wollen die sich rächen.» (Falls Sie nicht wissen, was Mengenlehre ist: Keine Sorge, ich weiß es auch nicht. Aber es muss etwas ganz Furchtbares sein, denn meine Mutter erzählt davon genauso häufig wie mein Großonkel vom Krieg. Beides hat die Betroffenen anscheinend sehr geprägt.)

Bei den Reformen zu G8 und Ganztagsschule – in jedem Bundesland auch noch verschieden – habe ich dann den Überblick verloren. Wahrscheinlich erhält derjenige, der mit einer Reform möglichst viele vorige Reformen zerschlagen und dabei möglichst viel Geld möglichst ineffektiv in den Wind schießen kann, vom Bildungsministerium den «Martin-Luther-Award».

Was den Effekt auch noch verschlimmert, ist die Schnelligkeit, mit der die Reformen aufeinanderfolgen. Wenn das noch zunimmt, wird es in Zukunft überhaupt keine Kontinuität im Unterricht geben.

Stellen wir uns einmal vor, wir wären im Jahre 2025. China hat die USA nicht nur als Weltmacht abgelöst, sondern den ganzen amerikanischen Kontinent gekauft. Griechenland ist, nachdem es Deutschland finanziell gerettet hat, wieder pleite, und Angela Merkel ist immer noch Bundeskanzlerin.

Wir begleiten einen kleinen Jungen in die Schule. Er heißt Cedric-Kevin (seine Eltern waren bei der Namensgebung sehr konservativ!). Er liest im Deutschunterricht gerade den Erlkönig von Johann Wolfgang von Goethe. Er beginnt zu lesen: *Wer reitet so spät durch Nacht und Wind? Es ist der Vater mit seinem Kind.* In diesem Moment erreicht den Lehrer die Information über eine Reform, die besagt, dass Kinder besser lernen können, wenn sie Texte Zeile für Zeile rückwärts lesen. Ein im Klassenraum installiertes, digitales Glöckchen macht «Pling», und ein Bildschirm zeigt die neue Anweisung an: «Rückwärts lesen.» Cedric-Kevin befolgt dies: *Wind und Nacht durch spät so reitet wer.* (Der Satz geht ja sogar noch.) Doch bevor er weiterlesen kann, kommt schon die nächste Reform: «Pling – Englisch ist wichtig.»

Who rides there so late through the night dark and drear? The father it is … «Pling – Das Französische muss gepflegt werden.» … *avec son enfant; Il serre le petit garçon dans son bras* … «Pling – Spanisch wird auch von vielen Leuten auf der Welt gesprochen.» … *Lo lleva seguro en su tibio regazo.* «Pling – Doch wieder Deutsch, bitte.» *Wer reitet so spät* … «Pling – Chinesisch ist neue Weltsprache.» … *yè hé fēng* … In diesem Moment springt Cedric-Kevin auf und läuft schreiend aus dem Klassenzimmer.

Und das völlig zu Recht. So mancher Schüler oder Lehrer hätte das bereits zu meiner Schulzeit gerne getan. Vielleicht sollte man sich gegen diese ganzen Reformen mal wehren. Revolution statt Reform! Wir stürmen das Bildungsministerium, kämpfen für mehr direkte Beteiligung der Schülerschaft und benennen Twix wieder in Raider um.

Also: Schüler aller Länder, vereinigt euch! Wir starten eine Schulrevolution! Da bekommt das Wort Klassenkampf eine ganz neue Bedeutung …

GOODBYE ABENDLAND

Warum versuchen Schafe oder Kühe immer, an das Gras heranzukommen, das auf der anderen Seite des Zaunes wächst? Es wäre doch viel einfacher, die Halme innerhalb der Weide zu fressen. Da ist das Tier wie der Mensch: Was man nicht hat, will man kriegen. Und was andere haben, sowieso. Man stelle sich vor, eines der Schafe würde einen Test machen und feststellen, das Gras bei den Kühen ist tatsächlich besser als das eigene. Da würde man sich als Schaf doch freiwillig schwarze Flecken auf die Wolle malen lassen, um als Kuh durchzugehen. Weil man aber gar kein Kuheuter hat, um Milch zu geben, schickt der Bauer einen dann doch wieder zu den anderen Schafen. Genauso läuft das im Bereich Bildung. Plötzlich kommt einer mit einer PISA-Studie um die Ecke, und alle schreien, ab jetzt müsse sofort alles so wie in Finnland gemacht werden, damit wir so gut abschneiden wie die Schüler dort. Eifrig werden Beschlüsse gefasst, und erst nachher merkt einer: «Hoppla, wir haben ja gar nicht genug Lehrer dafür.» Eine späte Erkenntnis, die dem Schockerlebnis Guido Westerwelles sehr nahe kommen muss, als er plötzlich mit im Kabinett saß und feststellen musste: «Huch, ich kann ja gar nicht regieren.» Beides keine schönen Situationen für die Beteiligten.

Aber mal ehrlich: Wollen die Politiker wirklich alles so machen wie die Finnen? Okay, die haben kleinere Lerngruppen, mehr Lehrer, bessere Ausstattung und individuellere Förderung, aber das kostet Geld! Und was Geld kostet, das lassen wir doch lieber weg. Wir machen alles so, wie es die anderen Länder machen, außer dem, was zu teuer wird.

Jetzt wird der findige Politiker sagen: «Ja, ja, aber die Ganztagsschule und das Abi nach zwölf Schuljahren führen wir doch immerhin ein.» Glückwunsch! Nur leider gibt es genau das in Finnland gar nicht! Na so was. Da denken wir die ganze Zeit, wir würden wenigstens eine Sache so tun wie die schlauen Finnen, und dann ist das auch noch falsch. In Finnland kann man nämlich auch länger als zwölf Jahre zur Schule gehen, ganz nach der individuellen Leistungsfähigkeit und Lerngeschwindigkeit, und die «Ganztagsangebote» der Schulen sind freiwillige Zusatzveranstaltungen, die nur gut ein Viertel der finnischen Schüler überhaupt wahrnimmt.

Ich glaube, ich sollte nach Finnland auswandern. Da gibt es ja gar keine Nachteile. Wenn man mal von der Kälte absieht. Und von der hohen Selbstmordrate. Und davon, dass ich kein Finnisch spreche. Okay, ich bleib doch hier. Aber Moment: In Wikipedia steht, in Finnland wohnt der Weihnachtsmann. Ich packe sofort meine Koffer!

Wobei ich gar nicht weggehen muss, denn meine Schulausbildung ist ja vorbei. Das «Wir gleichen unser System anderen Ländern an und machen es dann doch nicht richtig»-Verhalten der Bildungsmacher wird aber nie vorübergehen. Im Studium herrscht ja der gleiche Unsinn: Auf den letzten Metern verhaut es Deutschland immer wieder. Als das Bachelor- / Master-System an deutschen Hochschulen und europaweit eingeführt und angeglichen wurde, dachte ich: «Wow! Jetzt haben die es echt mal geschafft.» Aber wer fällt wieder aus der Reihe? Richtig. Deutschland. Während alle anderen ihren Bachelor in vier Jahren machen, gibt es den in Deutschland schon nach drei Studienjahren. Tolle Sache! Endlich sind wir mal ein Jahr schneller. Juchhu!

Dumm nur, dass unser deutscher Bachelor genau deswegen im Ausland nicht anerkannt wird. Das ist Fachkräftevernachlässigung mal andersherum. Wenn ich also jetzt nach Tschechien gehe und mich dort mit meinem Bachelor bewerbe, dann steh ich genauso da, wie bei uns der tschechische

Bauingenieur, dessen Ausbildung bei uns keinen Wert hat und der darum im Kino als Kartenabreißer tätig sein muss.

Ich staune immer wieder, wie hoch das Einsparen eines Jahres momentan im Kurs liegt. Demnächst gibt es noch ein Gesetz, das Schwangerschaften auf ein Jahr weniger beschränken will. Die Merkel praktiziert das übrigens schon. Oder haben Sie sich noch nie gefragt, warum die keine Kinder hat?!

In Bildungsfragen indes ist noch nicht mal innerhalb Deutschlands die Lage klar geregelt. Da herrscht immer noch ein Flickenteppich der Bildungssysteme. Otto von Bismarck hat übrigens einst den politischen Flickenteppich zum Deutschen Reich vereint, indem er erst gegen die Dänen, dann gegen die Österreicher und schließlich gegen Frankreich Krieg geführt hat. Falls Sie diesen Gedankengang hier lesen, liebe Regierungsverantwortlichen: nein! Aus! Lassen Sie's! Hände weg vom Telefon, Herr Verteidigungsminister!

Invasionen sind mittlerweile etwas aus der Mode gekommen. Heute veranstaltet man zur Angleichung der Bildungsstandards innerdeutsche Vergleichstests. Quasi ein Bundesvision-School-Contest. PISA light. Eben Lernstandserhebungen.

Lernstandserhebungen sind lustige, kleine Klausuren, die ab und zu geschrieben werden, um festzustellen, dass Bayern immer noch die schlausten Schüler hat.

Sie ersetzen im Allgemeinen eine normale Klausur, und von daher müssen die Schüler sich tatsächlich anstrengen. Aber nicht allzu sehr, denn man muss lediglich Kreuzchen machen – Multiple-Choice. Vom Niveau her in etwa so wie: «Schätze, wie groß ein Fußballfeld ungefähr ist. A) $5\,m^2$ B) $5\,000\,m^2$ oder C) $5\,000\,000\,m^2$.»

Sorry, liebe Bremer. Aber wie kann man bei solchen Fragen derart schlecht abschneiden? Ich für meinen Teil glaube ja, die Bremer sind die intelligentesten Schüler von allen. Die haben sich in altgriechischer Manier ganz philosophisch gedacht: «A, B oder C. Wer sagt denn, dass es da ein Richtig oder Falsch gibt? Vielleicht ist das alles nur eine Illusion!» Und schon war die Klausurzeit rum, und die Bremer hatten noch nicht mal ihren Namen auf das Blatt geschrieben.

Geht man von den schauerlichen Ergebnissen solcher Lernstandserhebungen aus, könnte man den Laden namens Deutschland eigentlich direkt dichtmachen. Holland geht doch eh bald unter, wenn der Meeresspiegel steigt. Komm, wir schenken denen unser Land, und dann sollen die gucken, was sie daraus machen. Von mir aus einen großen Wohnmobilparkplatz und einen Käsemarkt auf der Zugspitze.

Dennoch: So schlimm ist es eigentlich gar nicht. Klar, das System ist auf gut Deutsch gesagt scheiße, die Kinder verblöden immer mehr, und vor kurzem hörte ich eine Frau im Bus sagen: «Heutzutage ist es ja schon eine Leistung, wenn die Schüler überhaupt noch wissen, was ein Adjektiv ist.» (Für alle, die sich gerade nicht sicher sind: Ein Adjektiv ist ein Wie-Wort. Es soll keiner sagen, ich würde mich nicht um meine Leserschaft kümmern.)

Meist sind die Leute sich dann schnell einig: «So große Geister wie Goethe oder Schiller wird Deutschland nie wieder hervorbringen. Nicht bei dem Schulsystem!» Da muss man doch entschieden widersprechen. Welches tolle Schulsystem haben denn Goethe und Schiller durchleben dürfen? Die wurden in der Schule noch geschlagen. Fordern Sie das mal öffentlich in Deutschland, da würden Sie zu Recht ganz schnell ruhiggestellt.

Genies wie die beiden wird es immer geben. So viel kann eine deutsche Schule gar nicht kaputt machen. Es muss nicht immer gleich das Abendland untergehen, wenn wir bei PISA nicht an erster Stelle stehen. Ich bin gerade mal knapp zwei

Jahrzehnte auf diesem Erdball, und allein in der Zeit ist das Abendland schon mindestens so oft untergegangen, wie ich Döner gegessen habe. Und ich esse gerne Döner. (Vielleicht gibt es da ja auch einen Zusammenhang. Der Döner als Schuldiger für den Untergang unseres Bildungssystems. Das würde man auf jedem CSU-Parteitag mit Sicherheit ins Parteiprogramm boxen können.)

Ganz nebenbei eine Frage zur Zukunft unseres Kulturkreises: Gehört Finnland eigentlich zum Abendland? Schließlich gibt es da auch Mittsommernächte, wo der Abend gar nicht bemerkbar ist, weil die Sonne wochenlang nicht untergeht. Ich glaube, die Erörterung dieser Frage überlasse ich den Bayern. Die sind einfach schlauer.

Aber im Grunde kann es nur übel enden, denn das Abendland geht ja andauernd den Bach runter. Früher glaubte man, dass sich ein Mensch nie schneller als 50 km/h bewegen dürfe, weil sonst das Herz stehen bleiben könnte. Noch heute fährt deswegen so mancher Opa mit Hut auf der Autobahn stets nur 49 km/h auf der linken Spur. Egal, ob sein Herz noch schlägt oder nicht.

Später behauptete dann ein Mann namens Bill Gates, kein Mensch würde jemals mehr als 640 Kilobyte Speicherplatz auf seinem Computer brauchen.

Und heute sagen alle, unser Schulsystem könne so nicht weitergehen. Wir können nichts, und bei der Jugend ist eh Hopfen und Malz verloren.

Vielleicht müssen wir uns doch mal an die Finnen wenden. Am besten an den Weihnachtsmann. Wir schreiben «Gutes Schulsystem» auf einen Wunschzettel und schicken den ab. Und wenn dann nichts passiert? Egal. Immer daran denken: Es kann nur besser werden!

DANKE!

Am Ende eines solchen Buches sagt man Danke und das zu Recht. Denn man schreibt so ein Buch ja nicht als einsamer Einsiedler hoch in den Bergen des Himalayas, wo sich Lama und Yak «Gute Nacht» sagen. Nein, vielmehr sind eine Menge Menschen an einem solchen Werk beteiligt.

Zunächst einmal Danke an die Hersteller meines Laptops, die das Ding so widerstandsfähig gemacht haben, dass die Tastatur in so mancher Stunde der engagierten Geschichtsschreibung nicht den Geist aufgegeben hat. Danke auch an die örtlichen Stromversorger. Ich glaube, es war jedes Elektron wert. (Können Sie für dieses Dankeschön jetzt im Gegenzug meine monatliche Abrechnung vernachlässigen?)

Und bevor ich es vergesse: Danke auch an die Erdachse für ihre Neigung um 23,5 Grad, ohne die das hier alles (und damit meine ich wirklich alles) gar nicht möglich wäre ...

Ein großer Dank geht aber natürlich vor allem an die am Buch unmittelbar Beteiligten. Danke an den Rowohlt Verlag, speziell an Julia Vorrath und Barbara Laugwitz. Danke an Sven für die Illustrationen und das Coverdesign.

Außerdem ganz wichtig, und das nicht nur für dieses Buch, sondern auch für meine Bühnentätigkeit als Komiker, ist natürlich meine Agentur, die Schönhauser Promotion. Danke Ralf, Elisabeth, Finja und alle anderen für euer Vertrauen und eure Unterstützung!

Nicht zu vergessen sind natürlich auch meine Familie und meine Freunde! (Wenn meine Mama an dieser Stelle jetzt keine Träne verdrücken muss, dann weiß ich es nicht ...)

Viele Grüße gehen selbstverständlich auch an meine

ehemalige Schule, meine Lehrerinnen und Lehrer und alle Mitschülerinnen und Mitschüler. Ich freue mich schon auf E-Mails, in denen Leute schreiben, sie hätten sich im Buch wiedererkannt und dafür beispielhafte Szenen nennen, in denen ich aber an ganz andere Menschen gedacht habe.

Zum Schluss gilt mein Dank Ihnen, den Leserinnen und Lesern dieses Buches. Sie, die Sie sogar die Dankesrede des Autors bis zum Ende lesen, machen zusammen mit der Erfindung des Buchdrucks und der in Mitteleuropa recht hohen Alphabetisierungsrate solche Bücher erst möglich. Danke!